普通高等教育"十一五"国家级规划教材

物业管理

何岩枫　主编

高等教育出版社

内容提要

本书为普通高等教育"十一五"国家级规划教材。

本书共分 14 章,三大部分。第一章绪论是第一部分,介绍了物业和物业管理的定义、性质,着重介绍了物业管理的业务范围、基本环节和运作程序;第二章至第五章是第二部分,介绍了物业管理公司的设立、通过招投标承接物业项目、签订物业服务合同、进行前期物业管理和业主自治管理的相关知识;第六章至第十四章是第三部分,介绍了物业管理公司日常运行中的环境管理、安全管理、房屋维修管理、物业设备管理、物业管理资金的筹集与使用、物业租赁管理、物业管理信息系统和物业保险的相关知识,最后介绍了不同类型物业的管理和物业管理公司贯彻实施 ISO9000:2000 质量管理体系的一些知识。本书以一个物业管理公司从设立到承接物业项目,再到其后的具体运行管理的模拟案例为主线,贯穿全书各个知识点。从第二章开始,在每一章后还列有复习思考题和典型案例,使读者能更好地理解和掌握物业管理实际操作的方法和技能。

本书主要作为高等学校物业管理专业及与之相关的房地产、工程管理等专业的物业管理课程教材,特别适合培养实用型物业管理人才的高职高专院校物业管理课程使用,同时也适合于从事相关专业的在职人员使用。

图书在版编目(CIP)数据

物业管理/何岩枫主编. —北京:高等教育出版社,
2007.7(2010 重印)
ISBN 978-7-04-021835-0

Ⅰ.物… Ⅱ.何… Ⅲ.物业管理-高等学校-教材
Ⅳ.F293.33

中国版本图书馆 CIP 数据核字(2007)第 078322 号

| 策划编辑 | 张骁军 | 责任编辑 | 王青林 | 封面设计 | 于 涛 | 版式设计 | 余 杨 |
| 责任校对 | 俞声佳 | 责任印制 | 张泽业 | | | | |

出版发行	高等教育出版社	购书热线	010-58581118
社　　址	北京市西城区德外大街 4 号	免费咨询	800-810-0598
邮政编码	100120	网　　址	http://www.hep.edu.cn
总　　机	010-58581000		http://www.hep.com.cn
		网上订购	http://www.landraco.com
经　　销	蓝色畅想图书发行有限公司		http://www.landraco.com.cn
印　　刷	中国农业出版社印刷厂	畅想教育	http://www.widedu.com
开　　本	787×1092　1/16	版　　次	2007 年 7 月第 1 版
印　　张	16.25	印　　次	2010 年 2 月第 2 次印刷
字　　数	390 000	定　　价	20.60 元

本书如有缺页、倒页、脱页等质量问题,请到所购图书销售部门联系调换。
版权所有　侵权必究
物料号　21835-00

前 言

我国物业管理行业自20世纪80年代初在深圳、广州开始起步,至今已有20多年的时间。在改革开放,特别是在房地产建设热潮的推动下物业管理得到了迅猛发展。从初期在住宅小区的尝试,很快推及办公楼、大型购物中心、公寓别墅,以至福利房、单位自管房等几乎所有物业都有了正规化的管理。

2003年6月8日,国务院颁布了《物业管理条例》,标志着我国物业管理行业步入了法制化发展的道路。随后,《前期物业管理招标投标管理暂行办法》、《物业服务收费管理办法》、《物业管理企业资质管理办法》等法规相继出台,初步完善了物业管理行业的法律制度。2005年11月16日建设部、人事部颁布实施了《物业管理师制度暂行规定》、《物业管理师资格考试实施办法》和《物业管理师资格认定考试办法》。2006年5月16日建设部颁布实施了《关于实施物业管理师制度职责分工有关问题的通知》,确立了我国物业管理师执业资格制度,将其列为我国行政许可事项之一,标志着我国物业管理专业管理人员职业准入制度的正式建立。

但是,物业管理在我国是一个新兴的行业,法规政策还不健全,人们对物业管理的认识还有待进一步深化,物业管理的市场还有待进一步规范,先进的物业管理手段和方法也有待进一步提高。

为此,我们依据物业管理行业有关法规政策,参考了大量的论文和著作,并结合多年的物业管理教学研究和学习实践的体会,编写了这本致力于培养实用型物业管理人才的教材。

本书共分14章,前八章由黑龙江大学何岩枫编写,第九、十一、十三、十四章由哈尔滨商业大学郑小京编写,第十、十二章由黑龙江大学郭轶群编写。

本书主要作为高等学校物业管理专业及与之相关的房地产、工程管理等专业的物业管理课程教材,特别适合培养实用型物业管理人才的高职高专院校物业管理课程的教材使用,同时也适合于从事相关专业的在职人员使用。

物业管理在我国还是一门新兴的管理学科,限于作者水平,本书在内容和编写方法上难免有不妥之处,恳请广大专家、同行和读者批评指正。

编 者
2007年3月

目 录

第一章　绪论 …………………………… 1
　第一节　物业概述 …………………… 1
　第二节　物业管理概述 ……………… 2
　附　物业管理师执业资格制度 ……… 6
　复习思考题 ………………………… 12

第二章　物业管理公司 ………………… 13
　第一节　物业管理公司的设立 …… 13
　第二节　物业管理公司的资质管理 … 17
　第三节　物业管理公司的机构设置
　　　　　与内部管理机制 …………… 20
　案例　成立物业管理公司 ………… 22
　复习思考题 ………………………… 23

第三章　物业管理招投标及物业
　　　　管理服务合同 ………………… 24
　第一节　物业管理招投标概述 …… 24
　第二节　物业管理招标 …………… 25
　第三节　物业管理投标 …………… 35
　第四节　物业管理服务合同 ……… 41
　案例　物业管理招投标 …………… 55
　复习思考题 ………………………… 55

第四章　前期物业管理 ………………… 56
　第一节　物业管理的早期介入 …… 56
　第二节　物业验收 ………………… 59
　第三节　物业入伙手续的办理 …… 65
　第四节　物业装修管理 …………… 69
　案例　前期物业管理 ……………… 72
　复习思考题 ………………………… 72

第五章　业主自治管理 ………………… 73
　第一节　业主自治管理概述 ……… 73
　第二节　业主自治管理组织 ……… 75
　案例　成立业主大会和业主委员会 … 87
　复习思考题 ………………………… 87

第六章　物业综合管理 ………………… 88
　第一节　物业综合管理概述 ……… 88
　第二节　物业环境管理 …………… 89
　第三节　物业安全管理 …………… 94
　案例　物业综合管理 ……………… 110
　复习思考题 ………………………… 111

第七章　房屋维修管理 ………………… 112
　第一节　房屋维修管理概述 ……… 112
　第二节　房屋维修及维修管理
　　　　　的内容 ……………………… 115
　第三节　房屋维修工程的组织与
　　　　　管理 ………………………… 124
　第四节　房屋维修考核与评价 …… 126
　案例　物业维修管理 ……………… 129
　复习思考题 ………………………… 130

第八章　物业设备管理 ………………… 131
　第一节　物业设备管理概述 ……… 131
　第二节　物业设备管理内容 ……… 139
　第三节　主要物业设备的维修、保养
　　　　　与管理 ……………………… 147
　案例　物业设备管理 ……………… 154
　复习思考题 ………………………… 154

第九章 物业管理资金的筹集与使用 ……… 155

第一节 物业管理资金的筹集 ……… 155
第二节 物业管理资金的使用与管理 ……… 164
案例 物业管理资金的筹集与使用 … 176
复习思考题 ……… 176

第十章 物业租赁管理 ……… 177

第一节 物业租赁概述 ……… 177
第二节 物业租赁合同 ……… 180
第三节 物业租赁管理的程序 ……… 190
案例 物业租赁管理 ……… 197
复习思考题 ……… 197

第十一章 物业管理信息系统 ……… 198

第一节 物业管理信息系统概述 ……… 198
第二节 物业管理信息系统的开发 … 200
案例 建立物业管理信息系统 ……… 205
复习思考题 ……… 205

第十二章 物业保险 ……… 206

第一节 物业风险管理 ……… 206
第二节 物业管理公司的保险决策 … 208
案例 物业保险 ……… 214
复习思考题 ……… 214

第十三章 不同类型物业的管理 ……… 215

第一节 居住物业的管理 ……… 215
第二节 商业物业的管理 ……… 224
第三节 工业物业的管理 ……… 229
案例 封闭住宅小区的管理 ……… 232
复习思考题 ……… 232

第十四章 物业管理实施 ISO9000:2000 质量管理体系简介 ……… 233

第一节 ISO9000 族标准概述 ……… 233
第二节 物业管理企业实施 ISO9000：2000 质量管理体系 ……… 235
案例 物业管理公司贯彻实施 ISO9001 国际质量体系标准 ……… 241
复习思考题 ……… 241

附录 物业管理条例 ……… 242

参考文献 ……… 250

第一章 绪 论

第一节 物业概述

1.1.1 物业的含义

"物业"一词是 20 世纪 80 年代由我国香港引入内地的,在英语中为"real estate"或"real property",其含义为财产、资产、地产、房地产、产业等。经过 20 多年的发展,物业一词现已形成了一个完整的概念,即物业是指已建成并投入使用的各类房屋及与之配套的设备、设施和场地。这里的"各类房屋",可以是住宅区,也可以是单体的其他建筑,可以包括商业中心、办公大楼、工业厂房、仓库,还可以包括俱乐部和运动场所。这里的"与之配套的设备、设施和场地",指房屋内外各类设备、公共市政设施及相邻的场地、庭院、干道。物业可小可大。一个单元住宅可以是一处物业,一座大厦也可以作为一处物业,同一建筑物还可按权属的不同分割为若干物业。

物业不同于房地产业,房地产业包括房地产开发、经营、管理和服务的全过程。本书所称的物业是房地产业在消费领域的延伸。

1.1.2 物业的性质及分类

1.1.2.1 物业的性质

物业与其他事物一样,也有其自然属性和社会属性。物业的自然属性主要包括:
(1) 位置固定性,表现为土地、建筑物的不可移动性或位置的确定性。
(2) 耐久使用性,表现为物业几十年、上百年的长久使用寿命。
(3) 形式多样性,表现为建筑物的构造、外观、功能等形式的多样性。
物业的社会属性主要包括:
(1) 经济属性,表现为物业的商品属性,即物业也是一种商品,物业的生产、分配、交换、消费应当符合市场经济的客观规律。
(2) 法律属性,在我国法律体系下,表现为物业权利人所拥有的所有权、使用权、支配权等各项权利。

1.1.2.2 物业的分类

根据物业使用功能的不同,物业可分为以下 4 类:
(1) 居住物业,包括住宅小区、单体住宅楼、公寓、别墅、度假村等。

(2) 商业物业，包括综合楼、写字楼、商业中心、酒店、商业场所等。
(3) 工业物业，包括工业厂房、仓库等。
(4) 其他用途物业，如车站、机场、医院、学校等。

以上是通用的物业分类，不同使用功能的物业，其物业管理有着不同的内容和要求。

第二节 物业管理概述

1.2.1 物业管理的产生与发展现状

物业管理起源于19世纪60年代的英国。当时英国工业正处于一个发展的高涨阶段，对劳动力的需求很大，城市住房的空前紧张成为一大社会问题。一些开发商相继修建一批简易住宅以低廉租金租给贫民和工人家庭居住。由于住宅设施极为简陋，环境条件又脏又差，不仅承租人拖欠租金情况严重，而且人为破坏房屋设施的行为时有发生，严重影响了业主利益。此时，在伯明翰，一位名叫 Octvia Hill 的女房东迫不得已为其出租的物业制定了一套约束租户行为的管理办法，要求承租者严格遵守。同时，女房东本人也积极对损坏的设备、设施进行修缮，维持了起码的居住环境。此举收到了意想不到的良好效果，当地人士纷纷效仿，其后逐渐为政府部门所重视，又被推广到其他西方国家，这就是最早的物业管理。

真正意义上的现代物业管理却是在20世纪初期在美国形成并发展的。

19世纪末至20世纪初，美国经济进入垄断资本主义阶段，垄断资本在积累巨额财富的同时，也带来大规模的国内民工潮、国际移民潮和求学潮，这样，就加速了美国的城市化进程。同时，美国政府出于环境保护和长远发展的考虑，对城市土地的使用面积进行了严格的控制，加上建筑新材料、新结构、新技术的出现和不断进步，一幢幢高楼大厦迅速拔地而起。然而，高层建筑附属设备多，结构复杂，防火、保安任务繁重，特别是一些标志性建筑的美化保洁工作，技术要求很高，造成大厦的日常管理、服务、维修、养护的专业技术要求大大超出传统的管理要求。尤其棘手的是，摩天大厦的业主常常不是一个或几个，而是数十个甚至数百个，物业面临着不知由谁来管理的难题。于是，一种适应这种客观需要的专业性物业管理机构就应运而生。该机构应业主的要求，为业主提供统一的管理和一系列的服务，开创了现代物业管理的模式。

我国内地的物业管理是学习、借鉴香港的物业管理发展起来的。香港地区自20世纪50年代开始，为解决住房紧张的问题，仿效英国的公共住房政策，制定了早期的"公共房屋计划"，继而成立了屋宇建设委员会，开始兴建公共住房，称为"公屋"，主要出租给低收入人士。第一个拥有大量楼宇的屋村于1958年落成。为筹划和管理好一批批公共楼宇和屋村，香港地区特别从英国聘来房屋经理，从此，专业性房屋管理的概念正式引入香港。

由于对住房的需求量很大，单靠香港的财力还难以解决问题，于是，发展商也积极投资大型屋村的建设。而批准其发展计划时，要求发展商承诺在批地契约全部年限内要妥善管理该屋村，这样，就出现了由发展商为私人屋村提供专业化物业管理的模式。

随着建筑物高度的增加和屋村规模的扩大，以及人们对居住环境的要求日益提高，单靠政府或开发商提供管理服务还难以适应要求。于是，发挥住户的自我管理、民主管理的作用就被提上了日程。香港地区于1970年制定了《多层大厦(业主立案法团)条例》,确定业主可以以"参与管理者"的身份,组织业主立案法团。业主立案法团由半数以上的自住(用)业主组成,是合法的管理组织。它可以收取管理费,可以雇用员工,也可以委任专业管理公司,为大厦提供多方面的服务。

多层大厦业主立案法团是通过召开业主大会而组建的。召开业主大会可以通过购买楼宇时各业主签订《公共契约》而授权管理者召集,也可以由拥有楼宇产权50%及以上的业主联合筹备召集,或由拥有楼宇产权20%的业主向地方法院申请,由法院指定的业主召集。香港地区主要是通过立法对物业管理进行引导和监督,先后制定了《房屋条例》、《多层大厦(业主立案法团)条例》、《建筑物管理条例》等法规,分别由建筑事务监督员、消防专员、卫生专员按照法律规定进行检查和监督,以确保物业管理的各项工作和内容能符合有关条例的要求。

我国内地的物业管理始于20世纪80年代初期的深圳和广州,在一些涉外商品房屋管理中,首先推行了专业化的物业管理方式。

1981年3月10日,深圳市第一家涉外商品房管理的专业公司——深圳市物业管理公司正式成立,开始对深圳经济特区的涉外商品房实施统一的物业管理。1985年底,深圳市住宅局成立,肯定了物业管理公司的专业化、社会化、企业化的管理经验,并在全市推广,组织专业管理人员培训。还明确提出,以住宅区的红线圈为管理范围,以管理和服务为基本任务,以社会、经济、环境三个效益为检验标准,进一步从财务管理、监督、人员配置、专业队伍的组织、目标承包管理责任制推行等方面予以调控,以加快住宅管理向规范化、制度化、专业化方向发展。到1988年,由企业实施管理、住宅局实施业务指导和监督的住宅区管理体制在深圳市已基本形成。

广州市试点实行物业管理则是1981年在东湖新村开始的。该小区于1981年建成,建筑面积为6万多平方米,住户达3 000多人,是东华实业公司和港商合作经营的商品房住宅区。为了管理这个住宅区,东华公司参照香港屋村管理经验,在小区内组建管理处,并在几个方面实施了具体管理措施:维护小区规划布局和楼房外貌,制止乱搭乱建;楼内和楼外公共道路、空地等统一实行清洁卫生管理;实行美化、绿化环境,统一种植和管养花木;实行统一治安管理;向住户提供多层次服务,如代搞卫生,代管房屋、车辆等。尽管初期管理水平较低,但颇受好评,引起了有关部门和社会的重视。

1994年3月,在沿海开放城市几年的物业管理试点经验的基础上,建设部颁布的《城市新建住宅小区管理办法》中明确指出:"住宅小区应当逐步推行社会化、专业化的管理模式,由物业管理公司统一实施专业化管理。"从而正式确立了我国房屋管理的物业管理体制。1996年2月,国家计划委员会、建设部联合颁发了《城市住宅小区物业管理服务收费暂行办法》,为规范物业管理服务的收费行为,维护国家利益和物业管理单位及物业产权人、使用人的合法权益,促进物业管理事业的健康发展迈进了一大步。2003年9月1日,《物业管理条例》开始施行,标志着我国的物业管理工作真正步入了法制化发展的道路。2004年3月,建设部发布了《物业管理企业资质管理办法》,使我国物业管理秩序得以规范。截至2005年底,全国物业管理一级资质企业已达202家。

1.2.2 物业管理的定义、特性和模式

1.2.2.1 物业管理的定义

物业管理,是指业主通过选聘物业管理企业,由业主和物业管理企业按照物业服务合同约

定,对房屋及配套的设施设备和相关场地进行维修、养护、管理,维护相关区域内的环境卫生和秩序的活动。

物业管理的客体是物业,服务对象是人,是集管理、经营、服务为一体的有偿劳动。物业管理的性质主要是"服务性"的,寓管理、经营于服务之中。

1.2.2.2 物业管理的特性

物业管理的特性主要包括：

（1）社会化

物业管理的社会化是指将分散的社会分工集中起来统一管理。诸如房屋管理、水电供给、清洁卫生、保安巡逻、园林绿化等,过去都是由多个部门多头、多家管理,现在改为由物业管理企业统一管理,在委托授权的范围内集中实施社会化管理,落实各项管理任务和内容,以克服各自为政、多头管理、互相扯皮、互相推诿的弊端,从而有利于提高物业管理的水平,充分发挥住宅小区与各类房屋的综合效益和整体功能,使之实现社会效益、经济效益和环境效益的统一。

物业管理社会化有两个基本含义：一是业主要到社会上去选聘物业管理企业；二是物业管理企业要到社会上去寻找可以代管的物业。

物业的所有权、使用权与经营管理权分离是物业管理社会化的必要前提；社会专业分工则是实现物业管理社会化的必要条件。

（2）专业化

物业管理的专业化,是指由专门的物业管理企业通过委托合同的签订,按照产权人和使用人的意志与要求去实施专业化管理。物业管理企业有专业的人员配备；有专门的组织机构；有专门的管理工具和设备；有科学、规范的管理措施和工作程序；运用现代管理科学和先进的维修、养护技术实施专业化的管理。

（3）企业化

物业管理的企业化,其核心是按照现代企业制度组建物业管理企业,使其真正成为相对独立的经济实体,成为自主经营、自负盈亏的经营者,成为具有自我发展能力的企业法人。物业管理行为是一种企业行为,企业以经济手段为主,实行责、权、利相结合的经营责任制。物业管理提供的产品是服务,推行有偿服务,合理收费,使各类物业管理走上以业养业、自我发展的道路。

1.2.2.3 物业管理的模式

物业管理的模式是业主自治管理与物业管理企业的统一专业化管理的和谐统一。

业主是物业的主人,拥有自己财产的占有、使用和支配的权利。在一宗物业内,每一个业主不仅是自己拥有产权的那部分物业的主人,也是整个物业的主人之一。物业管理的好坏,全体业主也有责任,关系到每一个业主和使用人自身的利益。这就要求所有业主都要增强权利意识、自治意识和法律意识,共同参与管理,变被动接受管理为以主人的姿态主动地行使管理权,即建立业主自治自律的管理体制。

在确立了业主的主人翁地位、实行业主自治自律的前提下,还必须由物业管理企业实行统一专业化的管理。物业管理工作涉及方方面面,需要协调和处理各种各样的矛盾和关系,各项管理工作的专业性、技术性又很强。要提高物业管理的整体水平,要降低物业管理成本费用,就必须对物业实行统一专业化的管理,由物业管理企业来全面负责和承担管理责任,当好物业的"总管家"。需要特别指出的是,在一宗物业(如一个住宅小区)范围内,应由一家物业管理企业实行统一管理,而不应分割管理,避免出现分散多头的管理模式。

业主自治自律和物业管理企业统一专业化管理相结合是通过业主委员会自主选聘物业管理企业来实现的。两者之间的关系是委托与被委托的关系,是平等的关系。双方的权利、义务通过物业管理委托合同来明确和保障。业主自治自律使广大业主和使用人以主人翁的身份参与管理,把大家的实际利益、感情与物业管理联系起来;专业的物业管理企业则是受聘于业主委员会的"总管家",履行业主委员会赋予的权力并承担管理责任,提供统一专业化的管理和周到的服务。两者结合在一起,共同实现物业管理的预期目标。

1.2.3 物业管理的业务范围和基本环节

1.2.3.1 物业管理的业务范围

物业管理是一项涉及范围相当广泛的多功能全方位的管理工作,就其涉及的业务范围而言,可划分为以下四类。

(1) 物业管理的基本业务

物业管理的基本任务就是对物业进行日常维修保养和修理工作。对于一项物业来说,其房屋建筑、机电设备、供电供水、公共设施等都必须时时刻刻处于良好的工作状态,否则就难以发挥该物业应有的效能,而这一良好的状态又必须通过经常性的维护保养和修理才能达到。因此,维护保养是物业管理最基本的业务,也是保持物业完好、延长其寿命的重要保证。

(2) 物业管理的专项业务

物业管理的专项业务包括:治安保卫,保安人员要加强物业辖区内的安全、保卫、警戒等工作,还可以延伸到排除各种干扰,保持生活工作环境的安静。不管是住宅区还是其他类型的物业,具有良好的治安保卫就能确保业主和住户的生命财产的安全,消除他们的后顾之忧。环境卫生,清洁人员要定时定点收集和清运垃圾废物,污水、雨水的排放,保持物业及其周围环境的干净、整洁。消防安全,建立并执行消防制度,配备消防器械并使之常年处于良好状态。园林绿化,从事物业辖区范围内的绿化建设及保养,以提供清新怡人的生态环境。日常修理,对于业主报修的项目,必须尽快地予以解决。车辆交通,统一管理物业辖区内的车辆停放,保持物业辖区的道路、过道、电梯、扶梯等平面及垂直交通的畅通。

(3) 物业管理的特色业务

物业管理的特色业务包括两个方面:特约服务和便民服务。特约服务主要是接受业主的委托,提供诸如车辆保管、房屋代管、室内清洁、家电维修、土建维修、装饰工程、代购车船机票、代购商品、代付各种公用事业费、代订报刊杂志、代聘保姆、家庭护理和接送小孩等内容丰富的服务项目。便民服务是物业管理企业与其他企业或部门联合举办的服务项目,包括:① 商业网点,与商业、银行、邮电等部门协作在物业辖区内建立超市、饮食店、副食品市场、洗衣房、美容美发中心、公用电信服务和储蓄所等,以方便业主。② 文体娱乐,开设小型健身房、俱乐部、阅览室、展览室、老年活动室、青少年游戏室等,以利于各类人员的健身娱乐活动。③ 教育卫生,与教育部门协作在辖区内开设托儿所、幼儿园、中小学校,与卫生部门协作在物业辖区内设立诊疗所、保健站等。④ 交通网点,配置必要的物业辖区与市中心的来往班车网络,并与交通部门协作在物业辖区内增设交通网点,以改善交通条件,为业主提供方便。

(4) 物业管理的多种经营业务

随着物业管理的全面推行,物业管理企业良好形象的树立,社会效益的产生,进一步推动了物业管理多种经营业务的发展。因为社会需要企业提供的多种经营业务将会更多,而企业也有能力进一步推行多种经营,因此多种经营成为物业管理企业的一项重要业务。目前,物业管理企业开设的多种经营业务一般有:工程咨询和监理、物业租售推广代理、通讯及旅行安排、智能系统化服务、专门性社会保障服务等。

上述四个类别的业务项目具有相互促进、相互补充的内在联系。其中,基本业务和专项业务是物业管理的基础工作,任何物业管理企业要树立起良好的企业形象,均必须努力把这两项工作做好,为企业的物业管理打下扎实的基础;特色业务和多种经营业务是物业管理在基础工作上的进一步拓展,从深度和广度上进一步满足业主和住户的需要。

1.2.3.2 物业管理的基本环节

物业管理工作涉及物业的规划设计、物业建成、投入使用等各环节,根据物业管理工作的特点,基本包括 8 个环节:开发商选聘物业管理企业、物业管理的早期介入、物业管理人员的选拔和培训、物业管理规章制度的制定、物业的验收与接管、业主(用户)对物业的接管、物业管理档案资料的建立、物业日常管理和维修养护。

1.2.4 物业管理的运作程序

物业管理对物业管理公司来说是一个复杂又完整的系统工程,从物业管理项目的承接开始到物业建成投入使用后管理工作的正常展开,按照工作的先后顺序,物业管理的运作程序分为以下三个阶段:

(1) 筹划阶段

这一阶段的工作包括通过投标等方式设立物业管理公司、承接物业管理项目、物业管理的早期介入、物业管理机构设置和人才建设以及规章制度的制定等工作。

(2) 启动阶段

物业管理的全面正式启动是以物业的接管验收为标志的。这一阶段的工作包括物业的接管验收、迎接业主入伙和建立物业档案资料。

(3) 日常运作阶段

物业管理进入正常运作阶段,主要的工作包括日常管理和维修养护、综合经营服务以及与社会各系统的协调等几个方面。

附 物业管理师执业资格制度

2005 年 11 月 16 日,建设部、人事部颁布实施了《物业管理师制度暂行规定》、《物业管理师资格考试实施办法》和《物业管理师资格认定考试办法》。2006年5月16日，建设部颁布实施了《关于实施物业管理师制度职责分工有关问题的通知》，确立了我国物业管理师执业资格制度，将其列为我国行政许可事项之一，标志着我国物业管理专业管理人员职业准入制度的正式建立。按计划，2007年第三季度，第一次物业管理师资格考试将在全国各地进行。

下面将《物业管理师制度暂行规定》、《物业管理师资格考试实施办法》和《关于实施物业管理师制度职责分工有关问题的通知》介绍给大家。

《物业管理师制度暂行规定》

第一章 总 则

第一条 为了规范物业管理行为，提高物业管理专业管理人员素质，维护房屋所有权人及使用人的利益，根据《物业管理条例》及国家职业资格证书制度有关规定，制定本规定。

第二条 本规定适用于在物业管理企业中，从事物业管理工作的专业管理人员。

第三条 本规定所称物业管理师，是指经全国统一考试，取得《中华人民共和国物业管理师资格证书》(以下简称《资格证书》)，并依法注册取得《中华人民共和国物业管理师注册证》(以下简称《注册证》)，从事物业管理工作的专业管理人员。

物业管理师英文译为：Certified Property Manager

第四条 国家对从事物业管理工作的专业管理人员，实行职业准入制度，纳入全国专业技术人员职业资格证书制度统一规划。

第五条 建设部、人事部共同负责全国物业管理师职业准入制度的实施工作，并按职责分工对该制度的实施进行指导、监督和检查。

县级以上地方人民政府房地产主管部门和人事行政部门按职责分工实施物业管理师职业准入制度。

第二章 考 试

第六条 物业管理师资格实行全国统一大纲、统一命题的考试制度，原则上每年举行一次。

第七条 建设部组织成立物业管理师资格考试专家委员会，负责拟定考试科目、考试大纲，组织命题，建立并管理考试试题库等工作。

第八条 人事部组织专家审定考试科目、考试大纲、考试试题，组织实施考试工作；会同建设部研究确定合格标准，并对考试考务工作进行指导、监督和检查。

第九条 凡中华人民共和国公民，遵守国家法律、法规，恪守职业道德，并具备下列条件之一的，可以申请参加物业管理师资格考试：

（一）取得经济学、管理科学与工程或土建类中专学历，工作满10年，其中从事物业管理工作满8年。

（二）取得经济学、管理科学与工程或土建类大专学历，工作满6年，其中从事物业管理工作满4年。

（三）取得经济学、管理科学与工程或土建类大学本科学历，工作满4年，其中从事物业管理工作满3年。

（四）取得经济学、管理科学与工程或土建类双学士学位或研究生班毕业，工作满3年，其中从事物业管理工作满2年。

（五）取得经济学、管理科学与工程或土建类硕士学位，从事物业管理工作满2年。

（六）取得经济学、管理科学与工程或土建类博士学位，从事物业管理工作满1年。

（七）取得其他专业相应学历、学位的，工作年限及从事物业管理工作年限均增加2年。

第十条　物业管理师资格考试合格，由人事部、建设部委托省、自治区、直辖市人民政府人事行政部门，颁发人事部统一印制，人事部、建设部用印的《资格证书》。该证书在全国范围内有效。

第十一条　以不正当手段取得《资格证书》的，由省、自治区、直辖市人民政府人事行政部门收回《资格证书》。自收回《资格证书》之日起，3年内不得再次参加物业管理师资格考试。

第三章　注　册

第十二条　取得《资格证书》的人员，经注册后方可以物业管理师的名义执业。

第十三条　建设部为物业管理师资格注册审批机构。省、自治区、直辖市人民政府房地产主管部门为物业管理师资格注册审查机构。

第十四条　取得《资格证书》并申请注册的人员，应当受聘于一个具有物业管理资质的企业，并通过聘用企业向本企业工商注册所在省的注册审查机构提出注册申请。

第十五条　注册审查机构在收到申请人的注册申请材料后，对申请材料不齐全或者不符合法定形式的，应当当场或者在5个工作日内，一次告知申请人需要补正的全部内容，逾期不告知的，自收到申请材料之日起即为受理。

对受理或者不予受理的注册申请，均应出具加盖注册审查机构专用印章和注明日期的书面凭证。

第十六条　注册审查机构自受理注册申请之日起20个工作日内，按规定条件和程序完成申请材料的审查工作，并将注册申请人员材料和审查意见报注册审批机构审批。

注册审批机构自受理注册申请人员材料之日起20个工作日内作出决定。在规定的期限内不能作出决定的，应当将延长期限的理由告知申请人。

对作出批准决定的，应当自决定批准之日起10个工作日内，将批准决定送达注册申请人，并核发《注册证》。对作出不予批准决定的，应当书面说明理由，并告知申请人享有依法申请行政复议或者提起行政诉讼的权利。

第十七条　物业管理师资格注册有效期为3年。《注册证》在有效期限内是物业管理师的执业凭证，由持证人保管和使用。

第十八条　初始注册者，可以自取得《资格证书》之日起1年内提出注册申请。逾期未申请者，在申请初始注册时，必须符合本规定继续教育的要求。

初始注册时需要提交下列材料：

（一）《中华人民共和国物业管理师初始注册申请表》；

（二）《资格证书》；

（三）与聘用单位签订的劳动合同；

（四）逾期申请初始注册人员的继续教育证明材料。

第十九条　注册有效期届满需要继续执业的,应当在有效期届满前30个工作日内,按照本规定第十四条规定的程序申请延续注册。注册审批机构应当根据申请人的申请,在规定的时限内作出延续注册的决定;逾期未作出决定的,视为准予延续注册。

延续注册时需要提交下列材料：

（一）《中华人民共和国物业管理师延续注册申请表》；

（二）与聘用单位签订的劳动合同；

（三）达到注册期内继续教育要求的证明材料。

第二十条　在注册有效期内,物业管理师变更执业单位,应按照本规定第十四条规定的程序办理变更注册手续。变更注册后,其《注册证》在原注册有效期内继续有效。

变更注册时需要提交下列材料：

（一）《中华人民共和国物业管理师变更注册申请表》；

（二）与新聘用单位签订的劳动合同；

（三）工作调动证明或者与原聘用单位解除劳动合同的证明,退休人员的退休证明。

第二十一条　物业管理师因丧失行为能力、死亡或者被宣告失踪的,其《注册证》失效。

第二十二条　注册申请人有下列情形之一的,注册审批机构不予注册：

（一）不具有完全民事行为能力的；

（二）刑事处罚尚未执行完毕的；

（三）在物业管理活动中受到刑事处罚,自刑事处罚执行完毕之日起至申请注册之日止不满2年的；

（四）法律、法规规定不予注册的其他情形。

第二十三条　物业管理师或者聘用单位有下列情形之一的,应由本人或聘用单位按规定的程序向当地注册审查机构提出申请,由注册审批机构核准后,办理注销手续,收回《注册证》。

（一）不具有完全民事行为能力的；

（二）申请注销注册的；

（三）与聘用单位解除劳动关系的；

（四）注册有效期满且未延续注册的；

（五）被依法撤销注册的；

（六）造成物业管理项目重大责任事故或者受到刑事处罚的；

（七）聘用单位被吊销营业执照的；

（八）聘用单位被吊销物业管理资质证书的；

（九）聘用单位破产的；

（十）应当注销注册的其他情形。

第二十四条　注册申请人以不正当手段取得注册的,注册审批机构应当撤销注册,并依法给予行政处罚；当事人在3年内不得再次申请注册；构成犯罪的,依法追究刑事责任。

第二十五条　被注销注册或者不予注册的人员,重新具备初始注册条件,并符合本规定继续教育要求的,可按照本规定第十四条规定的程序申请注册。

第二十六条　注册审批机构应当定期公布注册有关情况。当事人对注销注册、不予注册或者撤销注册有异议的,可依法申请行政复议或者提起行政诉讼。

第四章 执 业

第二十七条 物业管理师依据《物业管理条例》和相关法律、法规及规章开展执业活动。

第二十八条 物业管理项目负责人应当由物业管理师担任。物业管理师只能在一个具有物业管理资质的企业负责物业管理项目的管理工作。

第二十九条 物业管理师应当具备的执业能力:
(一)掌握物业管理、建筑工程、房地产开发与经营等专业知识;
(二)具有一定的经济学、管理学、社会学、心理学等相关学科的知识;
(三)能够熟练运用物业管理相关法律、法规和有关规定;
(四)具有丰富的物业管理实践经验。

第三十条 物业管理师的执业范围:
(一)制定并组织实施物业管理方案;
(二)审定并监督执行物业管理财务预算;
(三)查验物业共用部位、共用设施设备和有关资料;
(四)负责房屋及配套设施设备和相关场地的维修、养护与管理;
(五)维护物业管理区域内环境卫生和秩序;
(六)法律、法规规定和《物业管理合同》约定的其他事项。

第三十一条 物业管理项目管理中的关键性文件,必须由物业管理师签字后实施,并承担相应法律责任。

第三十二条 物业管理师应当妥善处理物业管理活动中出现的问题,按照物业服务合同的约定,诚实守信,为业主提供质价相符的物业管理服务。

第三十三条 物业管理师应当接受继续教育,更新知识,不断提高业务水平。每年接受继续教育时间应当不少于40学时。

第五章 附 则

第三十四条 对在本规定发布之日前,长期从事物业管理工作,具有丰富物业管理实践经验,并符合考试认定条件的专业管理人员,可通过考试认定办法取得物业管理师资格。

第三十五条 取得《资格证书》的人员,用人单位可以根据工作需要聘任经济师职务。

第三十六条 符合考试报名条件的香港、澳门居民,可以申请参加物业管理师资格考试。申请人在报名时应提交本人身份证明、国务院教育行政部门认可的相应专业学历或者学位证书、从事工作及物业管理相关实践年限证明。台湾地区专业技术人员参加考试的办法另行规定。

外籍专业人员申请参加物业管理师资格考试、注册和执业等管理办法另行制定。

第三十七条 物业管理师继续教育内容、物业管理企业配备物业管理师数量和注册管理等具体办法,由建设部另行规定。

第三十八条 各级人事行政部门和房地产主管部门及物业管理师资格考试等机构,在实施物业管理师制度过程中,因工作失误,使专业管理人员合法权益受到损害的,应当依据国家有关规定给予相应赔偿,并可向有关责任人追偿。

第三十九条　各级人事行政部门和房地产主管部门及物业管理师资格考试等机构的工作人员,有不履行工作职责,监督不力,为本人或他人谋取私利等违法违纪行为的,视情节轻重,给予行政处分。构成犯罪的,依法追究刑事责任。

第四十条　本规定自2005年12月1日起施行。

《物业管理师资格考试实施办法》

第一条　人事部、建设部共同成立物业管理师资格考试办公室(以下简称考试办公室,设在建设部),负责考试相关政策的研究及管理工作。具体考务工作委托人事部考试中心负责。

各省、自治区、直辖市的考试工作由当地人事行政部门会同房地产主管部门组织实施,并协商确定具体职责分工。

第二条　物业管理师资格考试科目为《物业管理基本制度与政策》、《物业管理实务》、《物业管理综合能力》和《物业经营管理》。

第三条　资格考试分4个半天进行。《物业管理基本制度与政策》、《物业经营管理》、《物业管理综合能力》3个科目的考试均为2.5小时,《物业管理实务》科目考试时间为3个小时。

第四条　符合《物业管理师制度暂行规定》(以下简称《暂行规定》)有关报名条件的人员,均可报名参加物业管理师资格考试。

第五条　符合《暂行规定》有关报名条件,并于2004年12月31日前,评聘工程类或经济类高级专业技术职务,且从事物业管理工作满10年的人员,可免试《物业管理基本制度与政策》、《物业经营管理》2个科目,只参加《物业管理实务》、《物业管理综合能力》2个科目的考试。

第六条　考试成绩实行2年为一个周期的滚动管理办法,参加全部4个科目考试的人员必须在连续两个考试年度内通过全部科目;免试部分科目的人员必须在一个考试年度内通过应试科目。

第七条　参加考试由本人提出申请,携带所在单位出具的有关证明及相关材料到当地考试管理机构报名。考试管理机构按规定的程序和报名条件审查合格后,发给准考证。参加考试人员凭准考证在指定的时间、地点参加考试。

国务院各部门所属单位和中央管理企业的专业管理人员按属地原则报名参加考试。

第八条　考试日期为每年第三季度。考点原则上设在省会城市和直辖市的大、中专院校或高考定点学校,如确需在其他城市设置,须经建设部和人事部批准。

第九条　物业管理师资格考试及有关项目的收费标准,须经当地价格行政部门批准,并公布于众,接受群众监督。

第十条　坚持考试与培训分开的原则。凡参与考试工作(包括命、审题与组织管理)的人员,不得参加考试和举办与考试内容有关的培训工作。应考人员参加相关培训坚持自愿的原则。

第十一条　考试考务工作应严格执行考试工作的有关规章制度,切实做好试卷命制、印刷、发送过程中的保密工作,严格遵守保密制度,严防泄密。

第十二条　考试工作人员应严格遵守考试工作纪律,认真执行考试回避制度。对违反考试纪律和有关规定行为的,按照《专业技术人员资格考试违纪违规行为处理规定》(人事部令第3号)处理。

《关于实施物业管理师制度职责分工有关问题的通知》

各省、自治区建设厅,北京市建委、上海市房屋土地资源管理局,天津市、重庆市国土资源和房屋管理局,新疆生产建设兵团建设局:

为落实人事部、建设部《关于印发〈物业管理师制度暂行规定〉、〈物业管理师资格考试实施办法〉和〈物业管理师资格认定考试办法〉的通知》(国人部发[2005]95号)要求,进一步做好物业管理师制度的实施工作,现就实施物业管理师制度有关职责分工问题通知如下:

一、物业管理师执业资格制度是行政许可事项,实施的主体是建设部。建设部负责物业管理师执业资格制度有关政策制定、注册许可审批和执业行为的市场监管;负责与国务院有关部门的工作协调等相关工作。

二、根据有关规定,建设部成立物业管理师制度管理委员会,负责组织和协调物业管理师制度实施和管理工作。管委会由建设部有关司、建设部执业资格注册中心和中国物业管理协会等有关人员组成。

三、建设部执业资格注册中心受建设部委托,负责建立并管理资格考试命题专家库及试题库,组织编写考试大纲,进行考试命题,与人事部考试中心共同负责考务组织工作。会同中国物业管理协会,负责执业资格注册的具体工作。

四、中国物业管理协会受建设部委托,组织制定物业管理师实践标准,编写物业管理师考试参考教材。开展师资培训、注册执业人员的继续教育、信用档案体系建设、资格互认工作。在建设部执业资格注册中心统一组织下,开展考试大纲编写、命题、建立命题专家库和试题库工作。

五、建设部执业资格注册中心和中国物业管理协会要加强协调配合,在建设部、人事部的监督指导下,共同做好物业管理师执业资格制度的有关工作。

二○○六年五月十六日

复习思考题

1. 物业的含义是什么?
2. 物业的性质有哪些?它们各自对物业管理有什么意义?
3. 物业管理的含义是什么?
4. 物业管理的特性是什么?
5. 物业管理的模式是如何分类的?
6. 物业管理的范围和基本环节是什么?
7. 物业管理的运作程序是什么?
8. 请登录您所在省的人事考试网站,查询物业管理师执业资格考试的有关事项。

第二章 物业管理公司

第一节 物业管理公司的设立

2.1.1 物业管理公司的概念和特征

物业管理企业是物业管理的主体之一,《物业管理企业资质管理办法》中限定物业管理企业是指依法设立、具有独立法人资格、从事物业管理服务活动的企业。按我国现行法律规定,我国从事服务活动的企业法律形式包括个人独资企业、合伙企业、有限责任公司、股份有限公司、中外合资经营企业、中外合作经营企业和外商独资企业,其中具有独立法人资格的只有有限责任公司、股份有限公司、中外合资经营企业和部分中外合作经营企业,而具有独立法人资格的中外合资经营企业和中外合作经营企业的组织形式被限定为有限责任公司。因此,我国的物业管理企业的法律形式应当是有限责任公司或股份有限公司。从现实情况看,我国的物业管理企业绝大多数都是有限责任公司,只有深圳市长城物业管理股份有限公司、大庆林源物业(集团)股份有限公司等少数规模大、实力强的物业管理企业采取了股份有限公司的形式。综上所述,物业管理公司可定义为在中国境内依法设立,具有独立法人资格,从事物业管理服务活动的有限责任公司和股份有限公司。

物业管理公司具有以下五个特征:

(1) 物业管理公司必须依法成立并取得资质

物业管理公司必须按照专门法律规定的条件、方式和程序设立,并符合有关法律、行政法规(《公司法》、《物业管理企业资质管理办法》等)的规定。

(2) 物业管理公司必须以营利为目的

物业管理公司设立及活动的目的在于通过经营获取利润,并将所得利润分配给股东。以营利为目的是物业管理公司与国家机关、事业单位、社会团体的主要区别所在。

(3) 物业管理公司是企业法人

物业管理公司具有独立法人资格,享有独立的法人财产权,并以其注册资本对公司的债务承担责任,全体股东以其持有的公司股份对公司承担责任。

(4) 物业管理公司提供专业的服务产品

物业管理属于第三产业中的服务行业,物业管理公司提供的产品是服务,而不是有形的产品,同时物业管理公司是一个专业组织,它拥有专业的人员、专门的设备和设施、专门的机构以及专业的管理手段或方法等。

(5) 物业管理公司与业主之间是平等的民事主体关系

物业管理公司与业主双方的关系是等价交换关系。双方对是否建立服务契约关系均具有自主选择权。这区别于传统的以行政区划来划分管理范围,以管理者与被管理者来确定隶属关系的依附性、不可替代性和不平等性。

2.1.2 物业管理公司的类型

物业管理公司的类型,可以按其业务性质、组建方式来进行划分。

2.1.2.1 按业务性质划分

(1) 委托服务型物业管理公司

这类物业管理公司也被称为"实体型物业管理公司"。按所接受的委托业务分为两种情况:一种是由开发建设单位委托,承担对业主委员会成立前的前期物业管理;另一种是业主委员会成立后,由业主委员会选聘或在公开招标中竞投取得管理权,由业主委员会委托实施管理。无论哪一种形式,均应签订物业管理委托合同。

委托服务型物业管理公司只有经营管理权,而且大多数从事住宅小区的物业管理。随着物业管理市场的逐步规范化,此类物业管理公司的竞争也在不断增强,除提高自身素质、提高服务质量、创造品牌效应外,还通过投标竞争等方式,取得其他小区的物业管理权。目前,我国的深圳、上海、广州等地,部分物业管理公司已开始从创品牌过渡到规模经营的阶段。这些公司的管理水准得到了业主认同和赞许,在行业内起到了带动和示范的作用,同时也在规模经营中取得较好的经济效益。

(2) 租赁经营型物业管理公司

有些房地产开发公司在建成商业大厦、写字楼、工业大厦、批发市场等物业后并不出售,而交给从事租赁经营的物业管理公司管理,通过租金收回投资。此类物业管理公司不仅具有维护性管理的职能,更主要的是对所管物业进行租赁经营,实质上是房地产开发的延续,通过物业的出租经营为开发公司回收项目投资和获得长期、稳定的利润。它的经营职责不只是将一层楼、一套单元简单地租出去,还要精心策划,根据市场的需要和变化对所管的物业定时更新,改造与完善物业使用条件,以提高物业档次和适应性,进而调整租金以反映市场价格的变化,从中获得更丰厚的利润。

(3) 委托代理型物业管理公司

这类公司可称为委托顾问型物业管理公司,国内又可称为管理型物业管理公司。尽管代理的方式和内容有差异,但委托代理型物业管理公司的共同特点是只有管理层,不设或只设很少的操作层,清洁卫生、园林绿化、电梯维护、水电设备的运行维护、治安防范等均委托专业公司实施,物业管理公司只承担这些工作的督导、房屋的基本管理、文档图纸管理、计算管理费用及公用水电费的分摊等工作。委托代理形式基本上可分为两类:第一类是对业主聘请专业公司提供顾问性意见,由业主委员会选聘专业公司签订合同,物业管理公司只负责监督合同条款的执行。第二类是物业管理公司接受业主的委托,代聘各类专业公司,由物业管理公司与各专业公司签订合同,但代聘的专业公司均需试用,服务如不能令委托方满意,可以随时更换。这类委托代理型的物业管理公司只收取管理员薪金及服务代理酬金,其余均属代收代支。这类物业管理公司不但恰如其分地充当了"管家"的角色,既不喧宾夺主,出现"主人"与"管家"的错位,又不用对操作层的工作"事必躬亲",还能充分利用专业公司的优越性,降低业主支付的管理费用,提高管理服务质量。专业公司在多个物业中均从事同一性质的专业服务工作,可以灵活机动地调派工作人员,还可以采取较先进的设备和工艺,提高劳动生产率。这些都是自己组建操作层的物业管理公司难以实现的。

我国现有一些委托服务型的物业管理公司,已经开始把部分操作层的工作交给专业公司承包,常见的是把清洁卫生和绿化管理交给专业清洁公司和园林绿化公司承包,也有一些规模较大的物业管理公司,自建了具有独立法人地位的专业公司,这些做法都收到了降低成本,提高管理服务质量的效果。

2.1.2.2 从组建方式上划分

(1) 由房地产开发公司投资设立的子公司,主要是管理由上级公司开发建设的房地产项目。这类公司的最大优势在于项目有保障,并对项目运行的全过程有所了解,便于与开发商协调工作。

(2) 由房地产部门所属的房管所转制为物业管理公司。这类公司转制时间不长,行政色彩较浓。

(3) 由大中型企事业单位自行组建的物业管理公司,这类公司福利色彩较浓。

(4) 按照《公司法》要求,由社会上的公司、个人发起组建的,通过竞争取得房产管理权的物业管理公司。这类公司较有活力,市场适应性强,能提供较好的服务。

2.1.3 物业管理公司的建立

物业管理公司的建立可分为筹备、注册登记、资质申请三个阶段。

2.1.3.1 筹备

建立物业管理公司首先要有出资人,即公司成立后的股东,有建立物业管理公司,从事物业管理行业的意向。有了这种意向后,就可以开始物业管理公司建立的筹备工作。

筹备工作应当从可行性研究开始。

出资人建立物业管理公司的一个主要目的就是要获取利润,物业管理公司作为一个独立的企业法人,要自负盈亏并获取必要的利润。所以,出资人应当在正式申请以前,进行可行性研究,分析公司未来面临的环境和自身条件,以确认建立物业管理公司的经济可行性。可行性研究的主要步骤如下:

① 市场调查。建立一个物业管理公司首先就要了解物业管理市场的需求,包括现有物业的总量、每年增加的量以及今后增加的趋势。这种物业需求量的调查,还要根据投资者本身擅长或意欲涉及的物业类型,进行有针对性的调查。其次要调查物业管理的供给情况,包括现有物业管理公司的数量、规模和经营状况,调查也要有针对性。最后必须了解国家特别是当地政府对设立物业管理公司有哪些法律法规及政策。这是必不可少的步骤,否则,会导致投资者花了很多的时间和精力,却因不符合国家或地方政府的要求而前功尽弃。② 综合分析。综合分析就是将市场调查得到的材料进行加工分析并得出相应的结论。分析可以包括市场分析、自身条件分析以及

经济分析。市场分析主要看物业管理市场供需状况，是供大于求还是供不应求。要对供需状况进行细分，要了解投资者所关心的特定物业市场。只有在供不应求，或能提供合格服务的有效供应不足的情况下，物业公司的设立从市场的角度看才是可行的。自身条件分析是指出资者对自身是否具有国家规定的注册条件以及自身优势的分析。注册条件是必须要符合的，这是基本的要求。真正确定公司应否成立的是出资人自身的条件能否在市场竞争中占有优势地位。最后，经济分析是对公司成立以后一段时期的收入和支出进行估算，指出公司设立后的赢利预测。经济分析是综合分析中重要的内容，市场的可行性和公司自身条件的可行性最终还是集中反映在其经济的可行性上。③ 决定物业管理公司的组织形式。若通过前两个步骤的分析，结论是建立物业管理公司可行，出资人就要依据客观条件决定物业管理公司的组织形式，决定是建立一家物业管理有限责任公司，还是建立一家物业管理股份有限公司。

(1) 建立物业管理有限责任公司的后续筹备工作

① 确定公司股东人数，有限责任公司的股东人数按《公司法》规定为50个以下。

② 全体股东缴纳出资，在登记机关登记的全体股东认缴的出资额，即公司的注册资本达到人民币50万元。出资的形式有货币、实物、工业产权和非专利技术、土地使用权等。股东出资必须实际缴纳，必须由法定验资机构进行验资并出具相应证明。

③ 确定公司的名称和住所，公司名称中必须标明有限责任公司或者有限公司字样，公司的住所应当是公司的主要办事机构所在地。

④ 股东共同制定公司章程。公司章程是记载有关公司组织和行动基本规则的文件，它对公司、股东、董事、监事都具有约束力。公司章程的内容主要包括公司的名称和住所、经营目的和范围、注册资本、法定代表人以及股东的权利和义务等。公司章程一旦经有关部门批准，即产生法律效力。

⑤ 建立符合要求的组织机构和储备人才，公司的组织机构主要包括股东会、董事会、监事会和经理，同时，物业管理公司成立还需要10名以上的物业管理专业人员以及工程、管理、经济等相关专业类的专职管理和技术人员。所以，在物业管理公司筹备期间，应当通过人才招聘或现有人员的培训，做好人才的储备工作。一旦公司开始运作，各类人员，特别是骨干力量应能够迅速到位。

(2) 建立物业管理股份有限公司的后续筹备工作

① 确定物业管理股份有限公司的设立方式，股份有限公司的设立方式分为发起设立和募集设立。发起设立，是指由发起人认购公司应发行的全部股份而设立公司。募集设立，是指由发起人认购公司应发行股份的一部分，其余股份向社会公开募集或者向特定对象募集而设立公司。

② 确定公司发起人人数，《公司法》规定设立股份有限公司，应当有2人以上200人以下的发起人，其中须有半数以上的发起人在中国境内有住所。

③ 发起人认购和募集股本。采取发起设立方式设立的，注册资本为在登记机关登记的全体发起人认购的股本总额；采取募集设立方式设立的，注册资本为在公司登记机关登记的实收股本总额，注册资本的最低限额为人民币500万元。股份有限公司的资本划分为股份，每一股的金额相等。公司的股份采取股票的形式。股票是公司签发的证明股东所持股份的凭证。

④ 确定公司的名称和住所，公司名称中必须标明股份有限公司或者股份公司字样，公司的住所应当是公司的主要办事机构所在地。

⑤ 股东共同制定公司章程,公司章程是记载有关公司组织和行动基本规则的文件,它对公司、股东、董事、监事都具有约束力。公司章程的内容主要包括公司的名称和住所、经营目的和范围、公司设立方式、公司股份总数、每股金额和注册资本、发起人的姓名或者名称、认购的股份数、出资方式和出资时间、法定代表人以及股东的权利和义务等。公司章程一旦经有关部门批准,即产生法律效力。

⑥ 建立符合要求的组织机构和储备人才,公司的组织机构主要包括股东大会、董事会、监事会和经理,同时,物业管理公司成立还需要 10 名以上的物业管理专业人员以及工程、管理、经济等相关专业类的专职管理和技术人员。所以,在物业管理公司筹备期间,应当通过人才招聘或现有人员的培训,做好人才的储备工作。一旦公司开始运作,各类人员,特别是骨干力量应能够迅速到位。

2.1.3.2 注册登记

根据《公司法》的要求,成立公司必须向当地的工商行政管理部门申请注册登记。

设立有限责任公司,股东的首次出资经依法设立的验资机构验资后,由全体股东指定的代表或者共同委托的代理人向登记机关报送公司登记申请书、公司章程、验资证明等文件,申请设立登记。

设立股份有限公司,公司董事会应于创立大会结束后 30 日内,向公司登记机关报送下列文件,申请设立登记:① 公司登记申请书;② 创立大会的会议记录;③ 公司章程;④ 验资证明;⑤ 法定代表人、董事、监事的任职文件及其身份证明;⑥ 发起人的法人资格证明或者自然人身份证明;⑦ 公司住所证明。以募集方式设立股份有限公司公开发行股票的,还应当向登记机关报送国务院证券监督管理机构的核准文件。

公司登记机关收到申请人提交的符合规定的文件后,对于核准登记的,由登记机关发给公司营业执照。公司营业执照签发日期为公司成立日期。公司营业执照应当载明公司的名称、住所、注册资本、实收资本、经营范围、法定代表人姓名等事项。公司营业执照记载的事项发生变更的,公司应当依法办理变更登记,由公司登记机关换发营业执照。

2.1.3.3 资质申请

物业管理公司经过登记注册,领取营业执照以后,应当自领取营业执照之日起 30 日内,持下列文件向工商注册所在地直辖市、设区的市的人民政府房地产主管部门申请资质:① 营业执照;② 公司章程;③ 验资证明;④ 公司法定代表人的身份证明;⑤ 物业管理专业人员的职业资格证书和劳动合同,管理和技术人员的职称证书和劳动合同。新设立的物业管理公司,其资质等级按照最低等级核定,并设一年的暂定期。只有在取得工商行政管理部门的营业执照和房地产主管部门的资质证书后,物业管理公司才可开始从事物业管理经营服务。

第二节 物业管理公司的资质管理

《物业管理条例》中规定国家对从事物业管理活动的企业实行资质管理制度。资质管理是指对那些政府认为有必要加强监控行业的某类公司的经营服务能力的认定管理。对物业管理公司的资质管理的目的就是通过对这类公司的资金数量、专业人员素质以及经营规模的查验,确定企业的综合实力,从而加强对物业管理活动的监督管理,规范物业管理市场秩序,提高物业管理服务水平。

2.2.1 物业管理公司的资质审批

我国对物业管理公司的资质管理实行分级审批制度。物业管理公司资质等级分为一、二、三级。国务院建设主管部门负责一级物业管理公司资质证书的颁发和管理。省、自治区人民政府建设主管部门负责二级物业管理企业资质证书的颁发和管理,直辖市人民政府房地产主管部门负责二级和三级物业管理企业资质证书的颁发和管理,并接受国务院建设主管部门的指导和监督。设区的市的人民政府房地产主管部门负责三级物业管理企业资质证书的颁发和管理,并接受省、自治区人民政府建设主管部门的指导和监督。

申请核定资质等级的物业管理公司,应当提交下列材料:
① 企业资质等级申报表;
② 营业执照;
③ 企业资质证书正、副本;
④ 物业管理专业人员的职业资格证书和劳动合同,管理和技术人员的职称证书和劳动合同,工程、财务负责人的职称证书和劳动合同;
⑤ 物业服务合同复印件;
⑥ 物业管理业绩材料。

资质审批部门自受理企业申请之日起 20 个工作日内,对符合相应资质等级条件的企业核发资质证书;一级资质审批前,由省、自治区人民政府建设主管部门或者直辖市人民政府房地产主管部门审查,审查期限为 20 个工作日。物业管理企业资质证书(包括正本一份、副本两份)由北京印钞厂证券分厂统一印制,省、自治区建设厅、直辖市房地局统一订购,正、副本具有同等法律效力。

2.2.2 物业管理公司的资质等级管理

建设部 2004 年 3 月 17 日颁布了《物业管理企业资质管理办法》,规定物业管理企业资质等级分为一、二、三级。各资质等级物业管理企业的条件如下:

(1) 一级资质
① 注册资本人民币 500 万元以上;
② 物业管理专业人员以及工程、管理、经济等相关专业类的专职管理和技术人员不少于 30 人。其中,具有中级以上职称的人员不少于 20 人,工程、财务等业务负责人具有相应专业中级以上职称;
③ 物业管理专业人员按照国家有关规定取得职业资格证书;
④ 管理两种类型以上物业,并且管理各类物业的房屋建筑面积分别占下列相应计算基数的百分比之和不低于 100%:

a. 多层住宅 200 万平方米；
　　b. 高层住宅 100 万平方米；
　　c. 独立式住宅（别墅）15 万平方米；
　　d. 办公楼、工业厂房及其他物业 50 万平方米。
　　⑤ 建立并严格执行服务质量、服务收费等企业管理制度和标准，建立企业信用档案系统，有优良的经营管理业绩。
　　（2）二级资质
　　① 注册资本人民币 300 万元以上；
　　② 物业管理专业人员以及工程、管理、经济等相关专业类的专职管理和技术人员不少于 20 人。其中，具有中级以上职称的人员不少于 10 人，工程、财务等业务负责人具有相应专业中级以上职称；
　　③ 物业管理专业人员按照国家有关规定取得职业资格证书；
　　④ 管理两种类型以上物业，并且管理各类物业的房屋建筑面积分别占下列相应计算基数的百分比之和不低于 100%：
　　a. 多层住宅 100 万平方米；
　　b. 高层住宅 50 万平方米；
　　c. 独立式住宅（别墅）8 万平方米；
　　d. 办公楼、工业厂房及其他物业 20 万平方米。
　　⑤ 建立并严格执行服务质量、服务收费等企业管理制度和标准，建立企业信用档案系统，有良好的经营管理业绩。
　　（3）三级资质
　　① 注册资本人民币 50 万元以上；
　　② 物业管理专业人员以及工程、管理、经济等相关专业类的专职管理和技术人员不少于 10 人。其中，具有中级以上职称的人员不少于 5 人，工程、财务等业务负责人具有相应专业中级以上职称；
　　③ 物业管理专业人员按照国家有关规定取得职业资格证书；
　　④ 有委托的物业管理项目；
　　⑤ 建立并严格执行服务质量、服务收费等企业管理制度和标准，建立企业信用档案系统。
　　（4）各等级资质的管理
　　一级资质物业管理企业可以承接各种物业管理项目。
　　二级资质物业管理企业可以承接 30 万平方米以下的住宅项目和 8 万平方米以下的非住宅项目的物业管理业务。
　　三级资质物业管理企业可以承接 20 万平方米以下住宅项目和 5 万平方米以下的非住宅项目的物业管理业务。
　　由于新设立的企业尚未从事物业管理业务，没有物业管理业绩，不能满足物业管理企业的资质条件，《物业管理企业资质管理办法》规定，新设立企业的资质等级按照最低等级核定，并设一年的暂定期。暂定期内，如果企业未能承接到物业管理项目，则其资质失效；如果企业承接了物业管理项目，则可以按规定申请核定三级及三级以上资质。

物业管理公司资质实行年检制度。各资质等级物业管理公司的年检由相应资质审批部门负责。符合原定资质等级条件的，物业管理公司的资质年检结论为合格。不符合原定资质等级条件的，物业管理公司的资质年检结论为不合格，原资质审批部门应当注销其资质证书，由相应资质审批部门重新核定其资质等级。资质审批部门将物业管理公司资质年检结果向社会公布。

物业管理公司申请核定资质等级，在申请之日前一年内有下列行为之一的，资质审批部门不予批准：

① 聘用未取得物业管理职业资格证书的人员从事物业管理活动的；
② 将一个物业管理区域内的全部物业管理业务一并委托给他人的；
③ 挪用专项维修资金的；
④ 擅自改变物业管理用房用途的；
⑤ 擅自改变物业管理区域内按照规划建设的公共建筑和共用设施用途的；
⑥ 擅自占用、挖掘物业管理区域内道路、场地，损害业主共同利益的；
⑦ 擅自利用物业共用部位、共用设施设备进行经营的；
⑧ 物业服务合同终止时，不按规定移交物业管理用房和有关资料的；
⑨ 与物业管理招标人或者其他物业管理投标人相互串通，以不正当手段谋取中标的；
⑩ 不履行物业服务合同，业主投诉较多，经查证属实的；
⑪ 超越资质等级承接物业管理业务的；
⑫ 出租、出借、转让资质证书的；
⑬ 发生重大责任事故的。

第三节　物业管理公司的机构设置与内部管理机制

2.3.1　物业管理公司的主要职能机构

物业管理公司的组织结构按照其规模、所管物业的类型、面积的不同，可以分成直线职能制和事业部制两种形式。无论其采用哪种组织结构，所设的主要职能机构大致包括以下几个：

(1) 办公室。是经理领导下的综合行政管理部门，负责文件、图纸、产业产籍和档案管理，后勤管理，办公用品管理，对外联络与接待等，检查监督各类法规、文件执行情况。

(2) 人力资源部。负责人员的招聘、解聘、薪酬管理、人员培训、对外联络与接待等。

(3) 财务部。参与企业的经营管理，负责会计核算、财务运行以及管理费的收缴工作。

(4) 业务管理部。负责接管物业的具体工作及入伙管理，接待业主的来访投诉并督促解决问题，组织协调各专业服务机构（组），如保洁、保安、绿化、消防等工作，管理业主的档案资料。

(5) 市场开发部。主要负责市场的调研、市场的开拓、投标、物业委托合同的签订等工作。

(6) 工程部。主要负责工程预算，负责房屋、设备及公共设施的管理和维修、保养，并依据国家及地方政府的有关规定对业主入住后的装修改造进行检查监督。

(7) 综合经营部。负责开展多种经营与提供各类服务的经营性部门。主要职能是制定经营计划、开拓并管理经营项目，开展代办服务，管理辖区内的商业用房等。

2.3.2 物业管理公司的制度建设

物业管理公司的制度可以分成两类：一类是对内的制度，一类是对外的制度。对内的制度是物业管理公司为提高管理服务的质量和工作效率，对企业内部的各部门、各岗位的责任加以明确并对全体员工的行为进行规范的制度。企业内部的制度大致可以分为：领导管理制度、职能管理制度、岗位责任制度和综合管理制度。对外的制度是用于界定物业管理参与者权利与义务、规范物业管理过程中各方的行为、协调相关各方关系的规定。对外的制度一般有以下几类：物业验收制度、入伙手续、搬迁装修规定、房屋使用管理制度、治安消防制度、电梯（设备）运行制度等。如图 2.1 所示。

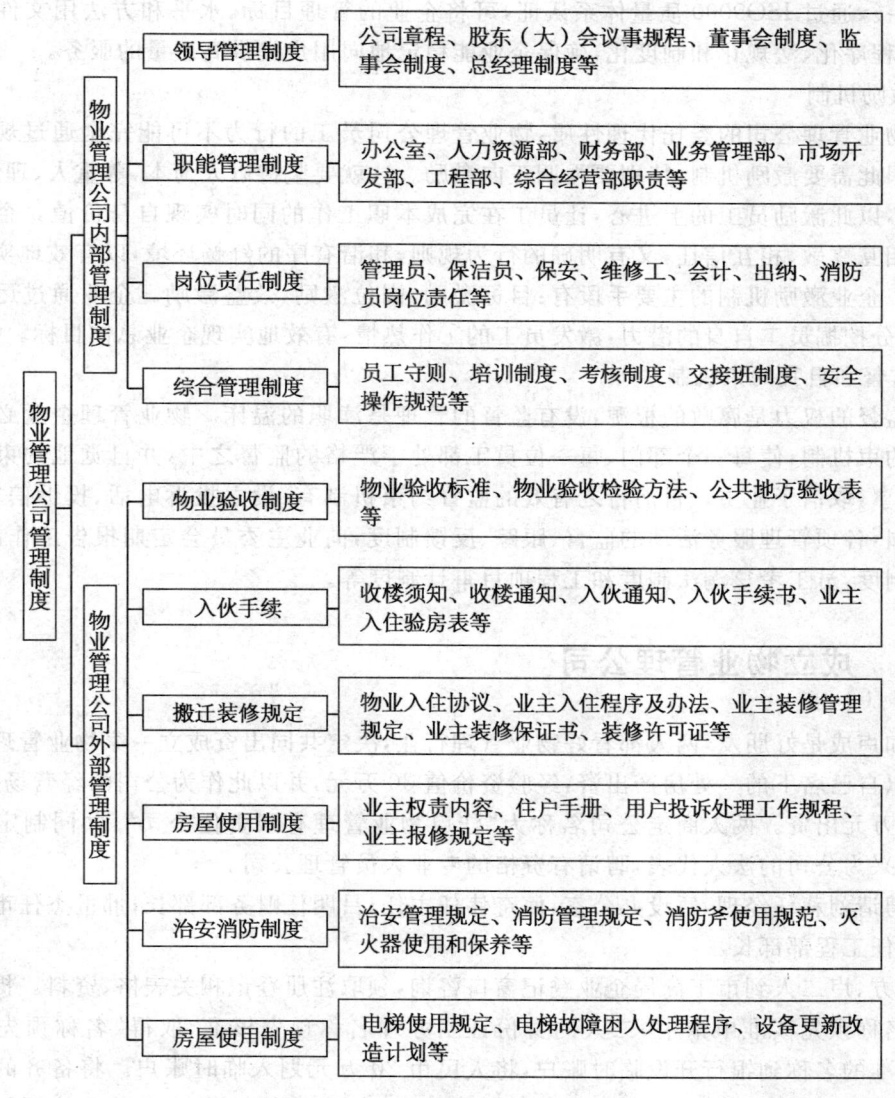

图 2.1 物业管理公司管理制度示意图

2.3.3 物业管理公司的内部管理机制

(1) 法规与制度相结合的规范管理机制

物业管理公司在物业管理过程中依据有关法律、法规制定管理规章制度、公约、守则、合同、收费标准等各项管理规定,然后通过这些规定实施管理。管理制度依法而生,使得管理机制的确立有法律依据和保障,企业在管理过程中做到有章可循、有法可依,真正实现规范化管理。

(2) 质量管理机制

质量是企业的生命,管理及服务的质量关系到物业管理企业的生存和发展。因此,物业管理公司必须建立合理的质量管理机制。物业管理公司推行 ISO9000 质量体系认证就是较为有效的方法之一。通过 ISO9000 质量体系认证,可将企业的管理目标、水平和方法用文件的形式使其规范化、程序化、法规化和制度化,确保企业能稳定地向用户提供高质量的服务。

(3) 激励机制

由于物业管理公司的委托代理性质,物业管理公司员工的行为不可能完全通过规章制度就能规范。因此需要激励机制,特别要强调正向激励。这就要坚持以人为本,尊重人、理解人、关心人、培养人,以此激励员工的上进心,让员工在完成本职工作的同时实现自身价值。企业要倡导和营造既相互尊敬、相互信任,又有明确的行为规则、和谐有序的舒畅环境,以有效地实现企业的管理目标。企业激励机制的主要手段有:目标激励、岗位激励、效益激励。企业通过运用各种激励手段,充分挖掘员工自身的潜力,激发员工的工作热情,有效地实现企业总体目标。

(4) 监督和自我约束机制

没有监督的权力是腐败的根源,没有监督的管理是渎职的温床。物业管理企业必须建立监督和自我约束机制,使每一个部门、每一位员工都处于严格的监督之中,并自觉地约束自己的行为,谨慎从事,取信于业主。目前行之有效的监督约束机制有:设立投诉电话、投诉信箱,所有员工挂牌上岗,各项管理服务活动的监督、跟踪、反馈制度,向业主委员会定期报告工作制度,工作巡查检查制度,员工考核淘汰制度和工程项目审计制度等。

案例 成立物业管理公司

方兴和卢成是好朋友,两人都看好物业管理行业,决定共同出资成立一家物业管理公司。

方兴以自己名下的一处房产出资,经验资价值 30 万元,并以此作为公司的经营场所,卢成以人民币 20 万元出资。两人商定公司名称为"佳启物业管理有限责任公司",共同制定了公司章程,确定方兴为公司的法人代表,聘请有资格的专业人员管理公司。

公司聘请刘莉任经理,暂设办公室,何奇伟任主任;吕明任财务部部长;邢世杰任市场开发部部长;高雄任工程部部长。

然后,方、卢二人到市工商局企业登记窗口咨询,领取注册登记相关表格、资料。提交二人签署的公司名称预先核准申请书、二人的身份证明办理名称预先核准、取得《名称预先核准通知书》。以核准的名称到银行开设临时账户,将人民币 20 万元划入临时账户。将备齐的注册登记资料交工商局登记窗口受理、初审。几天后,二人到工商局领取《企业法人营业执照》,缴纳注册登记费。

其后,二人按规定又陆续办理了组织机构代码证(正、副)本、国税、地税登记证(正、副)本和公章、财务专用章、法人私章各一枚。

最后,二人持物业管理企业资质等级申请表(一式三份)、企业营业执照副本、身份证、验资报告、公司、工程、财务等部门负责人的任命文件,及其相应专业职称证书和劳动合同(原件、复印件)、物业管理专业人员的职业资格证书和劳动合同(原件、复印件)、工程、管理、经济等相关专业类的专职管理和技术人员的职称证书和劳动合同(原件、复印件)到市房产住宅局办理了《物业管理三级(暂定)资质证书》。

复习思考题

1. 物业管理公司的特征有哪些?
2. 物业管理公司的类别有哪些?
3. 物业管理公司建立的步骤有哪些?
4. 资质管理的含义和目的是什么?
5. 物业管理公司的组织结构有哪些形式?
6. 物业管理公司制度制定应注意的事项有哪些?
7. 物业管理公司的内部管理机制是什么?
8. 请查询你所在地有多少家物业管理一级资质企业。

第三章 物业管理招投标及物业管理服务合同

第一节 物业管理招投标概述

3.1.1 物业管理招投标的基本概念

物业管理公司建立并取得相应资质后,进行正常经营就要取得物业管理项目。国家规定住宅及同一物业管理区域内非住宅的建设单位,应当通过招投标的方式选聘具有相应资质的物业管理企业。只有当投标人少于3个或者住宅规模较小时,经物业所在地的区、县人民政府房地产行政主管部门批准,才可以采用协议方式选聘具有相应资质的物业管理企业。同时,国家提倡其他物业的建设单位通过招投标的方式,选聘具有相应资质的物业管理企业。

招标与投标可以使建设单位或业主和物业管理公司之间双向选择,实现优胜劣汰,可以打破地区保护和区域垄断,把先进的物业管理理念、方法和机制推向市场,为建设单位、业主选择合适的管理者提供较大的空间;并能积极引导物业管理公司练好内功,增强综合素质,使物业管理公司能够凭企业品牌影响和整体实力进入市场进行竞争,公平地分享市场份额。

物业管理招投标是指有物业管理需求的建设单位或业主,按照公开、公平、公正、合理的原则,通过招标和投标,使具有相应物业管理资质的物业管理公司就同一物业管理标的进行竞争而获得其管理合同的一种交易方式。有物业管理需求的建设单位或业主称为招标人,响应物业管理招标、参与投标竞争的物业管理公司称为投标人。

3.1.2 物业管理招投标的特点

物业管理招投标的特点如下:
(1) 标价的保密性
标价的保密性体现在两个方面:一是招标人标底的保密性,即招标人在投标以前不能以任何方式泄露标底的价格;二是投标人投标报价的保密性,即每个投标人只是按照招标文件,根据自身的条件和经营战略,确定自己的报价,互相不知道各自的报价。
(2) 法律的约束性
这是指投标者一旦向招标人递交标书和报价,此标书和报价即被视为在法律上有效。并且为了保证投标报价的法律效力,招标者会要求投标者在投标的同时递交投标保证书和缴纳投标保证金,如果投标者在投标有效期内撤销其标书和报价,招标者将没收投标保证金。
(3) 招标的超前性
物业管理招标的超前性有3个原因:一是由于物业管理的早期介入所要求。这是为了使物业管理者在长期的物业管理中积累的经验能有益于物业的规划、设计和施工,并且在正式接管以后能有效地开展管理工作,招标单位需要物业管理的早期介入,从而有可能较早地通过招投标确定物业管理单位。二是由于政府要求。建设部 2003 年 6 月 26 日颁布了《前期物业管理招标投标管理暂行办法》。三是有些开发商本身为了销售的需要。开发商及早确定一些名牌的物业管理企业,能为其物业的销售增加卖点。

(4) 招投标的长期性和阶段性

物业管理招投标的长期性是由物业管理工作的长期性所决定的,而最终是由物业的长久性所决定。招投标的阶段性是由两方面因素所决定:一方面,是由于开发商和业主在不同的时期对物业管理有不同的要求,物业管理公司对承担的义务及所获的报酬也会随着经济社会的变化而变化,所以根据不同的要求和变化必须做相应的调整;另一方面,由于市场竞争的原因,原来中标单位可能在管理理念、手段等方面不适应市场竞争的要求而遭淘汰,业主会重新招聘物业管理企业。

第二节 物业管理招标

3.2.1 物业管理招标的原则

物业管理招标是指建设单位或业主,为即将建造完成或已经建造完成的物业寻找物业管理公司,而制定符合其管理服务要求和标准的招标文件,使用公开招标或邀请招标的方式向社会上具有相应资质的物业管理公司进行招聘,并采取科学方法进行分析和判断,最终确定最佳的物业管理公司并与之订立物业管理合同的全过程。物业管理招标作为推动物业管理公司朝竞争性方向发展的重要手段,只有遵循一定的原则,才能真正体现其优胜劣汰的功能。

(1) 公平原则

所谓公平原则,就是指招标文件向所有物业管理公司提出的投标条件都是一致的,即所有参加投标者都必须在相同的基础上投标。公平原则的关键是投标的起点要公平。要做到起点公平,在招标过程中应当注意以下几点:

① 招标文件对所有的投标人要求都要一致,即要做到"一视同仁"。首先,实行公开招标的招标文件应在同一时间、地点公开发售,并且之前要在招标通告中标明。其次,全部招标文件的条件、要求均应一致。例如,若需要进行资质审查,那么所有的物业管理公司都应要求进行审查;若需要有投标保证书的,那么对所有的物业管理公司都应有这一要求。

② 招标文件的解释说明应同时公开进行。招标人对招标文件的解释说明应在同一时间,针对所有参加投标的物业管理公司公开进行。例如,应在统一时间组织所有投标人对招标的物业实地考察。另外,招标机构通常在投标人购买招标文件后安排一次投标人会议,即标前会议,目的是公开澄清投标人提出的各类问题。

(2) 公正原则

所谓公正原则是指投标评审的准则是衡量所有投标书的尺度。即是在所有投标人起点公平的基础上,在整个投标评定中所使用的准则应具有一贯性和客观性。一贯性是指招标人在实施投标评定过程中所采用的评标准则,应与招标人预先在招标文件中所注明的评判准则相一致。也就是投标前后,其评判准则是一致的、公开的。任何招标人私自修改已经在招标文件中公布的评判准则都属违背招标惯例的行为。例如,某物业管理招标文件中已注明对投标人资格审查的准则行为,根据已知的最低标准取最低得分标准以上的投标人进行正式投标。根据该准则进行评审后在设定最低分以上的投标人共有10位。这时,招标人考虑到合格的投标人数量过多,为了减轻招标工作量,招标人私下将评定准则修改为取得最高得分的5位投标人参加正式投标,导致其余的5位本来可以取得的投标资格的投标人被淘汰。这是一个很典型的违反了前后一贯原则的例子。客观性是指用于投标评定的准则,应该具有客观性,即能客观地衡量所有的投标书。这就要求所采用的评定准则应具有很强的综合性。根据国际惯例,一般在评标时采用综合打分法,打分法最大的优点是通过采用专家打分、加权计分的科学办法,防止出现"拍脑袋"的武断行为。另外,为表明评定准则的客观性,还可对中标者的最后选定,在招标文件的选定准则中加以客观的详细说明,使不中标者明白自己的差距与不足,以示公正。

(3) 合理原则

所谓合理原则是指选定投标的价格和要求必须合理,不能接受低于正常的管理服务成本的标价,也不能脱离实际市场情况,提出不切实际的管理服务要求。由于物业管理服务所包含的技术风险并不高,因此在物业管理招投标中,投标人的报价往往决定了其投标书的竞争力,即中标人往往也就是报价最低的投标人。这样就容易导致有些投标人为了中标将管理费标价压得很低,甚至低于成本价,这显然是不合理的。如果将物业交给这样的物业管理公司来管理,势必造成日后或者管理不到位,或者赔本破产无法继续履行合同的局面。而另外一种情况是有的物业管理公司管理费的标价虽然很合理,但投标的物业管理公司的资本、管理服务人员与技术力量均不令人满意,这样的物业管理公司实际上日后也难以胜任物业管理工作。为了贯彻合理原则,避免上述不合理现象的发生,招标人在招标文件中按照国际惯例,应当申明"招标人不约束自己接受最低标价"这一条。其含义是,开标后,招标人有权选择任何价格的投标书。有了这样的申明,对招标人来说,可便于选择管理费标价合理,而资信条件等又较为可靠的物业管理公司。

3.2.2 物业管理招标的范围

我国《招标投标法》中规定,在中华人民共和国境内进行下列工程建设项目,包括项目的勘察、设计、施工、监理以及与工程建设有关的重要设备、材料等的采购,必须进行招标:

(1) 大型基础设施、公用事业等关系社会公共利益、公众安全的项目。

(2) 全部或者部分使用国有资金投资或者国家融资的项目。

(3) 使用国际组织或者外国政府贷款、援助资金的项目。

这是国家对项目是否需要进行招标的总的原则,具体在物业管理行业,国家明确规定住宅物业的建设单位,应当通过招投标的方式选聘具有相应资质的物业管理企业,住宅及同一物业管理区域内非住宅的建设单位,应当通过招投标的方式选聘具有相应资质的物业管理企业。同时国家提倡业主通过公开、公平、公正的市场竞争机制选择物业管理企业,提倡住宅以外的其他物业建设单位按照房地产开发与物业管理相分离的原则,通过招投标的方式选聘具有相应资质的物业管理企业。

从以上规定中可以看出,国家明确规定物业管理招标的范围目前仅限于前期物业管理阶段。也就是说,对新建物业由建设单位作为招标人的物业管理招标做了规定,而对前期物业管理以外的物业管理招投标以及除住宅以外的物业管理的招投标未作强行规定,只是提倡采取招投标的方式。应当指出的是,采取招投标的方式选聘物业管理公司,是有效保证公开、公平、公正的市场竞争机制在物业管理行业贯彻施行的最好方式。只要具备相应条件,物业管理招标的范围应当覆盖到所有的物业管理项目。

3.2.3 物业管理招标文件的编写

物业管理招标人应当根据物业管理项目的特点和需要,在招标前完成招标文件的编制。物业管理招标文件是物业管理招标人向投标人提供的指导投标工作的规范文件。招标文件编制的好坏,直接关系到招标人和投标人双方面的利益,因此招标文件的内容既要做到详尽周到,以维护招标人的利益,又要做到合理合法,以体现招标公平、公正、诚实信用的原则。

招标文件应包括以下内容:
(1) 招标人及招标项目简介,包括招标人名称、地址、联系方式、项目基本情况、物业管理用房的配备情况等。
(2) 物业管理服务内容及要求,包括服务内容、服务标准等。
(3) 对投标人及投标书的要求,包括投标人的资格、投标书的格式、主要内容等。
(4) 评标标准和评标方法。
(5) 招标活动方案,包括招标组织机构、开标时间及地点等。
(6) 物业服务合同的签订说明。
(7) 其他事项的说明及法律法规规定的其他内容。

以下是成都市房产管理局制定的成都市物业管理招标文件(示范文本)

物业管理招标文件(示范文本)

第一部分 投标邀请

按照国务院《物业管理条例》和《成都市物业管理招标投标暂行办法》的规定,现决定对_____(项目名称)的物业管理服务进行_____(公开/邀请)招标。兹邀请合格投标人以密封标书的方式前来投标。

一、招标项目的简要说明

本项目位于成都市____区(市)县_____路____号附____号,四至范围:东至_____,西至_____,南至_____,北至_____(或见附图)。

本项目规划设计的物业类型为:_____。

本项目总用地面积_____平方米。用地构成为:建筑用地_____平方米(其中公建用地_____平方米),道路用地_____平方米,绿化用地_____平方米。

本项目总建筑面积_____平方米。其中地下总建筑面积_____平方米,地上总建筑面积_____平方米(住宅建筑面积_____平方米,商业用房建筑面积_____平方米,办公用房建筑面积_____平方米,其他物业建筑面积_____平方米)。

本项目共计建筑物____幢(其中住宅____幢____套,非住宅_____平方米);建筑结构为_____。

本项目的建筑密度为____%;综合容积率_____;绿化率为____%。

本项目规划建设机动车停车位_____个,其中地上停车位_____个,地下停车位_____个;按照规划设计建造了非机动车停车场所_____平方米。

二、项目开工和竣工交付使用时间

本项目于____年____月开工建设,共分____期开发建设。第一期工程计划于____年____月竣工并交付使用;整个建设项目(计划)于____年____月全部建成竣工交付使用。

三、物业管理用房的配置情况

1. 物业管理企业办公等用房:
建筑面积为_____平方米;
坐落位置:_____。

2. 业主委员会活动用房:
建筑面积为_____平方米;
坐落位置:_____。

四、房屋专项维修资金建立情况

开发建设单位按_____标准缴存,计____元;购房人按____标准缴存,计____元;专项维修资金的补充来源有_____,建立的住房专项维修资金现存于_____。

五、招标书的发售

投标单位应于____年____月____日____时____分前至成都市____区(市)县____路____号附____号____室(领取/购买)招标书。(出售的招标书每套标书收取成本费____元整)。

六、保证金的缴纳

1. 投标人在(领取/购买)招标书的同时缴纳投标保证金_____元整。未中标者在招标人与中标人签订_____物业服务合同后5日内退还保证金,利息(不计/计),并给予____元的投标书编制补偿金。

2. 未按规定提交投标保证金的投标,将被视为投标无效。

七、投标地点

成都市____区(市)县_____路____号附____号____室。

八、投标截止时间____年____月____日____时____分,逾期收到的或不符合规定的投标文件不接受。

九、招投标说明会

____年____月____日____时____分约请投标人共同踏勘招标物业现场并举行说明会。

十、开标时间、地点

1. 开标时间:____年____月____日____时____分。

2. 开标地点:成都市____区(市)县_____路____号附____号____室。

十一、对本次招标提出询问的,请于____年____月____日前与_____(姓名)联系(技术方面的询问请以信函或传真的形式)。

地　　址：_____
邮　　编：_____
电　　话：_____
传　　真：_____
联 系 人：_____
（招标人）
_____年____月____日

第二部分　技术规范及要求

本物业的环境设施设备按照《成都市住宅物业环境设施设备项目等级指导标准》等标准,物业服务按照《成都市住宅物业服务等级指导标准》____级标准,具体技术规范与要求和部分差异如下：

一、物业管理服务的内容

1. 物业管理区域内物业共用部位、共用设施设备的管理及维修养护；
2. 物业管理区域内公共秩序和环境卫生的维护；
3. 物业管理区域内的绿化养护和管理；
4. 物业管理区域内车辆（机动车和非机动车）行驶、停放及场所管理；
5. 供水、供电、供气、电信等专业单位在物业管理区域内对相关管线、设施维修养护时,进行必要的协调和管理；
6. 物业管理区域的日常安全巡查服务；
7. 物业档案资料的保管及有关物业服务费用的账务管理；
8. 物业管理区域内业主、使用人装饰装修物业的服务；
9. *
10.

二、物业管理服务的要求

1. 按专业化的要求配置管理服务人员；
2. 物业管理服务与收费质价相符；
3.
4.

三、物业管理服务标准

1. 物业共用部位的维修、养护和管理服务标准
（1）
（2）
2. 物业共用设施设备的运行、维修、养护和管理服务标准
（1）
（2）

---

* 空白项为待补填项。——编者注

3. 物业共用部位和相关场地的清洁卫生、垃圾的收集、清运及雨、污水管道的疏通服务标准
（1）
（2）
4. 公共绿化的养护和管理标准
（1）
（2）
5. 车辆停放管理服务标准
（1）
（2）
6. 公共秩序维护、安全防范等事项的协助管理服务标准
（1）
（2）
7. 装饰装修管理服务标准
（1）
（2）
8. 物业档案资料管理标准
（1）
（2）
9. 其他服务标准
（1）
（2）
四、物业服务费的结算形式（包干制/酬金制）
五、主要设施设备的配置及说明（详见附件1）
六、公建配套设施及说明（详见附件2）
七、_____
八、_____

第三部分　投标人须知
一、总则说明
（一）适用范围
本招标文件仅适用于本项目的物业管理服务
（二）定义
1. "招标方"系指第一部分所指的组织本次招标的招标机构；
2. "投标方"系指向招标方提交投标文件的物业管理企业；
（三）合格的投标方
1. 经过本次招标的资格预审确认为合格的投标人称为合格的投标方；
2.
3.

(四)投标费用

1. 无论投标过程中的做法和结果如何,投标方自行承担所有与参加投标有关的全部费用;
2.
3.

二、投标文件的编写

(一)投标文件格式

1. 投标方应按招标文件提供的投标文件格式填写
2. 管理服务理念和目标

结合本项目的规划布局、建筑风格、智能化硬件设施配置及本物业使用性质特点,提出物业管理服务定位、目标。

3. 项目管理机构运作方法及管理制度

编制项目管理机构、工作职能组织运行图,阐述项目经理(小区经理)的管理职责、内部管理的职责分工、日常管理制度和考核办法目录。

4. 管理服务人员配置

根据物业管理服务的内容、标准和本项目实际情况拟配置各岗位人员的具体情况。

5. 根据物业管理服务的内容、标准制定的物业管理服务方案

(1) 对物业共用部位、业主或使用人自用部位提供维修服务的方案;
(2) 物业管理区域内共用设施设备的维修方案;
(3) 业主、使用人装饰装修室内的服务方案;
(4) 住宅外墙或建筑物发生危险,影响他人安全时的工作预案;
(5) 物业管理区域内环境清洁保洁方案;
(6) 物业管理区域内公共秩序维护方案和岗位责任描述;
(7) 绿化和园林建筑附属设施的维护、保养方案;
(8)
(9)

(以下内容略)

3.2.3 物业管理招标的程序

物业管理招标与其他建设项目招标相同,分为公开招标和邀请招标两种。

(1) 公开招标

公开招标是招标人以招标公告的方式邀请不特定的物业管理公司投标。公开招标是国际上最常见的招标方式,其优点是最大程度地体现了招标的公平、公正和合理的原则。公开招标使招标人有较大的选择范围,招标人可以在众多的投标者之间选择报价合理、信誉好的物业管理企业;同时,公开竞争也会促使物业管理企业不断提高管理服务水平和降低经营成本。公开招标的缺点是工作量比较大,时间较长和招标费用较高。物业管理公开招标主要适应于大型的基础设施和公共物业的物业管理。

(2) 邀请招标

邀请招标是指招标人以投标邀请书的方式邀请特定的物业管理公司投标。邀请招标又称之为选择性招标。采用邀请招标方式的，应当向3个以上具备承担招标项目能力、资信良好的特定物业管理公司发出投标邀请书。邀请招标主要适用于标的规模较小(即工作量不大，总管理费报价不高)的物业管理项目。由于公开招标方式工作量大、招标时间长、费用高，邀请招标有的地方弥补了公开招标方式的不足，成为公开招标不可缺少的补充方式，并由于其节省招标时间和成本的优点，深受一些私营业主和开发商的支持。目前，邀请招标方式在物业管理招标中颇受欢迎，特别为一些实力雄厚，信誉较高的建设单位所采用。究其原因，首先，由于物业管理具有地域性的特点，建设单位主要在当地选择投标单位，而当地的投标人数量本身就不大；其次，由于建设单位的市场经验较丰富，能及时掌握各类物业管理公司的经营情况和服务质量情况，使其有能力挑选出一批素质上乘的物业管理公司参加投标，既节省了成本，又不失效果。但同时，邀请招标的缺点也十分突出，主要是缩小了招标人选择的范围，会遗漏一些合格的、有竞争力的物业管理公司。

物业管理招标的程序主要包括：

(1) 成立招标机构

任何一个物业管理项目招标，无论是建设单位还是业主进行招标，都要成立一个专门的招标机构，并由该机构全权负责物业管理的整个招标活动。招标人可以委托招标代理机构办理招标事宜；有能力组织和实施招标活动的，也可以自行组织实施招标活动。招标人与物业管理招标代理机构之间是委托代理的关系，物业管理招标代理机构应当在招标人委托的范围内办理招标事宜。

(2) 编制招标文件

招标文件又称标书，是招标机构向投标者提供的为进行招标工作所必需的文件。相关具体内容前文已经详细介绍，需要注意的是招标人要在发布招标公告或者发出投标邀请书的10日前，提交以下材料报物业项目所在地的县级以上地方人民政府房地产行政主管部门备案：

① 与物业管理有关的物业项目开发建设的政府批件；
② 招标公告或者招标邀请书；
③ 招标文件；
④ 法律、法规规定的其他材料。

(3) 确定标底

如果招标人认为有必要，可以事先确定标底。标底是招标人为准备招标的内容计算出的一个合理的基本价格，即是一种预算价格。它的主要作用是作为招标人审核报价、评标和确定中标人的重要依据。招标人设有标底的，标底必须保密。

标底的制定与招标文件的编制有着密不可分的关系。标底制定是否正确很大程度上取决于招标文件中对项目工作量的说明是否正确，因而招标文件对项目的工作量进行说明应尽量减少漏项，同时将工作量尽可能算准确，力争将从招标文件中计算出的工作量与实际量的误差控制在5%以内。再者，标底的制定应建立在一个比较先进的物业管理方案基础上，这样编制出的标底才切合实际。

(4) 发布招标公告或投标邀请书

招标人采取公开招标方式的，需要在公共媒介上发布招标公告，并同时在中国住宅与房地产信息网(www.realestate.gov.cn)和中国物业管理协会网(www.ecpmi.org.cn)上发布免费招标公告。

招标人采取邀请招标方式的,需要向3个以上物业管理公司发出投标邀请书。

招标公告或投标邀请书需要载明招标人的名称和地址,招标项目的基本情况以及获取招标文件的办法等事项。招标人要求缴纳投标保证金的,应当在招标公告或投标邀请书中写明。

(5) 组织资格预审

公开招标的招标人可以根据招标文件的规定,对投标申请人进行资格预审。

实行投标资格预审的物业管理项目,招标人应当在招标公告或者投标邀请书中载明资格预审的条件和获取资格预审文件的办法。

资格预审文件一般应当包括资格预审申请书格式、申请人须知,以及需要投标申请人提供的企业资格文件、业绩、技术装备、财务状况和拟派出的项目负责人与主要管理人员的简历、业绩等证明材料。经营资格预审申请书的开启不必公开进行,开启后由招标机构组织专家进行评审。如有必要,还可召开经营资格预审准备会议,以便申请人取得有关项目情况的第一手资料。经营资格预审的内容和重点在于:申请人的基本情况、投标人的经验、过去完成类似项目的情况;人员及设备能力;投标人的财务状况,包括过去几年的承包合同收入和可投入本项目的启动资金等。

经资格预审后,公开招标的招标人应当向资格预审合格的投标申请人发出资格预审合格通知书,告知获取招标文件的时间、地点和方法,并同时向资格不合格的投标申请人告知资格预审结果。在资格预审合格的投标申请人过多时,可以由招标人从中选择不少于5家资格预审合格的投标申请人。

(6) 召开标前会议

标前会议是招标机构在投标人取得招标文件后安排的投标人会议。召开标前会议的目的是澄清投标人提出的各类问题。招标人对已发出的招标文件进行必要的澄清或者修改的,需要在招标文件要求提交投标文件截止时间至少15日前,以书面形式通知所有的招标文件收受人。该澄清或者修改的内容为招标文件的组成部分。标前会议通常是在招标人所在地召开。在标前会议期间,招标人根据物业管理项目的具体情况,可以组织潜在的投标申请人踏勘物业项目现场,并提供隐蔽工程图纸等详细资料。标前会议对投标申请人提出的疑问应当予以澄清,标前会议的记录和各种问题的统一解释或答复,应被视为招标文件的组成部分,并以书面形式发送给所有的招标文件收受人。当标前会议形成的书面文件与原招标文件有出入时,应以会议文件为准。

招标人需要确定投标人编制投标文件所需要的合理时间。公开招标的物业管理项目,自招标文件发出之日起至投标人提交投标文件截止之日止,最短不应少于20日。

(7) 开标、评标和定标

① 开标。开标应当在招标文件确定的提交投标文件截止时间的同一时间公开进行;开标地点应当为招标文件中预先确定的地点。开标由招标人主持,邀请所有投标人参加。开标应当按照下列规定进行:

由投标人或者其推选的代表检查投标文件的密封情况,也可以由招标人委托的公证机构进行检查并公证。经确认无误后,由工作人员当众拆封,宣读投标人名称、投标价格和投标文件的其他主要内容。

招标人在招标文件要求提交投标文件的截止时间前收到的所有投标文件,开标时都必须当众予以拆封。开标过程应当记录,并由招标人存档备查。

② 评标。评标由招标人依法组建的评标委员会负责。评标委员会由招标人代表和物业管理方面的专家组成,成员为 5 人以上单数,其中招标人代表以外的物业管理方面的专家不得少于成员总数的 2/3。评标委员会的专家成员,应当由招标人从房地产行政主管部门建立的专家名册中采取随机抽取的方式确定。与投标人有利害关系的人不得进入相关项目的评标委员会。

评标委员会成员应当认真、公正、诚实、廉洁地履行职责。评标委员会成员不得与任何投标人或者与招标结果有利害关系的人进行私下接触,不得收受投标人、中介人、其他利害关系人的财物或者其他好处。评标委员会成员和与评标活动有关的工作人员不得透露对投标文件的评审和比较、中标候选人的推荐情况以及与评标有关的其他情况。

评标委员会可以用书面形式要求投标人对投标文件中含义不明确的内容作必要的澄清或者说明。投标人应当采用书面形式进行澄清或者说明,其澄清或者说明不得超出投标文件的范围或者改变投标文件的实质性内容。

在评标过程中召开现场答辩会的,应当事先在招标文件中说明,并注明所占的评分比重。评标委员会应当按照招标文件的评标要求,根据标书评分、现场答辩等情况进行综合评标。除了现场答辩部分外,评标应当在保密的情况下进行。

评标委员会应当按照招标文件确定的评标标准和方法,对投标文件进行评审和比较,并对评标结果签字确认。评标委员会经评审,认为所有投标文件都不符合招标文件要求的,可以否决所有投标。依法必须进行招标的物业管理项目的所有投标被否决的,招标人应当重新招标。

评标委员会完成评标后,应当向招标人提出书面评标报告,阐明评标委员会对各投标文件的评审和比较意见,并按照招标文件规定的评标标准和评标方法,推荐不超过 3 名有排序的合格的中标候选人。

③ 定标。招标人应当按照中标候选人的排序确定中标人。当确定中标的中标候选人放弃中标或者因不可抗力提出不能履行合同的,招标人可以依序确定其他中标候选人为中标人。

招标人应当在投标有效期截止时限 30 日前确定中标人。投标有效期应当在招标文件中载明。

招标人应当向中标人发出中标通知书,同时将中标结果通知所有未中标的投标人,并应当返还其投标书。

招标人应当自确定中标人之日起 15 日内,向物业项目所在地的县级以上地方人民政府房地产行政主管部门备案。备案资料应当包括开标评标过程、确定中标人的方式及理由、评标委员会的评标报告、中标人的投标文件等资料。委托代理招标的,还应当附招标代理委托合同。

(8) 合同的签订

招标人和中标人应当自中标通知书发出之日起 30 日内,按照招标文件和中标人的投标文件订立书面合同;招标人和中标人不得再行订立背离合同实质性内容的其他协议。

招标人无正当理由不与中标人签订合同,给中标人造成损失的,招标人应当给予赔偿。

(9) 合同的履行

合同的履行是指合同双方当事人各自按照合同的规定完成其应承担的义务的行为,在此特指中标人应当按照合同约定履行义务,完成中标项目的行为。

(10) 资料的整理和归档

合同签订后,标志着招标工作已经结束,招标人和投标人(这时为中标人)进入一对一的长期契约合同关系。由于物业管理合同具有长期性的特点,因此,为了让业主或开发商能够长期对中标人的履约行为实行有效的监督,招标人(业主或建设单位)在招标结束后,应对形成合同关系过程中的一系列契约和资料进行妥善保存,以便于查考。招标活动是一个十分复杂的活动,涉及大量的合同、文件及信件往来,招标人应对其予以整理。另外,业主或建设单位还应注意经常核对物业中的实际项目和实际管理标准与原标书和合同是否相符。

第三节 物业管理投标

3.3.1 物业管理投标的原则

物业管理投标是指物业管理公司(即投标人)根据招标文件中确定的管理服务要求与标准,编制投标文件参与投标的活动。物业管理招标的公平、公正、合理原则是基于国际惯例的一种准则,而物业管理投标所遵循的则是一种自律性的原则。

3.3.1.1 保证投标文件的真实性

保证投标文件的真实性是指投标人在其投标文件中所阐述的所有内容要真实反映投标人的投标意愿、经营能力和技术水平,投标人应对其标书的内容做到"言出必行"。投标人应当明确,自己在投标文件中所阐述的所有内容,是对招标人发出的要约(招标公告或招标邀请书为招标邀请),如果中标,则是招标人对此要约做出了承诺,招标人与投标人双方即建立了合同关系,投标人要对自己的行为负责。同时招标人为使招标工作能够顺利进行,也可在招标文件中要求投标人出具投标保证书,并交纳一定的保证金。如果投标人在投标过程中中途退出或由于违反真实性原则,虚假陈述标书而被取消投标资格,投标保证金将予以没收。

3.3.1.2 详细掌握投标物业的情况

物业管理公司投标前必须对所投标物业进行仔细而客观的分析,对招标文件中不清楚或可能有差错的地方,应及早地要求招标方澄清。否则,如果在管理工作或解释合同文件过程中遇到未曾预料到的情况,就有可能产生纠纷,甚至遭受重大的利益损失。了解情况的方法,一是书面征询,二是现场勘察了解。不管采取哪种方法,都以招标方书面答复为准。

3.3.1.3 合理估算成本

管理成本的估算要尽可能精确。投标公司应做到尽可能按照严密的管理组织计划计算管理成本,做到不漏项、不出错,使自己的投标文件言之有据,言之有物。

3.3.2 物业管理投标的范围

如前文所述,国家明确规定住宅物业的建设单位要通过招投标的方式选聘具有相应资质的物业管理公司,住宅及同一物业管理区域内非住宅的建设单位,应当通过招投标的方式选聘具有相应资质的物业管理公司;同时国家提倡住宅以外的其他物业建设单位按照房地产开发与物业管理相分离的原则,通过招投标的方式选聘具有相应资质的物业管理公司。可以预见的是,未来物业管理公司承接物业管理项目将越来越多的通过招标投标的方式,尤其是规模大、影响大的项目更是如此。

当然,物业管理公司要通过招标投标的方式承接物业管理项目,首先要知道哪些物业管理项目在招标。一方面,物业管理公司要关注招标人在公共媒介上发布招标公告,特别是在中国住宅与房地产信息网(www.realestate.gov.cn)和中国物业管理协会网(www.ecpmi.org.cn)上发布的招标公告;另一方面,物业管理公司要加强调查,掌握市场信息,积极争取得到建设单位或业主的招标邀请。

知道了哪些物业管理项目在招标,物业管理公司就要决定向哪些物业管理项目投标,也就是要明确自己服务的目标市场。对物业管理公司来说,应当寻找那些符合自身经营目标的物业管理项目进行投标。切忌有盲目扩大投标范围、"广种薄收"的思想,否则既花费精力,又浪费时间和财力,同时获取的项目还可能有较大的风险。因此物业管理公司在投标前必须进行认真分析:一是自己公司的实力,确信对投标的物业有足够的能力进行管理;二是了解分析参与投标的同行,相信本公司在投标中有一定的或较高的优势,存在相当程度中标的可能性;三是有足够的人力、物力、财力及时间进行投标。

3.3.3 物业管理投标文件的编写

物业管理公司需要按照招标文件的内容和要求编制投标文件,投标文件应当对招标文件提出的实质性要求和条件作出响应。

3.3.3.1 物业管理投标文件编写要求

物业管理投标文件也称为物业管理投标书,作为评标的基本依据和有效的法律性文件,在编写时必须规范、严谨,必须遵循以下要求:

(1) 标准统一

① 统一的计量单位。投标书中必须使用国家统一规定的行业标准计量单位,不允许混合使用不同的度量制。

② 统一的货币单位。国内的投标书规定使用的货币应为人民币,国际投标中所使用的货币应按招标文件的规定执行。

③ 统一的行业标准与规范。编制投标书应使用国家统一颁布的行业标准与规范,若采用国外的服务标准与规范,应将所使用的标准规范译成中文,并在投标书中说明。

(2) 填写规范

① 确保无遗漏、无空缺。投标文件中的每一空白都需填写,如有空缺,则被认为放弃意见。重要数据未填写,可能被作为废标处理。

② 不得任意修改填写内容。填写中有错误而不得不修改时,则应由投标方负责人在修改处签字。

③ 填写方式规范。投标书最好用打字方式填写,或用黑色墨水笔工整填写。

④ 数字必须准确无误。投标者必须在送出标书之前,对单价、合计、总标价的大小写数字进行仔细核对。

(3) 表述简洁明了

① 简洁、明确,文字通畅,条理清楚。

② 能用图表的地方,尽量采用图表。

③ 编写前后一致,风格统一。

④ 整洁美观。要求字迹清楚,文本整洁,纸张统一,装帧美观大方。

(4) 报价合理规范

① 报价合理。报价不能高于市场的报价,也不能低于成本的报价。

② 报价方式规范。凡以电报、电话、传真等形式进行的报价,投标方概不接受。

(5) 遵守职业道德

① 资料真实。投标人应保证所提供的全部资料的真实性,否则,投标人要负相应的法律责任。

② 严守秘密、公平竞争。投标人不得行贿、徇私舞弊;不得泄露自己的报价或串通其他投标人哄抬标价;不得隐瞒事实真相;不得做出损害他人利益的行为。

3.3.3.2 投标文件的内容

(1) 投标函

投标函是物业管理公司接到招标邀请书或看到招标公告后,响应招标文件,决定参与投标而发给招标方的函,它一般应包含:投标申请书、投标承诺书、企业营业执照、物业管理资质证书、法人代码证、税务登记证、企业管理业绩证明材料以及拟派的项目经理简历。

以上文件、资料、材料均应符合招标文件的要求。

(2) 投标报价

投标报价是物业管理费测算结果的直观反应,它应包含年度收支总额、月支出总额和月收费标准。

(3) 物业管理方案

物业管理方案应包含物业管理的全过程,即四个基本环节:策划阶段、前期准备阶段、启动阶段和日常运作阶段。编写时通常包括如下内容:

物业基本情况,组织机构设置,物业管理工作流程,人员配置,员工培训计划,物资需求计划,物业管理服务内容及考核指标计划,免费便民服务项目计划,有偿服务计划,档案建立及管理计划,社区文化活动开展计划,配合物业管理设施、设备完善计划,提高物业管理计划,管理处工作奖惩计划,物业管理公司的承诺。

(4) 招标文件要求提供的其他材料

3.3.4 物业管理投标的程序

(1) 收集拟投标物业的相关资料

物业管理公司对拟投标的物业,要尽一切可能多渠道多方位全面收集与其相关的资料,这些资料是物业管理公司进行投标可行性研究必不可少的重要因素。所收集资料的范围不仅包括招标公司和招标物业的具体情况，还应包括投标竞争对手的情况。资料的来源主要包括：招标公告或者招标邀请书上对招标方和招标物业的说明；政府部门和行业协会的相关资料；报纸、杂志、网络等媒体的相关资料；同行业公司的资料；自行赴现场考察的资料。

收集资料之后的整理、分析是更为重要的工作。工作人员应按资料的重要性、类别进行分门别类的整理，以便于投标工作人员使用，由此而得出的最有价值的信息将为投标公司下一步的可行性研究提供分析基础。

（2）进行投标的可行性分析

一项物业管理项目的投标从购买招标书到送出投标书，涉及大量的人力、物力和财力的支出，一旦投标失败，所有的前期投入都将付之东流，损失甚为可观。这就要求物业管理公司在确定是否进行竞标，提出投标申请前，进行必要的可行性研究。

① 拟投标物业条件。首先是了解招标物业的性质。因为不同性质的物业所要求的服务内容不同，所需要的技术力量也不同。住宅小区、服务型公寓和经营性物业的管理内容显然是不同的，这些不同的管理内容必然对物业管理公司提出不同的服务要求和技术要求。而具有类似物业管理经验的投标公司无疑可凭借其以往接管的物业在投标中占有一定的技术和人力资源优势。其次是特殊服务要求。有些物业可能会由于其特殊的地理环境和某些特殊功能，需要一些特殊服务。这些特殊服务很可能成为投标公司的优势，甚至可能在竞标过程中成为决定因素，物业管理公司必须认真对待。在分析中趋利避害，从而形成优化的投标方案；反之，则应放弃竞标。再次是物业招标背景。有时招标文件会由于招标者的利益趋向而呈现出某种明显偏向，因此在阅读标书时，物业管理公司应特别注意招标公告中一些特殊要求，这有利于物业管理公司做出正确的判断。最后是物业建设单位状况。这一层面的分析包括建设单位的技术力量、信誉度等。物业管理公司通过对建设单位以往所承建物业质量的调查，以及有关物业管理公司与之合作情况，分析判断招标物业建设单位的可靠性，并尽量选择信誉度较好，易于协调的建设单位所开发的物业，便于日后管理工作的开展。

② 物业管理公司投标条件分析。第一要分析公司以往类似的物业管理经验。已接管的物业项目往往可使公司具有优于其他物业管理公司的管理或合作经验，这在竞标中极易引起招标人的注意。而且从经济角度考虑，以往的类似管理也可在现成的管理人员、设备或固定的业务联系方面呈现出优势。第二要分析公司的人力资源优势。公司是否具有熟练的、经验丰富的管理人员，是否与其他在该物业管理方面有丰富经验的专业服务公司有密切合作关系。第三要分析本公司的技术优势。即能否利用高新技术提供高品质服务或特殊服务，如智能大厦等先进的信息管理技术。第四要分析公司的财务管理优势。公司在财务分析方面是否有完善的核算制度和先进的分析方法，是否拥有优秀的财务管理人才，是否能多渠道筹集资金，并合理投放。最后还要分析公司的劣势。这主要体现与竞争对手的比较上。

③ 竞争对手的分析。首先要分析竞争对手物业管理公司的规模及其接管物业的数量与质量。通常大规模的物业管理公司意味着成熟的经验、先进的技术和优秀的品质，以其规模向人们展示其雄厚的实力，公司已接管物业数量、所提供服务质量则可从另一方面更为真实地反映出其实力大小。其次要分析竞争对手在某一方面（如地域、特殊技术、服务等）所具有绝对或垄断优势。

④ 风险分析。主要包括：通货膨胀风险，主要是指由于通货膨胀引起的设备、人工等价格上升，从而导致其中标后实际运行成本费用大大超过预算，甚至出现亏损；经营风险，即物业管理公司由于自身管理不善，或缺乏对当地文化的了解，不能提供高质量服务而导致亏损甚至遭到业主辞退；自然风险，如水灾、地震等自然灾害发生时，物业管理公司将承担的部分损失；其他风险，如分包公司不能履行合同规定义务，使物业管理公司遭受经济乃至信誉损失等。这些因素都可能导致物业管理公司即使竞标成功也会发生亏损。但这也并非绝对不可避免，物业管理公司必须在决定投标之前认真考虑这些风险因素，并从自身条件出发，制定出最佳方案规避风险，将其可能造成的损失减少到最小。

（3）申请资格预审

物业管理公司在考察了以上条件之后，可初步确定是否参与投标。若决定参与投标，则可向招标人发出资格预审申请。物业管理公司要按照招标人资格预审的要求，提供相应证明文件。

（4）购买阅读招标文件

资格预审通过后，物业管理公司要向招标人购买标书。取得标书之后，就要仔细阅读标书。

首先，标书可能会由于篇幅较长而出现前后文不一致、某些内容不清晰的情况。这些错误虽是由招标人所致，但若投标人在投标前不加重视，或没有发现，将会影响到投标标价的制定，以致影响投标的成功，甚至还会影响到中标后合同的履行。因此，投标人在这一阶段，应本着仔细谨慎的原则，阅读并尽可能找出错误。

另外要特别注意招标文件中的各项规定，投标公司应对招标文件中的各项规定予以足够的重视，如开标时间、定标时间、投标保证书等，尤其是对图纸、设计说明书和管理服务标准等要进行仔细的研究。

（5）考察物业现场

通常，开发商建设单位或业主将根据需要组织参与投标的物业管理公司统一参观现场，其目的在于帮助投标公司充分了解物业情况以合理计算标价。在考察过程中，招标人还将就投标公司代表所提出的有关投标的各种疑问做出口头回答。但这种口头回答并不具备法律效力，只有由招标人作出书面答复时，才能产生法律约束力。

根据惯例，投标人应对现场条件考察结果自行负责，招标人将认为投标者已掌握了现场情况，明确了现场物业与投标报价有关的外在风险条件。投标人不得在接管后对物业外在的质量问题提出异议，申明条件不利而要求索赔（当然，其内在且不能从外部发现的质量问题除外）。因此，投标公司对这一步骤不可掉以轻心，必须作出细致了解，包括现场查看工程土建构造、周围公用设施分布情况和主要业主情况以及当地的气候、地质、地理条件等。

（6）标价的测算

试算前，物业管理公司要确保做到以下几点：第一，明确领会标书中各项要求、条件；第二，准确计算服务工作量；第三，掌握物业现场基础信息；第四，掌握标价计算所需各种单价、费率；第五，拥有分析所需的、适合当地条件的经验数据。

对于标价的确定，必须具体问题具体分析，同时还要根据竞争对手的状况，从战略战术上予以研究分析。

（7）办理投标保函

如前文所述,有些招标人为防止投标人违约给自己带来经济上的损失,在物业管理招标文件中,要求投标人出具投标保函,以确保在投标人弄虚作假或中标后不能履约时,可通过出具保函的银行,用保证金的全部或部分挽回经济损失。投标保函通常由投标人的开户银行出具。投标保函所承担的主要担保责任有:投标人在投标有效期内不得撤回标书及投标保函;投标人被通知中标后必须按通知书规定的时间前往物业所在地签约和在签约后的一定时间内履行保函或提供履约保证金。如果投标人违反上述任何一条规定,招标人就有权向银行索赔。若投标人没有中标或没有任何违约行为,招标人会在通知投标人投标无效或未中标或投标人履约之后及时将投标保函退还投标人,并相应解除银行的担保责任。

(8) 编制标书

投标人在作出投标报价决定之后,就应按照招标文件的要求正式编制标书,即前文所述的投标文件。

(9) 封送标书、保函

全部投标文件编制好以后,投标人应当在招标文件要求提交投标文件的截止时间前,将投标文件密封送达投标地点。招标人收到投标文件后,应当向投标人出具标明签收人和签收时间的凭证,并妥善保存投标文件。投标人在招标文件要求提交投标文件的截止时间前,还可以补充、修改或者撤回已提交的投标文件,但要书面通知招标人。补充、修改的内容视为投标文件的组成部分。

封送标书的一般惯例是,投标人应将所有投标文件按照招标文件的要求,准备正本和副本(通常正本1份,副本2份)。标书的正本及每一份副本应分别包装,而且都必须用内外两层封套分别包装与密封,密封后打上"正本"或"副本"的印记(一旦正本和副本有差异,以正本为准),两层封套上均应按招标文件的规定写明投递地址及收件人,并注明:投标文件的编号、物业名称、在某日某时(开标时间)之前不要启封等。内层封套是用于原封退还投标文件的,因此应写明本公司的地址和名称,若是外层信封未按上述规定密封及做标记,则招标人的工作人员对把招标文件放错地方或过早启封概不负责。由于上述原因被过早启封的标书,招标人将予拒绝并退还投标人。

(10) 参加标前会议

如前文所述,招标人召开标前会议的目的是澄清投标人提出的各类问题,并对招标文件进行必要的澄清或者修改,而且该澄清或者修改的内容为招标文件的组成部分。投标的物业管理公司一定要派得力的人员参加标前会议,将自己在阅读招标文件和现场考察中发现的问题向招标方提出,要求其给予答复,特别是要重视对标前会议记录的研究。

(11) 参加开标和定标

开标和定标是招投标工作的重要组成环节,对于投标人来说,还是一个在招标人和同行面前展示自我的好机会。

(12) 合同的签订

经过定标之后,招标方将及时向中标公司发出中标通知。中标公司则可自接到通知之时起做好准备,进入合同的签订阶段。同时物业管理公司还应着手组建物业管理项目小组,制定工作规划,以便合同签订后及时开展工作。

(13) 总结和资料整理归档

无论参加投标的物业管理公司是否中标,在竞标结束后都应将投标过程中一些重要文件进行归类归档保存,以备查核。这样一来可为中标公司在合同履行中解决争议提供原始依据,二来也可为竞标失利的公司分析失败原因提供资料。这些文档资料通常包括以下内容:招标文件、招标文件附件及图纸、对招标文件进行澄清和修改的会议记录和书面文件、公司投标文件、同招标方的来往信件、其他重要文件资料等。

第四节　物业管理服务合同

3.4.1　物业管理服务合同的概念和特征

3.4.1.1　物业管理服务合同的概念

物业管理服务合同是指作为委托人的物业建设单位或业主与作为受托人的物业管理公司就相关的物业管理事务所签订的合约。物业管理服务合同是一种委托合同。服务合同又称委任合同,是特定双方当事人约定的代为处理事务的合同。

我国目前的物业管理服务合同分成两类:一类是由物业的建设单位与物业管理公司签订的前期物业管理服务合同;另一类是由业主与物业管理公司签订的物业管理服务合同。前一类实质上是建设单位作为业主的法定的受托人进行的委托事务,是业主还未能成为委托关系的有效主体时,由国家强制规定建设单位的法律义务,是一种过渡性的合同。

3.4.1.2　物业管理服务合同的特征

(1) 物业管理服务合同的当事人是特定的

根据我国的法律,目前物业管理服务合同的法定委托人有3类:一是建设单位,如开发商;二是国有资产的代表人,如房地产管理部门、各国营企事业单位;三是私人业主。而法定的受托人是具有相应物业管理企业资质,经工商管理部门公司登记注册的物业管理公司。

(2) 物业管理服务合同是有偿合同

建设单位或业主不但要支付物业管理公司在处理委托事务中的必要费用,还应支付给物业管理公司相应的酬金。

(3) 物业管理服务合同的订立是以当事人的相互信任为前提的

相互信任是服务合同成立和维持的基础。服务合同成立以后,如果一方对另一方产生不信任,可依据相应规定终止合同。

(4) 物业管理服务合同既是诺成合同,又是双务合同

物业管理服务合同自双方签署合同时成立,故为诺成合同;合同中,双方都承担义务,一方的权利就是另一方的义务,因此是双务合同。

(5) 物业管理服务合同的内容必须是合法的

物业管理服务合同的内容不得与现行的物业管理的法律法规相抵触,否则,合同内容无效。

3.4.2 物业管理服务合同的内容

3.4.2.1 物业管理服务合同的构成
物业管理服务合同一般由3部分组成：合同的部首、合同的正文、合同的结尾。

① 合同的部首。部首主要由以下部分组成：双方当事人的名称、住址、物业的名称以及订立合同所依据的法律。

② 合同的正文。正文主要包括以下内容：物业基本情况；委托管理的范围、内容及权限；委托管理的目标；委托管理期限；双方的权利及义务；费用的种类及标准；奖惩措施；违约责任；合同的更改、补充和终止；争议的解决；其他。

③ 合同的结尾。结尾主要写明合同签订的日期、地点、合同生效日期、合同的份数、开户银行、账号及合同当事人的签名盖章。

3.4.2.2 物业管理服务合同的内容提要
（1）合同的部首

合同的部首虽非合同的实施内容，但在发生纠纷时，可以作为仲裁机构或法院处理合同争议的依据。例如，确认当事人的合法身份、当事人双方通知的送达、确定诉讼管辖地等。

（2）物业的基本情况

特定的物业是物业管理行为指向的主要对象，因此必须在合同的正文中首先予以明确。通常包括物业的类型、坐落位置、四至、占地面积和建筑面积等。

（3）委托管理的范围、内容及权限

委托管理的范围必须明确。例如，对于一些综合性的大楼，必须明确说明那些不包括在内的餐馆、商场及酒店部分，以免发生管理范围的误解。委托管理的内容则根据招投标及谈判的结果，逐项地明确填写。其中包括公共场所设施的管理部分、特约服务、专项服务部分等。权限一般是对受托人在处理以上事务方面的权利的限定。

（4）委托管理的目标

主要指一些经济指标（如经营性物业的出租率，年收益等）、质量指标（如获得质量管理体系的认证）、管理目标（如争创物业管理优秀小区等）。

（5）委托管理期限

委托管理期限要详细到从某年某月某日某时起到某年某月某日某时止。这一条关系到委托双方责任的时间界限。

（6）双方的权利及义务

受托方的权利即上述的授权。另根据国家《物业管理条例》规定，物业管理公司可以将物业管理区域内的专项服务业务委托给专业性的服务企业，但不得将该区域内的全部物业管理一并委托给他人。受托方的义务主要有：担保义务（担保其有能力从事上述委托事务的合法资格和执业证书）、忠实义务、诚信义务、勤勉义务（保证尽心尽力及时完成委托事务）、不越权义务、协助义务、报告义务（及时向委托人报告委托事务的进展情况、答复委托人的质询、重大事项书面报告、定期的综合报告）、接受委托方监督及行政管理部门的监督指导义务。委托方的权利，主要是代表权（代表和维护业主及非业主使用人的合法权益）、审定权（审定受托人拟定的物业管理制度、年度管理计划、财务的预决算等）、指示权（作出委托事务范围内的建设性、指导性、任务性、批评性的指示）、监督权（检查监督受托人管理工作的实施及制度执行情况）。委托方的义务主要有：协助义务（协助受托方接管委托的物业、提供相关资料、办理有关手续等）、提供管理用房的义务、按业主公约约束业主和使用人违约行为的义务等。

（7）费用的种类及标准

费用的支付应说明包括的种类、范围、支付的时间、地点、币种、支付的方式以及调整的方法。

（8）奖惩措施

指受托者达到一定的质量目标（获得质量体系认证）、达到一定的经济目标（物业的经营收益超过某个限度，能源节约达到规定）等，委托者给受托者奖励的条款；相反，也有惩罚性条款。

（9）违约责任

任何一方的违约行为造成另一方的损害，受害方有权要求对方赔偿，甚至有权终止合同。当事人可以订立索赔条款、约定解决索赔的基本原则、提出索赔的期限、索赔的通知方法、递交的证明文件和票据等。

（10）合同的更改、补充和终止

合同可以规定，当事人经双方协商一致，可以就合同的条款进行更改、补充或提前终止；也可以规定，任何一方不得无故解除合同，若因解除合同给对方造成损害的，对方有权要求赔偿损失。

（11）争议的解决

争议解决的方式有协商、调解、调停、仲裁、法院审判五种方式。当事人在合同中可以约定选择其中的一种或几种。调解、调停、仲裁、法院审判要明确选择的单位、地方等。仲裁的合法裁决是终局的，对双方都有约束力。如果当事人双方不在合同中约定仲裁机构，事后又未达成书面仲裁协议的，可以向法院起诉。

（12）合同的结尾

这一部分主要写明合同签订的日期、地点、合同生效日期、合同的份数、开户银行、账号及合同当事人的签名盖章，也是法院及仲裁机构处理合同争议的依据。

以下是建设部制定的前期物业服务合同（示范文本）

前期物业服务合同（示范文本）

甲方：＿＿＿＿＿＿＿＿＿＿＿；

法定代表人：＿＿＿＿＿＿＿＿＿；

住所地：＿＿＿＿＿＿＿＿＿＿＿；

邮编：＿＿＿＿＿＿。

乙方：＿＿＿＿＿＿＿＿＿＿＿；

法定代表人：＿＿＿＿＿＿＿＿＿；

住所地：_____；
邮编：_____；
资质等级：_____；
证书编号：_____。

根据《物业管理条例》和相关法律、法规、政策，甲乙双方在自愿、平等、协商一致的基础上，就甲方选聘乙方对_____（物业名称）提供前期物业管理服务事宜，订立本合同。

第一章　物业基本情况

第一条　物业基本情况：
物业名称_____；
物业类型_____；
坐落位置_____；
建筑面积_____。
物业管理区域四至：
东至_____；
南至_____；
西至_____；
北至_____。
（规划平面图见附件一，物业构成明细见附件二）。

第二章　服务内容与质量

第二条　在物业管理区域内，乙方提供的前期物业管理服务包括以下内容：
1. 物业共用部位的维修、养护和管理（物业共用部位明细见附件三）；
2. 物业共用设施设备的运行、维修、养护和管理（物业共用设施设备明细见附件四）；
3. 物业共用部位和相关场地的清洁卫生，垃圾的收集、清运及雨、污水管道的疏通；
4. 公共绿化的养护和管理；
5. 车辆停放管理；
6. 公共秩序维护、安全防范等事项的协助管理；
7. 装饰装修管理服务；
8. 物业档案资料管理。

第三条　在物业管理区域内，乙方提供的其他服务包括以下事项：
1. _____；
2. _____；
3. _____。

第四条　乙方提供的前期物业管理服务应达到约定的质量标准（前期物业管理服务质量标准见附件五）。

第五条　单个业主可委托乙方对其物业的专有部分提供维修养护等服务，服务内容和费用由双方另行商定。

第三章 服务费用

第六条 本物业管理区域物业服务收费选择以下第_____种方式：

1. 包干制

物业服务费用由业主按其拥有物业的建筑面积交纳,具体标准如下：

多层住宅：_____元/月·平方米；

高层住宅：_____元/月·平方米；

别墅：_____元/月·平方米；

办公楼：_____元/月·平方米；

商业物业：_____元/月·平方米；

_____物业：_____元/月·平方米。

物业服务费用主要用于以下开支：

（1）管理服务人员的工资、社会保险和按规定提取的福利费等；

（2）物业共用部位、共用设施设备的日常运行、维护费用；

（3）物业管理区域清洁卫生费用；

（4）物业管理区域绿化养护费用；

（5）物业管理区域秩序维护费用；

（6）办公费用；

（7）物业管理企业固定资产折旧；

（8）物业共用部位、共用设施设备及公众责任保险费用；

（9）法定税费；

（10）物业管理企业的利润；

（11）_____。

乙方按照上述标准收取物业服务费用,并按本合同约定的服务内容和质量标准提供服务,盈余或亏损由乙方享有或承担。

2. 酬金制

物业服务资金由业主按其拥有物业的建筑面积预先交纳,具体标准如下：

多层住宅：_____元/月·平方米；

高层住宅：_____元/月·平方米；

别墅：_____元/月·平方米；

办公楼：_____元/月·平方米；

商业物业：_____元/月·平方米；

_____物业：_____元/月·平方米。

预收的物业服务资金由物业服务支出和乙方的酬金构成。

物业服务支出为所交纳的业主所有,由乙方代管,主要用于以下开支：

（1）管理服务人员的工资、社会保险和按规定提取的福利费等；

（2）物业共用部位、共用设施设备的日常运行、维护费用；

（3）物业管理区域清洁卫生费用；

（4）物业管理区域绿化养护费用；
（5）物业管理区域秩序维护费用；
（6）办公费用；
（7）物业管理企业固定资产折旧；
（8）物业共用部位、共用设施设备及公众责任保险费用；
（9）_____。

乙方采取以下第____种方式提取酬金：
（1）乙方按_____（每月/每季/每年）_____元的标准从预收的物业服务资金中提取。
（2）乙方_____（每月/每季/每年）按应收的物业服务资金_____%的比例提取。

物业服务支出应全部用于本合同约定的支出。物业服务支出年度结算后结余部分，转入下一年度继续使用；物业服务支出年度结算后不足部分，由全体业主承担。

第七条　业主应于_____之日起交纳物业服务费用（物业服务资金）。

纳入物业管理范围的已竣工但尚未出售，或者因甲方原因未能按时交给物业买受人的物业，其物业服务费用（物业服务资金）由甲方全额交纳。

业主与物业使用人约定由物业使用人交纳物业服务费用（物业服务资金）的，从其约定，业主负连带交纳责任。业主与物业使用人之间的交费约定，业主应及时书面告知乙方。

物业服务费用（物业服务资金）按____（年/季/月）交纳，业主或物业使用人应在____（每次缴费的具体时间）履行交纳义务。

第八条　物业服务费用实行酬金制方式计费的，乙方应向全体业主公布物业管理年度计划和物业服务资金年度预决算，并每年____次向全体业主公布物业服务资金的收支情况。

对物业服务资金收支情况有争议的，甲乙双方同意采取以下方式解决：
1. _____；
2. _____。

第四章　物业的经营与管理

第九条　停车场收费分别采取以下方式：

1. 停车场属于全体业主共有的，车位使用人应按露天车位_____元/（个·月）、车库车位_____元/（个·月）的标准向乙方交纳停车费。

乙方从停车费中按露天车位_____元/（个·月）、车库车位_____元/（个·月）的标准提取停车管理服务费。

2. 停车场属于甲方所有、委托乙方管理的，业主和物业使用人有优先使用权，车位使用人应按露天车位_____元/（个·月）、车库车位_____元/（个·月）的标准向乙方交纳停车费。

乙方从停车费中按露天车位_____元/（个·月）、车库车位_____元/（个·月）的标准提取停车管理服务费。

3. 停车场车位所有权或使用权由业主购置的，车位使用人应按露天车位_____元/（个·月）、车库车位_____元/（个·月）的标准向乙方交纳停车管理服务费。

第十条　乙方应与停车场车位使用人签订书面的停车管理服务协议，明确双方在车位使用及停车管理服务等方面的权利义务。

第十一条 本物业管理区域内的会所属_____（全体业主/甲方）所有。
会所委托乙方经营管理的，乙方按下列标准向使用会所的业主或物业使用人收取费用：
   1. _____；
   2. _____。
第十二条 本物业管理区域内属于全体业主所有的停车场、会所及其他物业共用部位、公用设备设施统一委托乙方经营，经营收入按下列约定分配：
   1. _____；
   2. _____。

第五章 物业的承接验收

第十三条 乙方承接物业时，甲方应配合乙方对以下物业共用部位、共用设施设备进行查验：
   1. _____；
   2. _____；
   3. _____。

第十四条 甲乙双方确认查验过的物业共用部位、共用设施设备存在以下问题：
   1. _____；
   2. _____；
   3. _____。

甲方应承担解决以上问题的责任，解决办法如下：
   1. _____；
   2. _____；
   3. _____。

第十五条 对于本合同签订后承接的物业共用部位、共用设施设备，甲乙双方应按照前条规定进行查验并签订确认书，作为界定各自在开发建设和物业管理方面承担责任的依据。

第十六条 乙方承接物业时，甲方应向乙方移交下列资料：
   1. 竣工总平面图，单体建筑、结构、设备竣工图，配套设施、地下管网工程竣工图等竣工验收资料；
   2. 设施设备的安装、使用和维护保养等技术资料；
   3. 物业质量保修文件和物业使用说明文件；
   4. _____。

第十七条 甲方保证交付使用的物业符合国家规定的验收标准，按照国家规定的保修期限和保修范围承担物业的保修责任。

第六章 物业的使用与维护

第十八条 业主大会成立前，乙方应配合甲方制定本物业管理区域内物业共用部位和共用设施设备的使用、公共秩序和环境卫生的维护等方面的规章制度。
乙方根据规章制度提供管理服务时，甲方、业主和物业使用人应给予必要配合。

第十九条 乙方可采取规劝、_____、_____等必要措施,制止业主、物业使用人违反本临时公约和物业管理区域内物业管理规章制度的行为。

第二十条 乙方应及时向全体业主通告本物业管理区域内有关物业管理的重大事项,及时处理业主和物业使用人的投诉,接受甲方、业主和物业使用人的监督。

第二十一条 因维修物业或者公共利益,甲方确需临时占用、挖掘本物业管理区域内道路、场地的,应征得相关业主和乙方的同意;乙方确需临时占用、挖掘本物业管理区域内道路、场地的,应征得相关业主和甲方的同意。

临时占用、挖掘本物业管理区域内道路、场地的,应在约定期限内恢复原状。

第二十二条 乙方与装饰装修房屋的业主或物业使用人应签订书面的装饰装修管理服务协议,就允许施工的时间、废弃物的清运与处置、装修管理服务费用等事项进行约定,并事先告知业主或物业使用人装饰装修中的禁止行为和注意事项。

第二十三条 甲方应于_____(具体时间)按有关规定向乙方提供能够直接投入使用的物业管理用房。

物业管理用房建筑面积_____平方米,其中:办公用房_____平方米,位于_____;住宿用房_____平方米,位于_____;_____用房_____平方米,位于_____。

第二十四条 物业管理用房属全体业主所有,乙方在本合同期限内无偿使用,但不得改变其用途。

第七章 专项维修资金

第二十五条 专项维修资金的缴存_____。

第二十六条 专项维修资金的管理_____。

第二十七条 专项维修资金的使用_____。

第二十八条 专项维修资金的续筹_____。

第八章 违约责任

第二十九条 甲方违反本合同第十三条、第十四条、第十五条的约定,致使乙方的管理服务无法达到本合同第二条、第三条、第四条约定的服务内容和质量标准的,由甲方赔偿由此给业主和物业使用人造成的损失。

第三十条 除前条规定情况外,乙方的管理服务达不到本合同第二条、第三条、第四条约定的服务内容和质量标准,应按_____的标准向甲方、业主支付违约金。

第三十一条 甲方、业主或物业使用人违反本合同第六条、第七条的约定,未能按时足额交纳物业服务费用(物业服务资金)的,应按_____的标准向乙方支付违约金。

第三十二条 乙方违反本合同第六条、第七条的约定,擅自提高物业服务费用标准的,业主和物业使用人就超额部分有权拒绝交纳;乙方已经收取的,业主和物业使用人有权要求乙方双倍返还。

第三十三条 甲方违反本合同第十七条的约定,拒绝或拖延履行保修义务的,业主、物业使用人可以自行或委托乙方修复,修复费用及造成的其他损失由甲方承担。

第三十四条 以下情况乙方不承担责任:

1. 因不可抗力导致物业管理服务中断的;
   2. 乙方已履行本合同约定义务,但因物业本身固有瑕疵造成损失的;
   3. 因维修养护物业共用部位、共用设施设备需要且事先已告知业主和物业使用人,暂时停水、停电、停止共用设施设备使用等造成损失的;
   4. 因非乙方责任出现供水、供电、供气、供热、通讯、有线电视及其他共用设施设备运行障碍造成损失的;
   5. _____。

第九章　其 他 事 项

第三十五条　本合同期限自＿＿年＿月＿日起至＿＿年＿月＿日止;但在本合同期限内,业主委员会代表全体业主与物业管理企业签订的物业服务合同生效时,本合同自动终止。

第三十六条　本合同期满前＿＿月,业主大会尚未成立的,甲、乙双方应就延长本合同期限达成协议;双方未能达成协议的,甲方应在本合同期满前选聘新的物业管理企业。

第三十七条　本合同终止时,乙方应将物业管理用房、物业管理相关资料等属于全体业主所有的财物及时完整地移交给业主委员会;业主委员会尚未成立的,移交给甲方或＿＿代管。

第三十八条　甲方与物业买受人签订的物业买卖合同,应当包含本合同约定的内容;物业买受人签订物业买卖合同,即为对接受本合同内容的承诺。

第三十九条　业主可与物业使用人就本合同的权利义务进行约定,但物业使用人违反本合同约定的,业主应承担连带责任。

第四十条　本合同的附件为本合同不可分割的组成部分,与本合同具有同等法律效力。

第四十一条　本合同未尽事宜,双方可另行以书面形式签订补充协议,补充协议与本合同存在冲突的,以本合同为准。

第四十二条　本合同在履行中发生争议,由双方协商解决,协商不成,双方可选择以下第＿＿种方式处理:
   1. 向＿＿＿＿＿＿仲裁委员会申请仲裁;
   2. 向人民法院提起诉讼。

第四十三条　本合同一式＿＿份,甲、乙双方各执＿＿份。

甲方(签章)　　　　　　　　乙方(签章)

法定代表人　　　　　　　　法定代表人

＿＿＿年＿月＿日

附件一：

物业构成明细

类　型	幢　数	套（单元）数	建筑面积（平方米）
高层住宅			
多层住宅			
别　墅			
商业用房			
工业用房			
办公楼			
车　库			
会　所			
学　校			
幼儿园			
＿＿用房			
合　计			
备　注			

附件二：

物业共用部位明细

1. 房屋承重结构；
2. 房屋主体结构；
3. 公共门厅；
4. 公共走廊；
5. 公共楼梯间；
6. 内天井；
7. 户外墙面；
8. 屋面；
9. 传达室；

10. ＿＿＿＿＿；
11. ＿＿＿＿＿。

附件三：

物业共用设施设备明细

1. 绿地＿＿＿＿＿平方米；
2. 道路＿＿＿＿＿平方米；
3. 化粪池＿＿＿＿个；
4. 污水井＿＿＿＿个；
5. 雨水井＿＿＿＿个；
6. 垃圾中转站＿＿＿＿个；
7. 水泵＿＿＿＿个；
8. 水箱＿＿＿＿个；
9. 电梯＿＿＿＿部；
10. 信报箱＿＿＿＿个；
11. 消防设施＿＿＿＿；
12. 公共照明设施＿＿＿＿；
13. 监控设施＿＿＿＿；
14. 避雷设施＿＿＿＿；
15. 共用天线＿＿＿＿；
16. 机动车库＿＿＿＿个＿＿＿＿平方米；
17. 露天停车场＿＿＿＿个＿＿＿＿平方米；
18. 非机动车库＿＿＿＿个＿＿＿＿平方米；
19. 共用设施设备用房＿＿＿＿平方米；
20. 物业管理用房＿＿＿＿平方米；
21. ＿＿＿＿＿＿＿＿＿＿＿；
22. ＿＿＿＿＿＿＿＿＿＿＿。

附件四：

前期物业管理服务质量标准

一、物业共用部位的维修、养护和管理
1. ＿＿＿＿＿＿＿＿＿＿＿；
2. ＿＿＿＿＿＿＿＿＿＿＿；
3. ＿＿＿＿＿＿＿＿＿＿＿。

二、物业共用设施设备的运行、维修、养护和管理
1. ＿＿＿＿＿＿＿＿＿＿＿；
2. ＿＿＿＿＿＿＿＿＿＿＿；
3. ＿＿＿＿＿＿＿＿＿＿＿。

三、物业共用部位和相关场地的清洁卫生,垃圾的收集、清运及雨、污水管道的疏通
1._____;
2._____;
3._____。

四、公共绿化的养护和管理
1._____;
2._____;
3._____。

五、车辆停放管理
1._____;
2._____;
3._____。

六、公共秩序维护、安全防范等事项的协助管理
1._____;
2._____;
3._____。

七、装饰装修管理服务
1._____;
2._____;
3._____。

八、物业档案资料管理
1._____;
2._____;
3._____。

九、其他服务
1._____;
2._____;
3._____。

《前期物业服务合同(示范文本)》使用说明

1. 本示范文本仅供建设单位与物业管理企业签订《前期物业服务合同》参考使用。

2. 经协商确定,建设单位和物业管理企业可对本示范文本的条款内容进行选择、修改、增补或删减。

3. 本示范文本第六条、第七条、第八条、第九条第二款和第三款、第二十条、第二十一条、第二十二条、第二十四条所称业主,是指拥有房屋所有权的建设单位和房屋买受人;其他条款所称业主,是指拥有房屋所有权的房屋买受人。

3.4.3 物业管理服务合同的签订程序

3.4.3.1 委托者与中标物业管理公司谈判
在确定中标企业后,委托者(建设单位或业主)与中标公司在正式签订物业管理服务合同之前,还必须就一些不清晰、不完备的条款进行谈判。这些内容主要有:

(1) 讨论改进意见

通常在招标过程中,一些未中标公司的投标方案中有一些建设性的好建议,引起委托者的兴趣,并想通过谈判,促使中标单位接受这些新的建议。

(2) 变更局部条件

由于招标过程中客观或主观情况的变化,会出现原来招标书或投标书的条件或条款有些不适应,需要对某些局部条件,如服务技术条件、服务内容、合同条款等内容作部分的修改。

(3) 完善不规范的条款

主要是委托者就中标公司投标文件中出现的一些遗漏或差错而可能导致不完善或不规范之处要求中标公司进行修改。

(4) 修改确定报价

通常招标公司的报价可能存在与招标文件不一致或计算方法有差异之处,同时由于前面的修改也会造成成本的变动,所以,双方可作进一步的探讨,以确定正式的合同报价。

3.4.3.2 签订谅解备忘录
在上述谈判达成一致意见以后,委托者与中标公司要签订一份谅解备忘录,将双方在谈判中所做出的所有决定和达成的一致意见书面记录下来,经双方签字,作为合同协议书的构成部分。

3.4.3.3 拟定并签订正式合同
在所有实质性条款确定以后,双方拟定正式合同并签字,至此合同成立。

3.4.4 物业管理服务合同的履行和违约责任

3.4.4.1 物业管理服务合同的履行
物业管理服务合同的履行是指当事人双方依据物业管理服务合同的条款,以实际行为完成各自承担的义务和实现各自享有的权利。《合同法》规定:当事人应当按照约定全面履行自己的义务。

(1) 物业管理服务合同履行应遵循的原则

① 实际履行原则。这个原则要求合同当事人应按照合同约定的标的履行义务,不能用其他标的代替,也不能用交付违约金和赔偿金的办法代替履行。但对有下列情况之一者除外:一是法律上或事实上不能履行;二是债务标的不适于强制履行或者费用过高;三是债权人在合理期限内

未要求履行。

② 全面履行原则。这个原则要求合同当事人必须按照合同约定的全部条款全面地履行各自承担的义务,不能不履行和不适当履行。不履行的含义是较清楚的,而不适当履行是指合同义务人虽有履行行为,但履行义务不符合约定的条件,没有按照合同的要求充分、周全、合乎道德地完成履行义务。

③ 协作履行原则。这个原则是指当事人不仅应全面履行自己的合同义务,而且还应当基于诚实信用原则要求对方当事人协助其履行义务。协作履行是诚实信用原则在合同履行中的具体体现。事实上,管理服务合同的履行应当是业主和物业管理企业双方的事,协作履行也是双方都应承担的义务。只有双方当事人在合同履行的过程中相互协作,合同才能得到全面而实际的履行。协作履行包含以下内容:一方履行义务,另一方应适当受领给付;应当积极创造必要条件,提供方便;一方因故不能或不能完全履行时,另一方应采取积极措施以减少损失;发生合同纠纷时,双方都应当主动承担责任,不得相互推诿。

④ 情势变更原则。这个原则是指在合同成立之后,非因当事人双方的过错而发生情势变更,致使继续履行合同对某一方当事人会显失公平,此时根据诚实信用原则,当事人可以请求变更或解除合同。情势变更原则适用的条件是:变更发生在合同的有效期内;具有情势变更的客观事实;变更是当事人不能预见的;情势变更不可归责于双方当事人;情势变更结果导致合同的履行显失公平。

(2) 物业管理服务合同的变更和解除

① 物业管理服务合同的变更。当物业管理服务合同生效后,由于主客观情况的变化,会导致合同的部分内容不再符合实际,此时当事人可通过协商,对服务合同的内容作修改。

服务合同的更改必须具有以下的特点:一是协商一致性;二是局部变更性;三是相对消灭性,即是在变更范围内的原权利义务关系消灭,而变更以外的权利义务关系仍然有效。

服务合同变更的要件,一是已存在合同关系;二是具有法律依据或当事人的约定;三是具备法定的形式,如书面形式、需经有关机关批准等;四是非实质性条款变更,即除合同标的之外的其他条款变更。

② 物业管理服务合同的解除。合同的解除是指由于发生法律规定或当事人约定的情况,使当事人之间的权利义务关系消灭,从而使合同终止法律效力。导致合同解除的事项主要有:合同期满;一方违约,经法院判定解除合同;当事人双方商定解除合同。

3.4.4.2 违反物业管理服务合同的法律责任

(1) 违约责任的构成要件

违约责任的构成要件可分为一般构成要件和特殊构成要件。一般构成要件是指违约当事人承担任何形式的违约责任都应具备的条件,包括违约行为和过错。特殊构成要件是指违约当事人承担特定形式的违约责任所应具备的条件。例如,当事人承担赔偿损失责任,其要件应包括违约行为、过错、损害事实、违约行为与损害事实之间的因果关系4项。

(2) 承担违约责任的方式

承担违约责任的方式主要有以下几种:继续履行、采取补救措施、赔偿损失或支付违约金。

(3) 免责条款

根据我国《合同法》规定，免责事由一般为不可抗力，当事人也可在合同中自愿约定合理的免责条款。不可抗力是指不能预见、不能避免、不能克服的客观情况。不可抗力致使当事人不能履行或不能部分履行合同的，可全部或部分免除责任。但若当事人迟延履行后发生不可抗力的，不能免除责任。

案例　物业管理招投标

天成物业是市房产住宅局委托该市某开发公司开发建设的住宅小区，于2006年8月竣工交付使用。为加强该住宅小区的物业管理，决定采用向社会公开招标方式聘请物业管理公司进行管理。委托管理的期限为3年，该住宅小区总占地面积70 396平方米；总建筑面积110 340平方米；多层住宅楼共24栋，配有电梯，单元式住宅1 036套（其中四房二厅126套、三房二厅28套、三房一厅455套、二房一厅427套），公寓210间，综合楼1栋，建筑面积10 336平方米，其中包括菜市场建筑面积若干平方米。小区的公用设施及公共场所的车行道9 646平方米；人行道7 186平方米；绿化面积53 920平方米；污水管长1 809米，污水检查井286座；雨水管长2 367米，雨水检查井261座，雨水进水井71座；化粪池6座；路灯22盏；垃圾箱25个。体育设施：篮球场一个，占地面积500平方米；门球场一个，占地面积300平方米；停车场3个，总占地面积2 081平方米，车位72个；自行车房建筑面积3 739平方米，其中用作商店的有238平方米（由管理处出租的有175平方米），用作车库、绿化、清洁、保安等员工宿舍的有315平方米，用作仓库的有2 126平方米。

佳启物业管理有限责任公司有意向进行投标，请查阅相关资料分别编写一份招标书和投标书。

复习思考题

1. 物业管理招标有哪些方式？其程序是怎样的？
2. 物业管理招标范围是什么？
3. 物业管理招标的方式有哪些？
4. 如何编制物业管理的招标文件？
5. 物业管理招标包括哪些程序？
6. 简述物业管理投标的实施程序。
7. 简述物业管理服务合同的签订过程。
8. 登录中国住宅与房地产信息网和中国物业管理协会网查询相关内容。

第四章　前期物业管理

前期物业管理,是指在业主、业主大会选聘物业管理公司之前,由建设单位选聘的物业管理公司对物业项目实施的管理。对于物业管理公司来说,主要工作包括早期介入物业管理,如验收物业、办理入伙手续、进行物业装修管理等。

第一节　物业管理的早期介入

4.1.1　物业管理早期介入的含义

对于一项物业来说,存在着开发—经营—管理三个阶段。从形式上看物业管理是对物业的使用管理,因此,物业管理只要在物业交付使用时介入即可,但是从物业管理的实践来看,并非如此简单。我国的物业管理一直滞后于规划设计和施工建设。以往房地产开发商在规划设计中考虑了房屋和配套设施建造时的方便和节约,而没有从管理角度把房屋建成后的管理联系起来统一规划,造成建成后物业管理上的矛盾和漏洞。如现在常见的车位拥挤,住房使用功能不全,空调位置未考虑,脱排水的管道未顾及,以及水、电、煤、通风、交通等配套方面存在的问题。这种整体布局上的缺陷,不但造成业主日后使用不便,而且使物业管理工作难以完善,以后往往也难以弥补。如果开发商在规划设计阶段就选择好物业管理公司,利用物业管理公司的丰富经验和专业知识对规划设计提出建议和意见,使规划设计更符合使用管理的要求,可为以后的管理工作打好基础。

物业管理工作的一个重要目的是使所管物业发挥最佳效应,它同物业的形成过程即投资决策、规划设计、工程建设及房屋营销等阶段均有着密不可分的联系。因此,物业管理应在物业的开发阶段就充分考虑建成以后的使用和管理的需求,考虑到社会经济发展后居住水平提高的需要,要有一定的超前性。即从项目规划设计阶段就开始关注物业的全过程效益。

这里所说的物业管理早期介入,是指物业管理公司在物业的开发设计阶段即行介入,参与物业的规划、设计和施工建设,从物业管理的角度,就物业开发、建设和今后使用管理提出建议并对将接管的物业从物质上和组织上做好准备。物业管理早期介入工作的主要作用在于利用自身对物业使用过程的熟悉,特别是在物业设备设施使用方面所具有的宝贵经验和人才优势,协助完善物业的规划设计、加强物业的施工质量监督、积累大量的一手资料,为日后高效管理打下坚实基础。

4.1.2　物业管理早期介入的意义

(1) 物业管理早期介入能促使物业竣工后返工无望的工程质量难点提前得到妥善解决,减

少使用中的后遗症

在物业管理的实践中,一些物业的先天缺陷一直困扰着物业管理公司,诸如物业质量、设备性能、设施配套以及综合布局等,这些问题往往是由物业的建设单位造成的。要改变这一状况,就必须开展物业管理的早期介入,使物业管理早期介入同规划设计、施工建设同步或交叉进行,这样既可以使以后专业化管理得以顺利实施,又可以从业主或使用人的角度,发现规划设计上的种种问题和缺陷,对物业的规划、设计进行审视,对不适之处提出修改方案,优化、完善设计中的细节,减少后遗症,保持房地产开发项目的市场竞争力。

(2) 物业管理早期介入是对所管物业的全面了解

物业管理行为的实质是服务。然而要服务得好,使业主满意,就必须对物业进行全面的了解。如果物业管理公司在物业交付使用时才介入管理,就难于对诸如土建结构、管线定向、设施建设、设备安装等物业的情况详细了解。因此,必须在物业的形成过程中就介入管理,才能对今后不便于养护和维修之处提出改进意见,并做好日后养护维修的重点记录。唯有如此,物业管理公司方能更好地为业主服务。

(3) 物业管理早期介入是为后期管理做好准备

物业管理也是一项综合管理工程。通过物业管理可以把分散的社会分工集合为一体,并理顺关系,建立通畅的服务渠道,以充分发挥物业管理的综合作用。此外,在对物业实体实施管理之前,还应设计物业管理模式,制定相应的规章制度,并协同建设单位草拟有关文件,进行机构设置、人员聘用、培训等工作。物业管理早期介入就可以把上述工作安排就绪,以使物业一旦正式交付验收,物业管理公司便能有序地对物业实体进行管理。

4.1.3 物业管理早期介入的内容

物业建设是一项复杂的系统工程,物业管理早期介入应该贯穿于开发建设的全过程,物业管理公司在开发建设的各阶段的管理内容大致包括以下几个方面:

(1) 提出建设性的意见

在物业的规划设计阶段,对楼盘的整体规划设计提出建设性的意见,具体有:

① 配套设施。物业公司从居住楼盘的规模、档次等入手,根据楼盘周边的配套设施,来分析该楼盘内是否有必要配置幼儿园、学校、商场、商务中心、医院、邮电局、娱乐场所等生活配套设施,根据对物业未来的业主和使用人车辆的拥有率进行估计,大致确定楼盘的临时停车位的多少和设置固定车位的数量。

② 水电供应容量。物业在规划设计时,要根据实际情况,充分考虑到楼盘特点和发展需要,根据需要设计出合理的水电供应的容量。

③ 安全保卫系统。随着现代科技的进步,建设单位在开发过程中越来越多地引入智能化系统。智能化系统一般有远程自动抄表系统、办公自动化系统、安全防范系统等。在很多物业的开发的过程中,为了给业主和使用人创造一个安全的环境,根据建设单位的开发成本预算,尽量多的采用先进科技产品,提高项目的档次,也增加小区的使用的质量。

④ 垃圾处理方式。生活垃圾的处理对业主、使用人的居家度日非常重要,所以建设单位在规划时应尽早规划垃圾处理站。

⑤ 消防设施。物业管理公司应从设计上防止消防死角,比如大楼的通道部分、电缆井部分,物业管理公司必须向建设单位建议在这些地方配备灭火器等。

⑥ 绿化规划。楼盘的绿化环境的管理,直接影响着业主入住后的居住质量,绿化中小品的布局、绿化的品种都直接影响着日后养护和补植的成本。如:小区业主的平均收入不高,但小区内种植了大量的草皮,而草皮的养护成本较高,所以每年的绿化养护成本较高。经过物业公司的分析,改种其他灌木,不仅增加了小区的绿化面积,也降低了绿化的成本。

⑦ 建筑的外墙清洗。各地都有相应的文件规定,外墙面必须定期清洗和刷新。故在设计时,要考虑到外墙清洗和粉刷采用的轨道位置等。

⑧ 物业管理用房。物业管理公司进入小区管理后,首先就要有物业管理用房,但有些开发商为了提高经济效益,提供的物业管理用房往往不能满足基本使用要求。因此在早期介入时期,物业管理公司必须要求建设单位在设计时,预留适当的位置,作为物业公司的办公地点。

(2) 查看工程施工建设现场

① 建筑质量。物业管理公司在长期的物业服务中,对物业使用中的种种质量通病:如屋面、卫生间的渗漏问题,水暖管线的合理布置问题等积累了大量的经验,为了减少在物业管理过程中产生的维修频率。物业管理公司在工程建设过程中通过参与质量管理,督促施工单位及时处理质量隐患,力争避免在实施物业管理过程中遇到难以克服的障碍。

② 建筑材料的选用。市场上建筑材料种类繁多,物业管理公司可根据自己在以往所管楼宇中所使用建筑材料的情况,向建设单位提供相关的资料,以供建设单位择优选用。

③ 熟悉物业基本情况。物业管理公司要派专人到建设现场,熟悉基础和隐蔽工程、机电设备的安装调试、管道线路的铺设和走向等,及时发现问题,反馈解决。

(3) 设计管理模式,草拟及制定管理制度

物业管理企业在早期介入中要根据业主和使用人的希望与要求,设计日后的管理模式,制定相应的规章制度,就建设单位制定的业主临时公约(对有关物业的使用、维护、管理,业主的共同利益,业主应当履行的义务,违反公约应当承担的责任等事项依法作出的约定)提出建议,设置物业辖区的组织机构,规定各部门人员岗位责任制度,编制住户手册、物业辖区综合管理办法等。

(4) 建立服务系统和服务网络

物业管理的专业化、社会化、企业化特征决定了其特定的环境条件,物业管理的成败在很大程度上取决于物业管理公司与这些环境条件即与社会有关部门相互关系的协调,这里既有行政管理关系的协调,又有经济关系的协调。包括保安、清洁、养护、维修、绿化队伍的设立或选聘,洽谈和订立合同;同街道、公安、交通、环保、卫生、市政、园林、教育、公用事业、商业及文化娱乐等部门进行联络、沟通与协调;建立代办服务项目网络等。

(5) 准备迎接物业竣工

物业管理公司要从确保物业在相当长一段时间内能正常使用的目的出发,掌握竣工验收所产生的质量问题,及时跟踪整改情况,对项目在交付使用前产生的系列问题全面了解,详细记录,与建设单位分清责任。

第二节 物业验收

4.2.1 物业竣工验收

物业的竣工验收是物业建设的最后阶段。物业的竣工是指物业所属的工程项目经过建筑施工和设备安装以后,达到了该工程项目设计文件所规定的要求,具备了使用或投产的条件。物业建设工程经验收合格的,方可交付使用。

竣工验收工作,由建设单位负责组织实施。县级以上地方人民政府建设行政主管部门应当委托工程质量监督机构对工程竣工验收实施监督。

4.2.1.1 物业工程竣工验收应当具备的条件
(1) 完成建设工程设计和合同约定的各项内容。
(2) 施工单位在工程完工后对工程质量进行了检查,确认工程质量符合有关法律、法规和工程建设强制性标准,符合设计文件及合同要求,并提出工程竣工报告。工程竣工报告应经项目经理和施工单位有关负责人审核签字。
(3) 对于委托监理的工程项目,监理单位对工程进行了质量评估,具有完整的监理资料,并提出工程质量评估报告。工程质量评估报告应经总监理工程师和监理单位有关负责人审核签字。
(4) 勘察、设计单位对勘察、设计文件及施工过程中由设计单位签署的设计变更通知书进行了检查,并提出质量检查报告。质量检查报告应经该项目勘察、设计负责人和勘察、设计单位有关负责人审核签字。
(5) 有完整的技术档案和施工管理资料。
(6) 有工程使用的主要建筑材料、建筑构配件和设备的进场试验报告。
(7) 建设单位已按合同约定支付工程款。
(8) 有施工单位签署的工程质量保修书。
(9) 城乡规划行政主管部门对工程是否符合规划设计要求进行检查,并出具认可文件。
(10) 有公安消防、环保等部门出具的认可文件或者准许使用文件。
(11) 建设行政主管部门及其委托的工程质量监督机构等有关部门责令整改的问题全部整改完毕。

4.2.1.2 物业工程竣工验收的程序
(1) 工程完工后,施工单位向建设单位提交工程竣工报告,申请工程竣工验收。实行监理的工程,工程竣工报告须经总监理工程师签署意见。
(2) 建设单位收到工程竣工报告后,对符合竣工验收要求的工程,组织勘察、设计、施工、监理等单位和其他有关方面的专家组成验收组,制定验收方案。
(3) 建设单位应当在工程竣工验收 7 个工作日前将验收的时间、地点及验收组名单书面通知负责监督该工程的工程质量监督机构。

(4) 建设单位组织工程竣工验收。具体程序如下：

① 建设、勘察、设计、施工、监理单位分别汇报工程合同履约情况和在工程建设各个环节执行法律、法规和工程建设强制性标准的情况。

② 审阅建设、勘察、设计、施工、监理单位的工程档案资料。

③ 实地查验工程质量。

④ 对工程勘察、设计、施工、设备安装质量和各管理环节等方面作出全面评价，形成经验收组人员签署的工程竣工验收意见。

参与工程竣工验收的建设、勘察、设计、施工、监理等各方不能形成一致意见时，应当协商提出解决的方法，待意见一致后，重新组织工程竣工验收。

工程竣工验收合格后，建设单位要及时提出工程竣工验收报告。工程竣工验收报告主要包括工程概况，建设单位执行基本建设程序情况，对工程勘察、设计、施工、监理等方面的评价，工程竣工验收时间、程序、内容和组织形式，工程竣工验收意见等内容。

工程竣工验收报告还应附有下列文件：

① 施工许可证。

② 施工图设计文件审查意见。

③ 工程竣工报告。

④ 工程质量评估报告。

⑤ 质量检查报告。

⑥ 城乡规划行政主管部门出具的工程符合规划设计要求的检查认可文件。

⑦ 公安消防、环保等部门出具的认可文件或者准许使用文件。

⑧ 验收组人员签署的工程竣工验收意见。

⑨ 施工单位签署的工程质量保修书。

⑩ 法规、规章规定的其他有关文件。

负责监督该工程的工程质量监督机构应当对工程竣工验收的组织形式、验收程序、执行验收标准等情况进行现场监督，发现有违反建设工程质量管理规定行为的，责令改正，并将对工程竣工验收的监督情况作为工程质量监督报告的重要内容。

4.2.1.3 物业工程竣工验收备案

建设单位自工程竣工验收合格之日起 15 日内，还要向工程所在地的县级以上地方人民政府建设行政主管部门备案。

建设单位办理工程竣工验收备案应当提交下列文件：

(1) 工程竣工验收备案表。

(2) 工程竣工验收报告。竣工验收报告应当包括工程报建日期，施工许可证号，施工图设计文件审查意见，勘察、设计、施工、工程监理等单位分别签署的质量合格文件及验收人员签署的竣工验收原始文件，市政基础设施的有关质量检测和功能性试验资料以及备案机关认为需要提供的有关资料。

(3) 法律、行政法规规定应当由规划、公安消防、环保等部门出具的认可文件或者准许使用文件。
(4) 施工单位签署的工程质量保修书。
(5) 法规、规章规定必须提供的其他文件。
商品住宅还应当提交《住宅质量保证书》和《住宅使用说明书》。
备案机关发现建设单位在竣工验收过程中有违反国家有关建设工程质量管理规定行为的，应当在收讫竣工验收备案文件 15 日内，责令停止使用，重新组织竣工验收。

4.2.1.4 物业管理公司在物业竣工验收中的作用

物业管理公司应在物业前期管理中参与上述物业建筑工程项目的验收。物业管理公司应从今后管理和使用的角度，根据专业经验提出意见。这样既避免物业交付使用后发生问题，又便于掌握第一手资料，为日后的管理打好基础。

4.2.2 物业接管验收

物业接管验收是在物业竣工验收合格，并且供电、采暖、给排水、卫生、道路等设备和设施能正常使用，房屋幢、户编号已经有关部门确认之后，物业管理公司承接物业时，对物业共用部位、共用设施设备进行的查验。

4.2.2.1 物业管理公司接管的材料

在办理物业承接验收手续时，建设单位应当向物业管理公司移交下列资料：
(1) 竣工总平面图，单体建筑、结构、设备竣工图，配套设施、地下管网工程竣工图等竣工验收资料。
(2) 设施设备的安装、使用和维护保养等技术资料。
(3) 物业质量保修文件和物业使用说明文件。
(4) 物业管理所必需的其他资料。
物业管理公司应当在前期物业服务合同终止时将上述资料移交给业主委员会。

4.2.2.2 物业管理公司对物业现场的验收

物业管理公司必须对物业质量与使用功能进行逐项检查验收，主要包括：
(1) 主体结构
① 地基基础的沉降不得超过国家标准允许变形值；不得引起上部结构的开裂或相邻房屋的损坏。
② 钢筋混凝土构件产生变形、裂缝，不得超过国家标准的规定值。
③ 砖石结构必须有足够的强度和刚度，不允许有明显裂缝。
④ 木结构应结点牢固，支撑系统可靠，无蚁害，其构件的选材必须符合国家标准的有关规定。
⑤ 凡应抗震设防的房屋，必须符合国家标准的有关规定。
(2) 外墙不得渗水

物业的外墙不能有渗水现象

（3）屋面

① 各类屋面必须符合国家标准的规定，排水畅通，无积水，不渗漏。

② 平屋面应有隔热保温措施，三层以上房屋在公用部位应设置屋面检修孔。

③ 阳台和三层以上房屋的屋面应有组织排水，出水口、檐沟、落水管应安装牢固，接口平密、不渗漏。

（4）楼地面

① 面层与基层必须黏结牢固，不空鼓。整体面层平整，不允许有裂缝、脱皮和起砂等缺陷；块料面层应表面平正、接缝均匀顺直，无缺棱掉角。

② 卫生间、阳台、盥洗间地面与相邻地面的相对标高应符合设计要求，不应有积水，不允许倒泛水和渗漏。

（5）装修

① 钢木门窗应安装平正牢固，无翘曲变形，开关灵活，零配件装配齐全，位置准确，钢门窗缝隙严密，木门窗缝隙适度。

② 进户门门锁应安装牢固。

③ 木装修工程应表面光洁，线条顺直，对缝严密，不露钉帽，与基层必须钉牢。

④ 门窗玻璃应安装平整，油灰饱满，粘贴牢固。

⑤ 抹灰应表面平整，不应有空鼓、裂缝和起泡等缺陷。

⑥ 饰面砖应表面洁净，粘贴牢固，阴阳角与线脚顺直，无缺棱掉角。

⑦ 油漆、刷浆应色泽一致，表面不应有脱皮、漏刷现象。

（6）电气

① 电气线路安装应平整、牢固、顺直，过墙应有导管。导线连接必须紧密，铝导线连接不得采用绞接或绑接。采用管子配线时，连接点必须紧密、可靠，使管路在结构上和电气上均连成整体并有可靠的接地。每回路导线间和对地绝缘电阻值不得小于 $1 M\Omega/KV$。

② 应按套安装电表或预留表位，并有电器接地装置。

③ 照明器具等低压电器安装支架必须牢固，部件齐全，接触良好，位置正确。

④ 各种避雷装置的所有连接点必须牢固可靠，接地电阻值必须符合国家标准的要求。

⑤ 电梯应能准确启动运行、选层、平层、停层，曳引机的噪声和震动声不得超过国家标准的规定值。制动器、限速器及其他安全设备应动作灵敏可靠。安装的隐蔽工程、试运转记录、性能检测记录及完整的图纸资料均应符合要求。

（7）水、卫、消防

① 管道应安装牢固，控制部件启闭灵活、无滴漏。水压试验及保温、防腐措施必须符合国家标准的要求。应按套安装水表或预留表位。

② 高位水箱进水管与水箱检查口的设置应便于检修。

③ 卫生间、厨房内的排污管应分设，出户管长不宜超过 $8m$，并不应使用陶瓷管、塑料管。地漏、排污管接口、检查口不得渗漏，管道排水必须流畅。

④ 卫生器具质量良好，接口不得渗漏，安装应平正、牢固、部件齐全、制动灵活。

⑤ 水泵安装应平稳,运行时无较大震动。
⑥ 消防设施必须符合国家标准的要求,并且有消防部门检验合格签证。

(8) 采暖

① 采暖工程的验收时间,必须在采暖期以前两个月进行。
② 锅炉、箱罐等压力容器应安装平正、配件齐全,不得有变形、裂纹、磨损、腐蚀等缺陷。安装完毕后,必须有专业部门的检验合格签证。
③ 炉排必须进行 12 小时以上试运转,炉排之间、炉排与炉铁之间不得互相摩擦,且无杂音,不跑偏,不凸起,不受卡,运转应自如。
④ 各种仪器、仪表应齐全精确,安全装置必须灵敏、可靠,控制阀门应开关灵活。
⑤ 炉门、灰门、煤斗闸板、烟、风档板应安装平正,启闭灵活,闭合严密,风室隔墙不得透风漏气。
⑥ 管道的管径、坡度及检查井必须符合国家标准的要求,管沟大小及管道排列应便于维修,管架、支架、吊架应牢固。
⑦ 设备、管道不应有跑、冒、滴、漏现象。保温、防腐措施必须符合国家标准的规定。
⑧ 锅炉辅机应运转正常,无杂音。消烟除尘、消音减震设备应齐全,水质、烟尘排放浓度应符合环保要求。
⑨ 经过 48 小时连续试运行,锅炉和附属设备的热工、机械性能及采暖区室温必须符合设计要求。

(9) 附属工程及其他

① 室外排水系统的标高、窨井(检查井)设置、管道坡度、管径均必须符合国家标准的要求。管道应顺直且排水通畅,井盖应搁置稳妥并设置井圈。
② 化粪池应按排污量合理设置,池内无垃圾杂物,进出水口高差不得小于 5 cm。立管与粪池间的连接管道应有足够坡度,并不应超过两个弯。
③ 明沟、散水、落水沟头不得有断裂、积水现象。
④ 房屋入口处必须做室外道路,并与主干道相通。路面不应有积水、空鼓和断裂现象。
⑤ 房屋应按单元设置信报箱,其规格、位置须符合有关规定。
⑥ 挂物钩、晒衣架应安装牢固。烟道、通风道、垃圾道应畅通,无阻塞物。
⑦ 单体工程必须做到工完料净场地清,临时设施及过渡用房拆除清理完毕。室外地面平整,室内外高差符合设计要求。
⑧ 群体建筑应检验相应的市政、公建配套工程和服务设施,达到应有的质量和使用功能要求。

4.2.2.3 接管验收中质量问题的处理

(1) 影响房屋结构安全和设备使用安全的质量问题,必须约定期限由建设单位负责进行加固补强返修,直至合格。影响相邻房屋的安全问题,由建设单位负责处理。
(2) 对于不影响房屋结构安全和设备使用安全的质量问题,可约定期限由建设单位负责维修,也可采取费用补偿的办法,由接管单位处理。

4.2.3 物业接管验收中存在的问题和注意事项

4.2.3.1 接管验收的作用

（1）界定交接双方的责权利

物业管理公司与建设单位通过接管验收，明确双方的责权利。

（2）确保物业具备正常的使用功能

物业管理公司通过接管验收，可以发现物业质量的缺陷和隐患，通过及时返工、修缮和加固，确保物业主体的结构安全，满足日后业主正常的使用需要。

（3）为日后物业管理奠定基础

物业管理公司通过接管验收，可以摸清物业的性能特点，有利于管理工作的顺利开展。

4.2.3.2 接管验收中可能存在的问题

（1）接管验收走过场

这种问题往往发生在特定的双方当事人之间，如建设单位与物业管理公司有某些关联。这样做会给日后的物业管理工作带来很大的隐患。

（2）接管验收不到位

这种问题通常由于物业管理公司选派的接管验收人员不专业或不负责任。这样很可能给以后的管理工作带来麻烦和经济损失。

（3）接管资料不齐全

这种情况是由于交接工作混乱造成资料散失。特别是一些设计变更资料的缺失会给以后的管理工作造成难以预料的麻烦。

4.2.3.3 接管验收中应注意的事项

物业的接管验收是直接关系到今后物业管理工作能否正常开展的重要环节。因此，为确保今后物业管理工作能顺利开展，物业管理公司在接管验收时应注意以下几个方面：

（1）物业管理公司应选派素质好、业务精、对工作认真负责的管理人员及技术人员参加验收工作。

（2）接管验收中若发现问题，应明确记录在案，约定期限督促开发商对存在的问题返工、修缮和加固，直至完全合格。

（3）落实物业的保修事宜。根据建筑工程保修的有关规定，由建设单位负责保修，向物业管理公司交付保修保证金，或由物业管理公司负责保修，建设单位一次性给付保修费用。

（4）物业管理企业接受的只是对物业的经营管理权以及政府赋予的有关权利。

（5）接管验收应办理书面手续，特别要明确在接管过程中遗留问题的责任、解决时间、解决的方法以及费用负担。

第三节　物业入伙手续的办理

所谓"入伙"就是业主领取钥匙,接房入住。当物业管理公司的验收与接管工作完成以后,即物业具备了入伙条件后,物业管理公司就应按程序进入物业的入伙手续的办理阶段。物业管理公司应及时将入伙通知书、入伙手续书、收楼须知、收费通知书一并寄给业主,以方便业主按时顺利地办好入伙手续。由于物业的入伙阶段是物业管理企业与其服务对象——业主接触的第一关,这一阶段除了大量的接待工作和烦琐的入伙手续外,各种矛盾也会在短时期内集中地暴露出来,为此,这一阶段通常也是物业管理问题最集中的阶段。所以,物业管理公司应充分利用这一机会,既做好物业管理的宣传、讲解工作,又要切实为业主服务好,以树立起物业管理公司良好的"第一印象",取得广大业主的信任。

4.3.1　入伙通知书

"入伙通知书"就是关于业主在规定时间办理入伙事宜的通知。物业管理公司在制作入伙通知书时应注意如下问题:

(1) 一般情况下,一个物业辖区内入伙的业主不是一家或几家,而是几百家甚至上千家,如果均集中在同一时间办理,必然会使手续办理产生诸多困难,因此在通知书上应注明各幢、各层分期分批办理的时间,以方便业主按规定时间前来办理。

(2) 对于因故不能按时前来办理的业主,应在通知书上注明补办的办法。

下面是一份入伙通知书以作示范:

入伙通知书

尊敬的＿＿＿＿女士/先生:

您好!欢迎您成为＿＿＿＿小区的新业主!

您所认购的＿＿＿＿小区＿＿栋＿＿单元＿＿室楼宇,经市有关部门验收、测量合格,现已交付使用准予入住。

一、请您按入伙通知书、收楼须知办理入伙手续,办理地点在＿＿栋＿＿单元＿＿室。在规定的日期内,地产部、财务部、物业管理公司等有关部门和单位将到场集中办公。

二、为了您在办理过程中能顺利而快捷地办理好入伙手续,请以下表所列时间为准前来办理入伙手续。各楼各层办理入伙手续时间分配表(略)。

阁下如届时不能前来办理入伙手续,请您及时与我公司联系,落实补办的办法,联系电话＿＿＿＿。

特此通知

××房地产开发公司
××物业管理公司
年　月　日

4.3.2 入伙手续书

入伙手续书即办理入伙手续的程序和安排,其目的是为了让业主明了手续办理的顺序,使整个过程井然有序。

下面是一份入伙手续书以作示范:

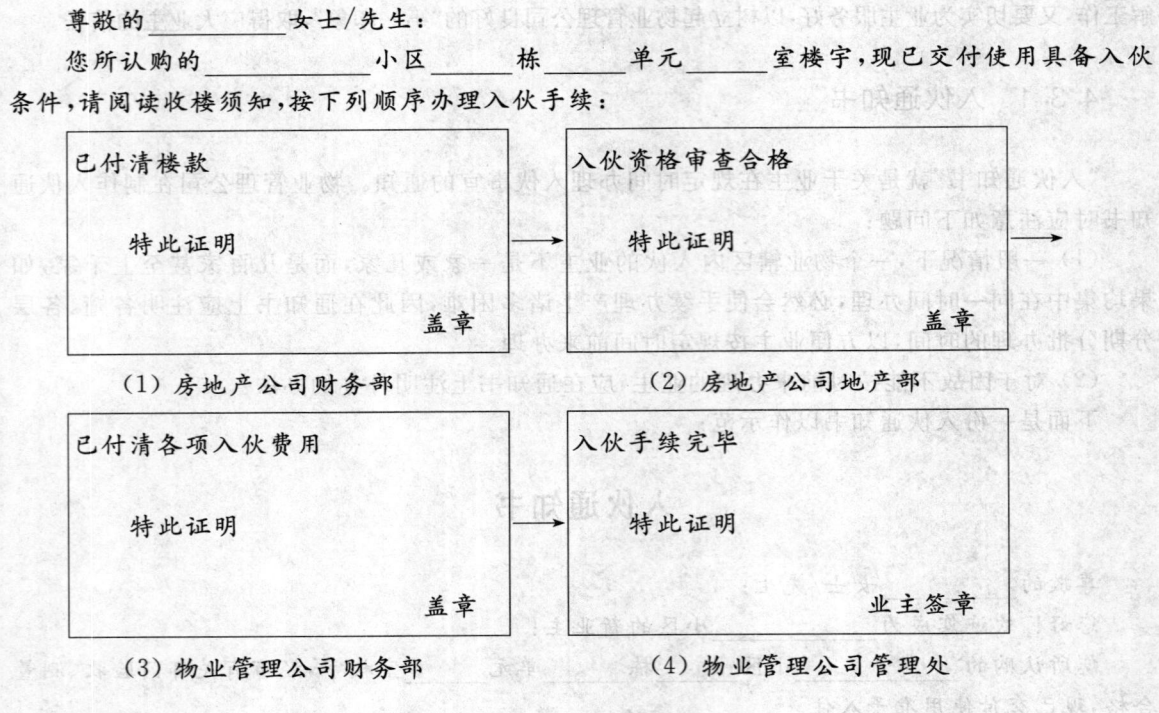

4.3.3 收楼须知

收楼须知即告知业主在办理收楼过程中应注意的事项及应携带的各种证件、合同和费用的说明,从而避免遗漏、往返,给业主增添不便。

下面是一份收楼须知以作示范:

收楼须知

尊敬的＿＿＿＿＿＿女士/先生：

您好！欢迎您成为＿＿＿＿＿＿小区的新业主！

为避免您在收楼时产生遗漏而带来不便，兹介绍有关收楼程序。

一、在房地产公司财务部办理手续

1. 付清购楼余款。
2. 携带已缴款的各期收据交财务部验证、收回并开具总发票。
3. 在入伙手续（1）上盖章。

二、在房地产公司地产部办理手续

1. 验清业主身份。作为业主如有时间请您亲临我公司接收楼宇，并请带上入伙手续书；本人身份证，港澳台同胞购房证明、护照或居住证；购房合同。
2. 若业主本人不能亲临收楼，可委托代理人，代理人除携带入伙手续书、购房合同外，还应出具业主的授权书（由律师鉴证）；业主身份证或护照的影印本；代理人的身份证或护照。
3. 在入伙手续（2）上盖章。

三、在物业管理公司财务部办理手续

1. 缴付各项管理费用。缴付3个月的管理费；缴付装修保证金，住房装修完毕，验收没有损坏主要房屋结构的，装修保证金如数退还；缴付建筑垃圾清运费，业主装修完毕，自己清运了建筑垃圾即如数退还。
2. 在入伙手续（3）上盖章。

四、在物业管理公司管理处办理手续

1. 签署《业主临时公约》。
2. 听取工作人员介绍入住的有关事项。
3. 领取楼宇钥匙。
4. 在入伙手续书（4）上由业主本人盖章或签字，交物业管理公司保存。

××房地产开发公司

××物业管理公司

年　月　日

4.3.4 业主对物业的验收

购买物业对于每一位业主来说均是一项重大的投资活动。业主在办理入伙手续领取钥匙时应由物业管理公司派专人带领业主按照《物业验收确认书》逐项验收其所购物业。验收过程中物业管理公司的陪同人员对业主提出的物业质量问题要详细记录、及时上报，并在自己的权限范围内给予专业的回答，对于不属于质量问题的，也要耐心地进行解释。若业主对物业质量没有异议或所提出的问题已经解决,物业管理公司工作人员要督促业主签署《物业验收确认书》,协助其继续办理入伙手续。

下面是一份物业验收确认书以作示范:

物业验收确认书

业主姓名:　　　　　房间号:　　　　　验收时间:

验收项目	天花	墙面	地面	门	门锁	窗	灯	开关	插座	备注
客厅										
餐厅										
卧室1										
卧室2										
卧室3										
阳台1										
阳台2										
厨房										
卫生间1										
卫生间2										
验收项目	地漏	排污管	给水管	洗涤盆	水龙头	马桶	煤气表	水表	电表	备注
厨房										
卫生间1							读数	读数	读数	
卫生间2										
配电箱			空气开关			对讲器			门铃	

业主验收意见:

　　　　　　　　　　　　　　　　　　　　　　　　业主签名:

管理处验收意见:

　　　　　　　　　　　　　　　　　　　　　　　　盖章

钥匙领取:

　　　　　　　　　　　　　　　　　　　　　　　　业主签名:
　　　　　　　　　　　　　　　　　　　　　　　　日　　期:

注:以上项目合格的打"√",不合格的打"×",把问题填写在备注栏内。

第四节　物业装修管理

业主在收楼后有权对自己所购物业进行装修，但物业管理公司必须在规定的范围内对物业装修进行积极管理。

4.4.1　物业装修管理的必要性

4.4.1.1　装修行为普遍存在

随着经济的发展，人们生活水平的提高和消费观念的转变，业主和物业的使用人对新建或原有房屋进行装修使之更符合自己的生活、生产和经营的需要已经司空见惯。业主收楼入伙后，首先就是要对其房屋进行装修。装修已成为业主实际入住前的必要程序。

4.4.1.2　装修影响大

装修从根本上说是受业主和物业使用人的意志支配的，装修的施工队伍又缺乏规范的培训和管理，这造成装修的随意性很大，容易给物业本身和其他单位或人员造成许多负面影响，主要表现在以下几个方面：

（1）影响物业的建筑结构和使用安全

如改变建筑主体和承重结构，将没有达到防水要求的房间改为卫生间、厨房，拆改管线走向、堵塞管道等。

（2）影响物业整体价值

如私自搭建建筑物和构筑物，改变建筑外立面等。

（3）造成环境污染

如乱扔垃圾、废弃物，排放有毒、有害物质，清晨和深夜施工等。

（4）带来治安和火灾隐患

装修阶段由于物业进出人员复杂，是治安案件和火灾发生的多发阶段。

因此，物业管理公司必须做好装修管理工作。同时，装修管理是业主与物业管理公司的第二次正式接触，此时工作开展的好坏，将直接影响到业主入住后日常工作的开展。

物业管理公司对业主和使用人的装修进行管理，目的是保障公共设施的正常使用、楼宇安全和房屋外观的统一和美观。

4.4.2　物业装修管理的难点

4.4.2.1　物业管理公司无执法权

由于物业管理公司与业主之间是委托代理的关系，双方是平等的民事关系主体，物业管理公司只是接受业主委托对物业进行管理，而不具备执法权。而装修管理本身是需要管理人员及时发现、及时处理、及时制止不良装修以防蔓延的时间性很强的工作。由于物业管理公司没有执法权,一些违规业主和使用人拒不服从物业管理公司的管理,使得装修管理失去有利时机,这种管理不力又会造成更多业主和使用人违反规定装修,结果物业管理公司在装修管理中往往处于被动应付、管理失控的境地。

4.4.2.2 司法判决难以执行

装修管理中,一旦发生纠纷,物业管理公司无力解决,最终只能到法院起诉,申请法院强制执行。一方面,起诉要有特定的程序,要耗费时间、精力和成本;另一方面,即使法院作出了纠正违规装修的判决,部分业主和使用人法律意识淡薄,拒不执行判决,甚至暴力抗法,使管理工作难上加难,对日后物业管理公司与业主的长期合作也极为不利。

4.4.3 物业装修管理措施

4.4.3.1 装修管理前的准备
(1) 管理处各岗位人员应进行装修管理的相关培训。
(2) 工程人员应配备相应的表单及维修所需的工具、材料。
(3) 巡查人员应配备通信设备、制服、手电筒、表单等。
(4) 物业辖区内应配备足够的消防器材等。
(5) 保洁人员应配备相关保洁用品、工具。
(6) 物管员已具备相应的表单及办理出入证及收取各项费用的单据。
(7) 各种设备、设施说明、图纸及建筑水电土建竣工图俱全。
(8) 已与装修垃圾清运队及装修材料搬运队签订合作协议,并已指定装修垃圾堆放的地点。

4.4.3.2 装修开工申报
业主在装修工程开工前,应当向物业管理公司申报登记。非业主的使用人对物业进行装修,应当取得业主的书面同意。

申报登记时应当提交下列材料:
(1) 房屋所有权证(或者证明其合法权益的有效凭证)。
(2) 申请人身份证件。
(3) 装饰装修方案。
(4) 变动建筑主体或者承重结构的,需提交原设计单位或者具有相应资质等级的设计单位提出的设计方案。
(5) 委托装饰装修企业施工的,需提供该企业相关资质证书的复印件。
(6) 非业主的物业使用人,还需提供业主同意装饰装修的书面证明。

4.4.3.3 签订物业装修管理服务协议
进行装修的业主和使用人及其委托的装饰装修企业,应当与物业管理公司签订物业装修管理服务协议。

物业装修管理服务协议应当包括下列内容：
（1）装饰装修工程的实施内容。
（2）装饰装修工程的实施期限。
（3）允许施工的时间。
（4）废弃物的清运与处置。
（5）住宅外立面设施及防盗窗的安装要求。
（6）禁止行为和注意事项。
（7）管理服务费用。
（8）违约责任。
（9）其他需要约定的事项。

4.4.3.4　装修施工监督管理

物业管理公司要按照物业装修管理服务协议实施管理，发现业主、使用人或装饰装修企业有违反规定行为的，应当立即制止；已造成事实后果或者拒不改正的，应当及时报告有关部门依法处理。对业主、使用人或者装饰装修企业违反物业装修管理服务协议的，追究违约责任。

物业室内装饰装修活动禁止下列行为：
（1）未经原设计单位或者具有相应资质等级的设计单位提出设计方案，变动建筑主体和承重结构。
（2）将没有达到防水要求的房间或者阳台改为卫生间、厨房间。
（3）扩大承重墙上原有的门窗尺寸，拆除连接阳台的砖、混凝土墙体。
（4）损坏房屋原有节能设施，降低节能效果。
（5）其他影响建筑结构和使用安全的行为。

业主和使用人从事物业室内装饰装修活动，未经批准，不得有下列行为：
（1）搭建建筑物、构筑物。
（2）改变住宅外立面，在非承重外墙上开门、窗。
（3）拆改供暖管道和设施。
（4）拆改燃气管道和设施。

物业管理公司不能向业主和使用人指派装饰装修企业或者强行推销装饰装修材料。

业主和使用人不得拒绝和阻碍物业管理公司依据物业装修管理服务协议的约定，对其装修活动的监督检查。

4.4.3.5　装修验收

装修户在施工完成后，物业管理公司要按照装饰装修管理服务协议进行现场检查，对违反法律、法规和装饰装修管理服务协议的，应当要求业主、使用人及其委托的装饰装修企业纠正，并将检查记录存档。

案例　前期物业管理

佳启物业管理有限责任公司取得天成物业的管理项目后，即开始了早期介入，随后发生了一系列事情：

由办公室主任何奇伟带队进入建设中的天成物业，陆续发现施工质量、使用材料、物业管理用房等方面存在问题，与施工单位沟通无效，后经与开发商老总沟通，向其说明改进这些问题将对物业的销售以至日后的管理有很大帮助，得到其支持，问题得以解决。

办理入伙手续时，有业主提出自己住在二楼，保证不使用电梯，能否不交电梯使用费；有业主提出房屋质量有问题，拒绝收楼；有业主提出物业收费太高。请你分析，该如何向这些业主解释。

装修管理中，发现有些业主违规，例如：有业主私自破坏承重墙，有业主私自在窗外安装防盗网，有业主乱改水电线路等。请你分析，这些情况该如何处理。

复习思考题

1. 简述物业管理企业早期介入的优势。
2. 物业管理早期介入的含义和意义是什么？
3. 前期物业管理的含义和意义是什么？
4. 前期物业管理的主要内容有哪些？
5. 简述接管验收的含义、特点和作用。
6. 简述室内装修管理的必要性。
7. 室内装修管理的难点和措施有哪些？
8. 物业管理公司应如何做好"物业入伙"这一阶段的工作？
9. 尝试到一家正在办理业主入伙的物业，看看那里是怎么作的。

第五章　业主自治管理

第一节　业主自治管理概述

5.1.1　业主的含义

在我国，物业管理是指业主通过选聘物业管理企业，由业主和物业管理企业按照物业服务合同约定，对房屋及配套的设施设备和相关场地进行维修、养护、管理，维护相关区域内的环境卫生和秩序的活动。物业管理活动离不开业主的参与，业主自治管理与物业管理企业的专业化管理的和谐统一是我国目前物业管理的主要模式。

业主是指房屋的所有权人。在法律上，房屋的所有人是指房地产权利证书记载的权利人。物业的合法买受人尚未办理产权登记，但已实际占有使用的，应当享有业主在物业管理活动中的权利，承担相应义务。

5.1.2　业主的权利和义务

5.1.2.1　业主在物业管理活动中，享有下列权利

（1）按照物业服务合同的约定，接受物业管理企业提供的服务。
（2）提议召开业主大会会议，并就物业管理的有关事项提出建议。
（3）提出制定和修改业主公约、业主大会议事规则的建议。
（4）参加业主大会会议，行使投票权。
（5）选举业主委员会委员，并享有被选举权。
（6）监督业主委员会的工作。
（7）监督物业管理企业履行物业服务合同。
（8）对物业共用部位、共用设施设备和相关场地使用情况享有知情权和监督权。
（9）监督物业共用部位、共用设施设备专项维修资金的管理和使用。
（10）法律、法规规定的其他权利。

5.1.2.2　业主在物业管理活动中，应履行下列义务

（1）遵守业主公约、业主大会议事规则。
（2）遵守物业管理区域内物业共用部位和共用设施设备的使用、公共秩序和环境卫生的维护等方面的规章制度。

(3) 执行业主大会的决定和业主大会授权业主委员会作出的决定。
(4) 按照国家有关规定交纳专项维修资金。
(5) 按时交纳物业服务费用。
(6) 法律、法规规定的其他义务。

5.1.3 业主自治管理的概念和必要性

5.1.3.1 业主自治管理的概念

业主自治管理是指特定物业的区分所有权人,一方面根据个体利益和自主意志对自己专有部分进行自益性管理,另一方面组成业主自治组织通过行使持分权和成员权对共用部分的共同事务进行统一管理,形成业主个体自治管理和业主组织自治管理相结合的一种物业管理方式和制度。

5.1.3.2 业主自治管理的必要性

业主自治管理的产生有其深刻的社会原因,是社会发展的必然产物。业主自治管理的必要性包括:

(1) 产权利益协调的需要

由于区分所有权建筑物的特点,即其产权的不可分离性或互相关联性,使得这类建筑物的区分所有权人之间,由于专有部分或共用部分在使用、维护、管理上会产生利益冲突。而这些冲突不是传统的财产所有权主体个人所能解决的,必须通过协调主体间的关系才能解决这些利益冲突。因此,这就需要业主们自愿地结成团体,实行自律管理,加强合作,通过民主协商来协调产权利益冲突,维护全体区分所有权人的共同利益。

(2) 我国民主发展的需要

民主发展要求人民在国家政治事务、经济事务、文化事务、社会事务等方面当家做主。物业管理特别是住宅小区的管理,几乎涉及城市所有的居民。群众自己通过自治管理团体来锻炼和培养民主意识、民主能力和民主作风,能够极大地促进我国民主事业的发展。并且,这种民主自治方式能更有效地维护社会公共利益和业主们的共同利益。

5.1.4 业主自治管理的原则

业主自治管理原则应贯穿于业主自治管理的全过程,应当作为全体业主共同遵循的基本行为准则,也是判断业主自治管理行为有效性的根本依据。根据我国现有相应法律法规的规定,业主自治管理包括以下原则:

5.1.4.1 依法自治原则

自治意味着自治组织在处理其内部的经济、社会和文化事务方面享有高度自由,可自行决策和实施。但业主自治团体在行使自治权利时,是受到国家法律法规限制的,其中最根本的就是宪法规定的"不得损害国家的、社会的、集体的利益和其他公民的合法自由和权利"。根据这一原则,要求业主自治组织从组建成立到其存续期间的运作全过程,都必须依法办事。

5.1.4.2 积极自治原则

对业主自治组织来说,除了履行法律规定的义务以外,还要积极地行使自治权利。如果做不到这一点,则自治权就形同虚设,也就违背了设置自治权的本意。

5.1.4.3 规范自治原则

所谓规范自治是指业主自治组织在开展各项活动中,按照法规的要求,结合本自治组织辖区的实际情况制定一系列的公约、制度等规范性文件,并在自治组织运行中严格执行。

5.1.4.4 民主管理原则

所谓民主管理原则是指业主自治在议事决策过程中应遵循的原则,即必须在充分发扬民主的基础上,采取少数服从多数的原则。这就要求坚持民主议事、民主决策、民主执行、民主管理、民主监督。民主的理想方式是通过一定的程序进行充分的协商(商量、谅解、让步和协调),得出一致的意见。只有在不能协商一致的情况下,才采取少数服从多数的裁定表决。

5.1.4.5 接受督导原则

所谓接受督导原则是指业主自治在运作过程中必须接受政府相关部门的监督和管理。

5.1.4.6 共同利益优先原则

所谓共同利益优先原则是指业主自治中,当业主的私人利益与业主的共同利益发生冲突时,应当优先保障共同利益的实现。这个原则与业主自治组织设立的目的是一致的,即是为了实现业主们对物业共用部分和辖区公共事务管理的共同利益。

第二节 业主自治管理组织

业主自治管理组织是指所有物业上的全体区分所有权人,为进行建筑物及其基地、附属设施的管理而结成的管理团体。在我国,这种业主自治组织,一般由业主大会及其执行机构业主委员会组成。

5.2.1 业主大会

5.2.1.1 业主大会的组成

物业管理区域内全体业主组成业主大会。业主大会代表和维护物业管理区域内全体业主在物业管理活动中的合法权益。

一个物业管理区域成立一个业主大会。同一个物业管理区域内的业主,应当在物业所在地的区、县人民政府房地产行政主管部门的指导下成立业主大会,并选举产生业主委员会。但是,只有一个业主的,或者业主人数较少且经全体业主一致同意,决定不成立业主大会的,由业主共同履行业主大会、业主委员会职责。

5.2.1.2 业主大会的成立

业主大会自首次业主大会会议召开之日起成立。

业主筹备成立业主大会的,应当在物业所在地的区、县人民政府房地产行政主管部门和街道办事处(乡镇人民政府)的指导下,由业主代表、建设单位(包括公有住房出售单位)组成业主大会筹备组,负责业主大会筹备工作。

业主大会筹备组成员名单确定后,以书面形式在物业管理区域内公告。筹备组要做好下列筹备工作:

(1) 确定首次业主大会会议召开的时间、地点、形式和内容。
(2) 参照政府主管部门制定的示范文本,拟定《业主大会议事规则》(草案)和《业主公约》(草案)。
(3) 确认业主身份,确定业主在首次业主大会会议上的投票权数。
(4) 确定业主委员会委员候选人产生办法及名单。
(5) 做好召开首次业主大会会议的其他准备工作。

其中前4项的内容要在首次业主大会会议召开15日前以书面形式在物业管理区域内公告。

业主大会筹备组应当自组成之日起30日内在物业所在地的区、县人民政府房地产行政主管部门的指导下,组织业主召开首次业主大会会议,并选举产生业主委员会。

5.2.1.3 业主大会的职责

(1) 制定、修改业主公约和业主大会议事规则。
(2) 选举、更换业主委员会委员,监督业主委员会的工作。
(3) 选聘、解聘物业管理企业。
(4) 决定专项维修资金使用、续筹方案,并监督实施。
(5) 制定、修改物业管理区域内物业共用部位和共用设施设备的使用、公共秩序和环境卫生的维护等方面的规章制度。
(6) 法律、法规或者业主大会议事规则规定的其他有关物业管理的职责。

5.2.1.4 业主大会的运作

(1) 业主大会会议分为定期会议和临时会议。定期会议应当按照业主大会议事规则的规定由业主委员会组织召开。

有下列情况之一的,业主委员会应当及时组织召开业主大会临时会议:
① 20%以上业主提议的。
② 发生重大事故或者紧急事件需要及时处理的。
③ 业主大会议事规则或者业主公约规定的其他情况。

发生应当召开业主大会临时会议的情况,业主委员会不履行召开会议职责的,区、县人民政府房地产行政主管部门应当责令业主委员会限期召开。

（2）业主委员会应当在业主大会会议召开 15 日前将会议通知及有关材料以书面形式在物业管理区域内公告，并同时告知相关的居民委员会。

（3）业主大会会议可以采取集体讨论的形式，也可以采用书面征求意见的形式，但应当由物业管理区域内持有 1/2 以上投票权的业主参加。

（4）业主因故不能参加业主大会会议的，业主可以书面委托代理人参加业主大会。

（5）物业管理区域内业主人数较多的，可以幢、单元、楼层等为单位，推选一名业主代表参加业主大会会议，业主代表应当于参加业主大会 3 日前，书面征求其代表的业主的意见，并将需要表决事项的各个业主的赞同、反对及弃权的具体票数经业主本人签字后带到会场如实反映。

（6）业主大会作出的决定，必须经与会业主所持投票权 1/2 以上通过。业主大会作出制订和修改业主公约、业主大会议事规则、选聘或解聘物业管理企业、专项维修基金使用及续筹方案的决定，必须经过物业管理区域内全体业主所持投票权 2/3 以上通过。

（7）业主大会会议应当由业主委员会作书面记录并存档。

（8）业主大会的决定对物业管理区域内的全体业主具有约束力。业主大会的决定应当以书面形式在物业管理区域内及时公告。

5.2.2　业主委员会

5.2.2.1　业主委员会的产生

业主委员会是业主大会的执行机构，业主委员会委员由业主大会选举、更换，业主委员会的工作受业主大会的监督。

业主委员会委员应当符合下列条件：

（1）本物业管理区域内具有完全民事行为能力的业主。

（2）遵守国家有关法律、法规。

（3）遵守业主大会议事规则、业主公约，模范履行业主义务。

（4）热心公益事业，责任心强，公正廉洁，具有社会公信力。

（5）具有一定组织能力。

（6）具备必要的工作时间。

业主委员会应当自选举产生之日起 3 日内召开首次业主委员会会议，推选产生业主委员会主任 1 人，副主任 1～2 人。

5.2.2.2　业主委员会应履行的职责

（1）召集业主大会会议，报告物业管理的实施情况。

（2）代表业主与业主大会选聘的物业管理企业签订物业服务合同。

（3）及时了解业主、物业使用人的意见和建议，监督和协助物业管理企业履行物业服务合同。

（4）监督业主公约的实施。

(5) 业主大会赋予的其他职责。

5.2.2.3　业主委员会委员的资格终止
业主委员会委员有下列情形之一的,经业主大会会议通过,其业主委员会委员资格终止:
(1) 因物业转让、灭失等原因不再是业主的。
(2) 无故缺席业主委员会会议连续三次以上的。
(3) 因疾病等原因丧失履行职责能力的。
(4) 有犯罪行为的。
(5) 以书面形式向业主大会提出辞呈的。
(6) 拒不履行业主义务的。
(7) 其他原因不宜担任业主委员会委员的。
业主委员会委员资格终止的,应当自终止之日起 3 日内将其保管的档案资料、印章及其他属于业主大会所有的财物移交给业主委员会。

5.2.2.4　业主委员会的运作
(1) 经 1/3 以上业主委员会委员提议或者业主委员会主任认为有必要的,应当及时召开业主委员会会议。
(2) 业主委员会会议应当有过半数委员出席,作出决定必须经全体委员人数半数以上同意。业主委员会的决定应当以书面形式在物业管理区域内及时公告。
(3) 业主委员会会议应当作书面记录,由出席会议的委员签字后存档。
(4) 业主委员会任期届满前 2 个月,应当召开业主大会会议进行业主委员会的换届选举;逾期未换届的,房地产行政主管部门可以指派工作人员指导其换届工作。原业主委员会应当在其任期届满之日起 10 日内,将其保管的档案资料、印章及其他属于业主大会所有的财务移交新一届业主委员会,并做好交接手续。
(5) 经业主委员会或者 20% 以上业主提议,认为有必要变更业主委员会委员的,由业主大会会议作出决定,并以书面形式在物业管理区域内公告。
(6) 业主委员会应当督促违反物业服务合同约定逾期不交纳物业服务费用的业主,限期交纳物业服务费用。

5.2.3　业主自治管理组织的管理

5.2.3.1　《业主大会议事规则》和《业主公约》
(1)《业主大会议事规则》
《业主大会议事规则》应当就业主大会的议事方式、表决程序、业主投票权确定办法、业主委员会的组成和委员任期等事项依法作出约定。

下面是深圳市业主大会和业主委员会议事规则示范文本,以供参考:

深圳市业主大会和业主委员会议事规则示范文本

使用说明
一、本议事规则为示范文本。
二、使用者可在示范文本条文之外增加认为有必要补充的内容。
深圳市____区_____（物业）业主大会和业主委员会议事规则（示范文本）
第一条 为了规范业主大会和业主委员会的议事活动，根据有关法律法规制定本议事规则。
本议事规则经____年____月____日业主大会会议审议通过，专为本区域召开业主大会会议及业主委员会会议使用。
第二条 业主大会的议事范围：
（一）业主公约、业主大会和业主委员会议事规则的制定、修改；
（二）物业管理企业的选聘和解聘；
（三）专项维修资（基）金的筹集和使用；
（四）业主大会的诉讼和仲裁；
（五）业主委员会委员的选举、罢免；
（六）物业管理区域内物业共用部位和共用设施设备的使用、收益方案；
（七）物业管理区域内物业共用部位和共用设施设备的使用、公共秩序和环境卫生维护等方面的规章制度；
（八）业主委员会的工作报告；
（九）业主委员会不当决定的改变和撤销；
（十）业主委员会的活动经费；
（十一）其他。
第三条 业主大会会议采取集体讨论或书面征求意见的形式，具体形式由会议召集人确定。
第四条 业主大会会议分为定期会议和临时会议。
业主大会每年至少召开一次定期会议。
有下列情形之一的，业主委员会应当组织召开业主大会临时会议：
（一）经业主提议（特区内指经持有物业全体业主百分之十以上投票权的业主提议，宝安、龙岗两区指物业管理区域内百分之二十以上业主提议）；
（二）发生涉及全体业主共同利益事项，需要及时处理的。
第五条 业主大会会议由业主委员会负责召集。
在下列情况下，业主大会会议由所在社区工作站（社区居民委员会）负责召集。
（一）业主委员会逾期不召集会议，经区主管部门责令，仍不召集的；
（二）因客观原因未能选举产生业主委员会或业主委员会委员集体辞职的；
（三）业主委员会被区主管部门责令解散的。
第六条 业主大会会议召开前，召集人应做好以下准备工作：
（一）提出本次业主大会会议需要表决的事项；
（二）确定会议召开的时间、地点、形式、会议议程；

（三）印制表决票或选票；

（四）在业主中推选若干表决票和选票的发票人、计票人和监票人；

（五）核实业主身份；

（六）将业主委员会候选人简历表、业主大会会议表决事项及议程公示，公示时间为7日；

（七）在会议召开15日前向全体业主送达会议通知并在小区公告栏或其他显著位置公告；

会议通知应写明会议的时间、地点、内容、形式、业主委员会委员候选人名单、总投票权数、投票人的权利和义务等；

（八）其他会务准备工作。

第七条 业主大会以集体讨论形式议事的程序如下：

（一）会议召集人就本次业主大会会议召开目的、会议召集情况及业主到会情况等进行说明；

（二）会议召集人对本次会议需要决议事项进行说明；

（三）参加会议的业主对需要决议事项逐一进行投票表决；

（四）会议召集人计收有效票；

（五）会议召集人公布投票结果，并依据有关规定对投票结果的合法性、有效性作出说明，确定并宣布决议事项是否通过；

（六）会议召集人将大会的议事决定以书面形式在物业管理区域内公告。

会议召集人应当做好业主大会会议书面记录。会议记录统一由业主委员会保管。

第八条 业主大会以书面形式议事的程序如下：

（一）会议召集人根据规定向本区域全体业主送达表决票或选票，并告知业主表决票或选票投放的地点和截止时间；

（二）会议召集人收集指定投放地点的表决票；

（三）会议召集人计收有效表决，如回收时限届满后，与会业主的总票权数未达到业主大会总票权数法定比例的，由会议召集人告知全体业主延长投票时间，组织人员催收表决票、选票，直至与会业主总票权数达到业主大会总票权数法定比例；

（四）会议召集人组织人员开箱验票，统计并公布表决、选举结果。

会议召集人应当做好业主大会会议书面记录。会议记录统一由业主委员会保管。

第九条 业主为法人或其他组织的，由其法定代表人或负责人行使投票权；业主为无民事行为能力及限制民事行为能力的，由其法定代理人行使投票权。

业主可以自行投票，也可书面委托他人投票。书面委托书应载明委托事项和投票权数。

业主投票时应出示选举证，代理人除应出示业主的选举证外，还应出示委托书。

第十条 单个物业登记有两个或两个以上的所有权人的，应自行确定一名投票人。

第十一条 业主大会投票权数按业主所拥有的物业建筑面积计算。特区内各类物业按每十平方米为一个投票权，不足十平方米的按四舍五入计算；五平方米以下且有房地产权证的非住宅类物业，每证为一个投票权。

（宝安、龙岗两区以每一平方米为一个投票权，不足一平方米的按四舍五入计算。）

第十二条 特区内的业主大会会议应有已入住的持有1/2以上投票权的业主参加。宝安、龙岗两区的业主大会会议应有物业管理区域内持有1/2以上投票权的业主参加。

第十三条　业主大会作出决定,必须经与会业主所持投票权1/2以上通过(但宝安、龙岗两区业主大会作出制定和修改业主公约、业主大会和业主委员会议事规则,选聘和解聘物业管理企业,专项维修资金使用和续筹方案的决定,必须经物业管理区域内全体业主所持投票权2/3以上通过)。

第十四条　下列情况下应召开业主委员会会议:
(一)主任、副主任召集会议的;
(二)经三分之一以上委员提议的;
(三)经区主管部门建议召开的;
(四)由主管部门责令召开的。

第十五条　业主委员会会议应当有过半数委员出席,作出决定时应当经全体委员半数以上同意。每名委员拥有一票表决权。

业主委员会委员不得委托他人出席业主委员会的会议,但委员为法人或其他组织的,法定代表人可以书面委托本单位的工作人员出席会议。

第十六条　业主委员会召开会议时,可邀请所在地社区工作站或社区居民委员会派员列席会议。

第十七条　特区内物业项目的业主委员会的任期为三年(宝安、龙岗两区物业项目的业主委员会的任期为两年)。

业主委员会任期届满前两个月内,业主委员会应当报告区主管部门和街道办事处,同时开展换届选举工作。

第十八条　业主委员会委员缺额人数超过委员总数40%的,应当在____月内召开业主大会会议,及时完成业主委员会委员的补选工作。

第十九条　物业为分期开发的,经已入住过半数投票权的业主申请,在分期开发期间成立临时业主委员会。新一期物业的业主入住后,应当增补业主委员会委员。

增补的候选人从新一期物业的业主中推举,差额比例不得少于20%。

增补委员的数量根据新增投票权数占已有投票权数的比例计算,但增补后的业主委员会委员总人数不得超过17人。

第二十条　业主委员会会议应当作书面记录,由出席会议的委员签字并加盖业主委员会印章后存档。

第二十一条　业主委员会的决定应当以书面形式在物业管理区域内及时公告,有下列情况之一的应当送达每一位业主:
(一)关于专项基(资)金的使用的建议;
(二)关于调整物业管理服务费并提交业主大会表决的建议;
(三)根据业主大会的表决及有关法规的规定,采取何种方式(招标或协议方式)选聘物业管理企业的决议;
(四)对物业管理企业制订的年度管理服务计划初审并提交业主大会表决的建议;
(五)关于决定召开临时业主大会会议的决议;
(六)关于罢免委员的建议;
(七)其他。

第二十二条 以业主委员会的名义发布信息,必须经业主委员会作出决定,加盖业主委员会印章方可对外公布。

有下列情况之一的,还须经全体委员过半数以上签字:

(一) 关于专项基(资)金的使用的建议;

(二) 关于调整物业管理服务费并提交业主大会表决的建议;

(三) 根据业主大会的表决及有关法规的规定,采取何种方式(招标或协议方式)选聘物业管理企业的决议;

(四) 对物业管理企业制订的年度管理服务计划初审并提交业主大会表决的建议;

(五) 关于决定召开临时业主大会会议的决议;

(六) 关于罢免业主委员会委员的建议;

(七) 向市、区主管部门投诉、申请行政复议、仲裁、诉讼的决议;

(八) 其他。

第二十三条 业主大会、业主委员会解散的,在解散前,业主大会、业主委员会应当将其档案资料和其他属于业主大会所有的财物移交给所在地区主管部门,并在所在地街道办事处的指导监督下,做好业主共同财产清算工作。

第二十四条 经业主大会会议表决通过的事项应加盖业主大会印章,经业主委员会会议表决通过的事项应加盖业主委员会印章。

业主委员会应当建立健全印章管理制度。业主大会印章和业主委员会印章由业主委员会指定专人保管,并按印章管理制度使用。

第二十五条 业主委员会应当建立业主委员会活动档案,档案一般包括以下内容:

(一) 各类会议记录、纪要;

(二) 业主委员会、业主大会决议、决定等书面材料;

(三) 各届业主委员会选举产生、备案的材料;

(四) 业主名册;

(五) 物业管理服务合同;

(六) 有关法律、法规和业务往来文件;

(七) 业主和使用人的书面意见、建议书;

(八) 维修资金收支情况;

(九) 其他。

第二十六条 本物业区域的档案采取以下第　种方式保管:

(一) 由业主委员会指定专人保管;

(二) 委托所在地社区工作站或社区居民委员会管理。

第二十七条 业主大会、业主委员会活动经费用于下列开支:

(一) 业主大会、业主委员会会议开支,计_____元/年;

(二) 必要的日常办公等费用,计_____元/月;

(三) 有关人员津贴,共计费用_____元/月,具体支付对象如下:

略。

业主委员会开展工作的经费从管理费中开支。

经费收支账目由物业管理企业代为管理,经费收支账目每_____月在物业管理区域内公布一次,接受业主的监督。

第二十八条 业主委员会可以聘请一名执行秘书,负责处理业主委员会的日常事务。

执行秘书的津贴数额为:_____元/月,从物业管理费中列支。

第二十九条 其他补充条款

略。

第三十条 本议事规则经业主大会会议通过后生效。

(2)《业主公约》

《业主公约》应当对有关物业的使用、维护、管理,业主的共同利益,业主应当履行的义务,违反公约应当承担的责任等事项依法作出约定。

业主公约对全体业主具有约束力。

下面是深圳市业主公约示范文本,以供参考:

深圳市业主公约示范文本

使用说明

一、本公约为示范文本。

二、在前期物业管理期间,由建设单位根据本示范文本制定业主公约,并在物业销售前向物业买受人明示;物业买受人与建设单位签订物业买卖合同时应当对遵守业主公约作出书面承诺;业主大会成立后,由业主大会根据本示范文本制定或修改业主公约。

三、使用者可在示范文本条文之外增加认为有必要补充的内容。

深圳市_____区_____(物业)业主公约(示范文本)

第一条 为维护本物业管理区域全体业主、非业主使用人在物业管理活动中的合法权益,维护公共环境卫生和正常秩序,保障物业的安全与合理使用,建设管理有序、服务完善、环境优美、文明和谐的新型社区,根据有关法律法规制定本公约。

第二条 本物业的基本情况

(一)物业名称:

(二)坐落位置(附图):

(三)物业总建筑面积:

(四)物业类型:

(五)土地宗地号:

(六)物业及配套设施的产权清单。

第三条 本公约对本物业管理区域全体业主和非业主使用人均具有约束力。物业的所有权人发生变更时,公约的效力及于物业的继受人。

第四条　全体业主一致同意在业主大会成立前,由建设单位聘请的物业管理公司根据物业管理服务合同对本物业进行物业管理服务。

第五条　业主在物业管理活动中依照有关法律、法规的规定和本公约的约定,享有相应的权利,履行相应的义务。

业主转让或出租物业时,应将本公约向受让人或承租人明示,并应将物业转让或出租情况书面告知物业管理企业。

第六条　本物业管理区域应按照有关法规的规定成立业主大会,选举产生业主委员会。

第七条　本物业管理区域的业主大会应当制定《业主大会和业主委员会议事规则》。

第八条　业主应参加业主大会会议,协助业主大会、业主委员会、物业管理企业以及相关单位在物业管理方面的工作。

第九条　业主同意按照有利于物业使用、安全以及公平、合理的原则,正确处理供水、排水、通行、通风、采光、维修、装饰装修、环境卫生、环境保护、房屋外观等方面的关系。

第十条　业主、非业主使用人应当按照规划部门批准的用途使用物业,不得擅自改变物业的使用功能。

第十一条　业主对物业专有部分的使用、维修、养护行为不得妨碍其他业主的合法权益和业主的共同利益。

第十二条　业主装饰装修物业时应遵守以下约定:

(一) 应当事先告知物业管理企业,并与物业管理企业签订装饰装修管理协议;

(二) 应在指定地点放置装饰装修材料及垃圾,不得擅自占用共用部位和公共场所;

(三) 业主装修时应严格遵守装修施工时间(上午__时至__时,下午__时至__时),已有业主入住的,晚间__时至次日上午__时,中午__时至__时以及节假日,不得从事敲、凿、锯、钻等产生严重噪声的施工;

(四) 按规定可以安装防盗网的,应按照统一的标准制作安装,以保持物业区域外观统一;

(五) 业主应遵守装修管理协议,因违反装饰装修管理协议而影响物业用电、用水、供气、通讯、有线电视等使用功能的,应承担相应责任;

(六) 因装饰装修房屋影响共用部位、共用设施、设备的安全使用以及侵害相邻业主合法权益的,业主应及时恢复原状并承担相应的赔偿责任。

第十三条　物业在使用中存在安全隐患,已经或者即将危及公共利益及他人利益的,责任人应当及时应急维修;责任人不履行或者无法履行应急维修义务的,物业管理企业可在社区工作站(社区居民委员会)、业主委员会有关人员到场见证下进入物业内部应急维修;维修所需的费用由责任人承担。

第十四条　因维修养护物业需要进入相关业主的物业专用部分时,业主或物业管理企业应事先告知相关业主,相关业主应给予必要的配合。

相关业主阻挠维修养护造成物业损坏及其他损失的,应负责修复并承担赔偿责任。

第十五条　业主应当按设计预留的位置安装空调,未预留设计位置的,应按物业管理企业指定的位置安装,并按要求做好噪音及冷凝水的处理。

第十六条　业主及非业主使用人使用电梯应遵守本物业区域的电梯使用的有关规定。损坏电梯设备的,应承担相应的赔偿责任。

第十七条　物业区域的车辆行使、停放应遵守本区域停车场使用规定和使用协议。

第十八条　依照有关规定饲养犬只的,在犬只外出时应为犬只戴防护口罩、佩束犬链,并由成年人牵领、看管,即时清除犬只排出的粪便。

第十九条　本物业管理区域禁止下列行为:

(一)擅自改变房屋的结构和外貌;

(二)擅自占用或损坏公共楼梯、扶栏、走道、地下室、平台、外墙、屋面等共用部位,擅自移动或损坏共用设施、设备;

(三)擅自在天井、庭院、平台、屋顶、绿地、道路等共用部位、共用场地搭建(构)筑物;

(四)擅自摆设摊点;

(五)侵占或损坏道路、绿地、花卉树木、艺术景观及文体休闲设施;

(六)乱抛垃圾杂物和高空抛物;

(七)违反有关规定堆放易燃、易爆、剧毒、放射性物品,排放有毒有害物质;

(八)室内不得制造超标准噪声,包括大音量播放电视、音响,举行喧闹的聚会、舞会,机器设备噪声等;

(九)违反规定在物业管理共用部位和相关场所悬挂、张贴和乱涂乱画;

(十)违反有关规定饲养家禽、家畜及宠物;

(十一)法律、法规禁止的其他行为。

第二十条　业主应按照有关规定交纳、使用和管理维修基(资)金。

第二十一条　业主利用物业共用部位、共用设施设备设置广告或进行其他经营活动的,应当征得有关业主、业主大会的同意,并按照规定向物业管理企业办理有关手续。

按照前款规定获取的收益,按下列第____种方式处理:

(一)纳入管理费;

(二)纳入维修基(资)金;

(三)其他。

第二十二条　业主未按规定交付物业管理服务费的,物业管理公司应当督促其限期交付,业主逾期仍不交付的,业主委员会或其委托的物业管理企业可以在物业管理区域内公布物业管理服务费收缴情况,并注明欠交费用的业主姓名、楼座房号进行催缴;仍不交付的,物业管理企业可以依法向人民法院提起诉讼。

业主与非业主使用人约定由非业主使用人交纳物业管理服务费用的,从其约定,业主负连带交纳责任。

第二十三条　全体业主同意在物业管理服务活动中授予物业管理企业以下权利:

(一)根据有关法律法规、本公约和物业管理服务合同,制定必要的规章制度,并督促业主和非业主使用人遵守、执行;

(二)采取批评、规劝、警告等方式制止业主和非业主使用人违反本公约的行为;

(三)在物业管理区域内公布不遵守公约及相关法律法规的业主、非业主使用人的姓名及违约事实;

(四)其他。

第二十四条　其他补充条款。

略。

第二十五条 建设单位依法制订的业主公约自本物业的第一个买受人签字后生效(××年××月××日)。

业主大会对公约进行修改的,修改后的公约经业主大会通过之日起生效。

附件:

一、开发建设单位的基本情况

(一)企业名称:

(二)注册地:

(三)法定代表人:

(四)联系电话:

(五)通信地址:

二、物业管理单位的基本情况

(一)企业名称:

(二)注册地:

(三)法定代表人:

(四)资质等级:

(五)联系电话:

(六)通信地址:

三、业主大会、业主委员会的基本情况(此项待业主大会、业主委员会成立以后补充)

(一)业主大会名称:

(二)业主委员会名称:

(三)业主委员会办公电话:

(四)业主委员会办公地址:

5.2.3.2 对业主自治管理组织的管理规定

(1)业主委员会应当自选举产生之日起30日内,将业主大会的成立情况、业主大会议事规则、业主公约及业主委员会委员名单等材料向物业所在地的区、县人民政府房地产行政主管部门备案。

(2)因物业管理区域发生变更等原因导致业主大会解散的,在解散前,业主大会、业主委员会应当在区、县人民政府房地产行政主管部门和街道办事处(乡镇人民政府)的指导监督下,做好业主共同财产的清算工作。

(3)业主大会、业主委员会应当依法履行职责,不得作出与物业管理无关的决定,不得从事与物业管理无关的活动。

(4)业主大会、业主委员会作出的决定违反法律、法规的,物业所在地的区、县人民政府房地产行政主管部门,应当责令限期改正或者撤销其决定,并通告全体业主。

(5)业主大会、业主委员会应当配合公安机关,与居民委员会相互协作,共同做好维护物业管理区域内的社会治安等相关工作。

(6) 在物业管理区域内,业主大会、业主委员会应当积极配合相关居民委员会依法履行自治管理职责,支持居民委员会开展工作,并接受其指导和监督。住宅小区的业主大会、业主委员会作出的决定,应当告知相关的居民委员会,并认真听取居民委员会的建议。

(7) 业主大会和业主委员会开展工作的经费由全体业主承担;经费的筹集、管理、使用具体由业主大会议事规则规定。业主大会和业主委员会工作经费的使用情况应当定期以书面形式在物业管理区域内公告,接受业主的质询。

(8) 业主大会和业主委员会的印章依照有关法律法规和业主大会议事规则的规定刻制、使用、管理。违反印章使用规定,造成经济损失或者不良影响的,由责任人承担相应的责任。

(9) 业主以业主大会或业主委员会的名义,从事违反法律、法规的活动,构成犯罪的,依法追究刑事责任;尚构不成犯罪的,依法给予治安管理处罚。

案例 成立业主大会和业主委员会

天成物业的业主大部分入伙后,业主李科、钱海、贾明亮等人找到物业公司,提出要召开业主大会。

经过一番准备,天成物业首次业主大会在全体业主、开发建设单位、居民委员会、物业公司多方共同努力下终于召开了。会上通过了《业主公约》和《业主大会议事规则》,选举出以李科为主任,钱海、贾明亮为副主任的业主委员会。

其后不久,钱海和另外两名业主委员会委员找到物业公司,要求减免自家的物业服务费,遭到拒绝后,便以物业服务收费高为由,拒绝缴纳,并且在小区中串联部分业主要炒掉物业公司,自己管理。

面对此种情况,物业公司应当如何处理。

复习思考题

1. 业主的权利有哪些?
2. 业主的义务有哪些?
3. 简述业主自治管理的必要性。
4. 业主大会、业主委员会的设立程序有哪些?
5. 业主大会的职责有哪些?
6. 业主委员会委员任职条件有哪些?
7. 业主委员会有哪些职责?
8. 你所居住的小区召开业主大会了吗?成立业主委员会了吗?运作的效果如何?
9. 请搜集不同小区的《业主公约》和《业主大会议事规则》,调查不同小区的业主自治管理情况。

第六章 物业综合管理

第一节 物业综合管理概述

6.1.1 物业综合管理的含义

物业综合管理是指除物业本身管理外,对业主和使用者的工作、生活的正常秩序和环境进行的系统全面的管理和服务活动,包括物业的环境管理和物业的安全管理。搞好物业综合管理能够提高业主和使用者的环境质量,保障其生产生活的安宁和生命财产的安全,是物业管理不可缺少的组成部分。

6.1.2 物业综合管理的特点

物业的综合管理是一种日常性的管理服务工作,涉及面广,具有统筹协调、开放性强、管理难度大、专业性强、服务性强的特点。

（1）统筹协调性

物业综合管理的统筹协调性体现在对内和对外两个方面。从对外方面来说,无论是管理哪一种物业,其配套设施和环境管理呈多头交叉管理局面,如供水、供电、供气、消防、治安等分别要与自来水公司、电力公司、燃气公司、消防队、派出所等多个互不隶属的部门和企业发生关系,物业管理公司在提供日常的管理服务时,就要面对这些政府部门以及各类相关企事业单位。这种多头交叉管理现象,容易造成职责不清、互相扯皮等弊病。对于业主而言,需要物业管理企业将这些分属各部门管理的内容进行综合协调、统筹管理。从对内方面来说,物业的综合管理包括保洁、绿化、保安、车辆、消防等活动。这些活动在各自进行的过程中,不可避免地会发生矛盾和冲突,这些矛盾和冲突需要通过加强协调、平衡、统筹等工作来解决。

（2）开放性强、管理难度高

无论是办公楼、商场、文化娱乐场所还是住宅小区,都具有开放性的特点。开放性特点所带来的问题就是人员流动量大、情况复杂多变,每天出入的物业的人员除了业主、使用人等外还会有来往的客人、送货、维修、家政服务等人员以及小商贩、促销人员等各类人员。从而物业的保洁、绿化、安全、车辆、消防等工作都会因为人流量的增多、来往人员的复杂而增加工作量和工作的难度。

（3）专业性强

物业综合管理的具体工作内容包括多个专业领域。例如,绿化需要专业的园林师,消防、治安需要经过消防和公安部门的培训,保洁工作由于其使用设备的先进及保洁材料的性能多样,也成了一种专门职业和专业技术。所以,物业综合管理的顺利实施需要各种各样经过专门训练和专业培训的专业人才。

(4) 服务性强

物业综合管理的目的是为业主和使用人提供一个安全、优美、舒适的工作和生活的环境。要求物业管理公司向业主和使用人提供全方位的优质服务。管理本身也是一种服务,是为业主和使用人享受更好的生产、生活和学习环境而提供的保证物业本身及其辖区整洁和安全的管理服务。

第二节　物业环境管理

6.2.1　物业环境管理的含义

6.2.1.1　物业环境的含义

物业环境是指某宗物业,如:居住小区、写字楼、购物中心、宾馆等所在区域内对业主和使用人的生活、生产和学习造成影响的各种外部情况和条件的总和。物业环境是城市环境的重要组成部分,包括内部环境和外部环境两个方面。

(1) 物业内部环境

① 物业标准。物业标准主要有面积标准和质量标准。面积标准一般是指平均每套或每户建筑面积和人均使用面积的大小;而质量标准是指物业设备设施的完善程度,如:供水、供电、供气、供热、电视、电话、电梯等设备、设施的完善程度。

② 隔声。物业的隔墙要有良好的隔声效果。对电梯或楼梯、管道及外部噪声要有良好的防护效果。

③ 隔热与保温。物业在夏天具有良好的隔热效果,在冬天具有良好的保温功能,这是改善居住环境的重要条件。

④ 光照。物业室内必须具有适宜的光照时间和强度。包括自然采光和人工照明两种情形。

⑤ 通风。一般是指自然通风。特别是在炎热地区而没有空调的情况下,物业室内应具有良好的通风条件。另外,风向与风力也是影响物业环境的重要因素。

⑥ 室内小气候温度。物业室内要具有适宜的温度、相对湿度和空气对流速度,确保室内环境空气清新,温度、湿度适宜,室内环境舒适,有利于人身体健康。

(2) 物业外部环境

① 居住密度。居住密度是指单位用地面积上居民和建筑的密集程度,通常用单位用地面积所容纳的居民人数和单位用地面积所建造的住宅建筑面积两个指标来衡量。在现代城市中,从居住的舒适性角度考虑,居住密度以低为优。

② 公共建筑。物业的公共建筑是指为业主和使用人生产、生活服务的各类公共建筑,包括中小学、幼儿园、医院、电影院、商店、邮局、银行等文教、卫生、商业服务及公安、行政管理方面的公共建筑。居住物业的公共建筑能够配套、完善,是保证居住物业具有良好外部环境的基本物质

条件。

③ 市政公共设施。市政公共设施是指为物业的业主和使用人生产、生活服务的设施,如道路、工程管线、公共交通等。完善、便利的市政公共设施能够为物业提供一个良好的外部环境。

④ 绿化。绿化是指物业的室外公共绿化面积和绿化种植。绿化不仅有利于调节小气候,而且还能美化居住环境,有利于人们的身心健康。

⑤ 庭院和各类活动场所。包括建筑小品、公共小设施、公共游憩小设施、地面铺砌及业主和使用人休息活动的场所。这些都是物业环境不可缺少的组成部分。

⑥ 空气环境。物业区域内,空气中有害气体和有害物质的浓度与气味,直接影响着业主和使用人的身心健康。因此要保持良好的室外大气环境,最大限度地降低空气中的有害、有毒气体的浓度,确保业主和使用人人身安全和身心健康。

⑦ 声音环境和视觉环境。为了确保一个良好的物业环境,应尽可能降低噪声污染和视觉污染的强度。

⑧ 邻里和社会环境。物业辖区内的社会风尚、治安状况、邻里关系、业主和使用人的文化水平和艺术修养等,都会直接影响物业环境。

6.2.1.2 物业环境管理的含义

物业环境管理是指物业管理公司所实施的防止和控制物业环境状况不良变化,创造舒适、优美、清洁和文明物业环境的一系列活动的总称。也就是说,物业管理公司通过履行物业管理合同,采取制度建设、监督实施和宣传教育等方式,为业主和使用人提供物业环境管理服务,以维护和改善物业环境。

6.2.2 物业环境管理的原则

(1) 以防为主,防治结合

环境管理必须预防为主,要控制污染源,从源头上解决问题,将一切可能的污染消灭在萌芽状态,同时对已经发生的污染采取积极有效的措施进行治理。

(2) 专业管理与群众参与相结合

专业管理要取得最佳效果,离不开物业业主和使用人的积极参与。只有业主和使用人甚至往来物业辖区的人士都了解环境管理的意义及自己的义务,严于律己、相互监督,专业管理才能获得理想的效果。

(3) 环境保护与资源利用相结合

我们面临的是一个资源非常稀缺的时代,因此,在保护环境的同时,要尽量废物利用,变废为宝。如余热利用、水的循环利用、生活垃圾的分类资源化处理等。

(4) 加强宣传教育工作

物业管理公司是为全体业主和使用人服务的,物业环境管理不能简单地依靠制度约束、监督检查甚至处罚措施,没有广大业主和使用人的真正理解、认同并自觉地维护,一切制度的实施都难以收到较好效果。物业管理公司在工作中必须加强对广大业主和使用人进行有效的宣传教育,取得他们的理解和支持,物业环境管理才能收到好的效果。

（5）破坏环境者承担相应责任

要贯彻"谁破坏、谁负责"的原则，物业管理公司依据物业管理服务合同对那些违反环境保护法律和制度，破坏物业环境者要进行严肃处理。要根据情节轻重，让其承担相应的治理责任、损害补偿责任以至刑事责任。

6.2.3 物业环境管理的内容

物业环境管理的内容主要是环境保护管理、清洁卫生管理和环境绿化管理。环境保护管理对物业管理公司来说，需要多个部门主要是保安部、保洁部、工程部和绿化部的通力合作。清洁卫生管理和环境绿化管理则分别由物业管理公司的保洁部和绿化部负责。

6.2.3.1 环境保护管理

物业环境保护管理主要是防止治环境污染。环境污染的防治是以预防为主，治理为辅。环境污染，按污染物的形态，可分为废气、废水、固体废物、有毒化学品、放射性物质、噪声等。污染防治，其实质就是控制人类活动向环境排放污染物的种类、数量和浓度。为此要求人们采取一切有效措施，控制和治理现有的污染源；对已排放的污染物和废弃物进行减量化、无害化、资源化处理；控制和减少新的污染源的产生，以此来遏制环境质量的恶化，并逐步恢复和改善环境质量。

（1）大气污染的防治

① 大气污染物的主要来源。直接以煤炭作为能源燃烧，导致烟尘、二氧化硫或二氧化碳的过量排放；燃油机动车的尾气排放；建筑施工扬尘；不当燃烧垃圾、沥青等；物业辖区内工业的含有有毒物质的废气和粉尘的排放。

② 大气污染的防治措施。

• 改变能源结构。如果物业管理公司发现所管辖的区域内有些设施所使用的能源是增加区域内空气污染的源头，物业管理公司就应该会同有关部门和业主共同协商解决的方法，尽量在不增加投资的情况下改变设施使用的能源结构，达到减少污染改善环境的目的。

• 硬化地面与绿化。空气中的扬尘除由建筑工程带来之外，还有一部分是因为物业区域地面尘土较多遇风引起的。硬化地面，使尘土不裸露地面，自然是减少尘土的一个措施。另一个有效的措施就是种树绿化，它不但能净化空气中的二氧化硫和机动车尾气，还能遮挡尘土随风飘起。因此绿化是防止空气污染的积极途径。

• 限制车辆驶入。限制机动车驶入物业区域不仅能减少物业辖区内的尾气排放量，减少机动车尾气对物业区域内空气的污染，还能减少噪音污染。

• 禁止在物业辖区内焚烧沥青、油毡、橡胶、塑料、落叶、绿化修剪物等会产生有毒有害气体和烟尘的物质。特殊情况确需焚烧的，必须报经当地环保部门批准。加强车辆管理，限制大型机动车或排放尾气严重超标的车辆进入辖区。

（2）水体污染防治

① 水体污染物的主要来源。人类的活动使大量污染物质直接或间接排入水体，使水体的物理化学性质及生物群落发生变化，从而降低了水体的使用价值；水体中的生物群落在某些条件影响下，大量孳生有害微生物，成为危害人体健康的疾病源。

② 水体污染防治措施：
• 加强污水排放的控制，加强对水体与污染源的巡回监测，控制随意排污和超标排污。
• 加强对已排放污水的处理，可通过物理处理法、化学处理法、物理化学法、生物处理法对已排放的污水进行处理，使之达到排放标准和不同的利用要求。
• 加强生活饮用水二次供水的卫生管理，所谓生活饮用水的二次供水是指通过储水设备和加压、净化设施将水厂的直接供水间接地供应给用户生活饮用的供水形式。为了防止污染，物业管理公司需要严格按照有关规定加强二次供水的卫生管理。
（3）固体废弃物污染的主要防治措施
① 定点定时地倾倒生活垃圾。
② 设施配套。比如垃圾箱在数量上要和垃圾的产出量相适应，有密封、防蝇、防污水外流等设施。
③ 分类收集，逐步实现废弃物的无害化、减量化、资源化。
（4）噪声污染的防治
根据我国《城市区域环境噪声标准》规定：一般居住区和文教区的白天噪声要求低于 50 分贝，夜间低于 40 分贝；一般商业与居民混合区的白天噪声要求低于 55 分贝，夜间低于 45 分贝；商业中心区的白天噪声要求低于 60 分贝，夜间低于 50 分贝；工业集中区的白天噪声要求低于 65 分贝，夜间低于 55 分贝。工业集中区白天是 65 分贝，夜间是 55 分贝。
① 噪声污染的主要来源。车辆交通噪声；建筑施工噪声，包括辖区外的建筑工地以及辖区内装修工地发出的噪声；社会生活噪声包括商业设施噪声、教育设施噪声以及用户活动的噪声等。
② 噪声污染的主要防治措施。
• 禁止在住宅区文教区和其他特殊地区设立产生噪声污染的生产经营项目；禁止在夜间规定不得作业时间内进行施工作业。
• 禁止机动车在禁止鸣喇叭的区域鸣喇叭，控制机动车进入辖区和控制车速。
• 控制辖区内文化娱乐活动的声响，不要影响他人的正常生活。
• 加强绿化，植物不但可以净化空气、调节温湿、保持水土、防风固沙，而且可以消声防噪。
此外还要防治电磁波污染和视觉污染，防治电磁波污染的有效方法还是绿化，绿化能防止和阻碍电磁波的穿入，减轻其直接影响。对于视觉污染，物业管理公司应当积极协调相关各方，使视觉污染减少到最低水平。

6.2.3.2 清洁卫生管理

清洁卫生管理是指专业保洁人员使用专门的清洁机器、清洁工具和清洁物料，按照科学的管理方法和严格的清洁保养程序及技术规范对物业及其装饰材料进行清扫与护理，为业主和使用人提供清洁、优美、舒适的工作生活环境的一项专业化工作。日常的清洁工作，是为了解决生产和生活中不可避免地产生的废弃物、尘埃而进行的日常工作，随时的清扫擦洗，保持环境常用常新。
（1）清洁卫生管理服务的形式有两种：一是委托服务形式，即由物业管理公司委托专业的清洁公司进行专业性的清洁服务；二是物业管理公司设置清洁管理部门负责物业辖区的清洁卫生工作。

(2) 清洁卫生管理服务的工作范围为委托的物业管理辖区内,室内和室外公共部位的环境卫生。必须在服务工作中注意人人参与保洁与专业化保洁相结合,纠正不良习惯与保洁服务相结合,促使业主和使用人提高自身素质,规范日常行为,共建整洁的物业环境。清洁卫生管理服务具体的职责范围为:

① 物业辖区内所有公共场地的清洁卫生。
② 楼宇内部的共用部位的清洁卫生。
③ 物业辖区范围内的日常生活垃圾的收集、分类和清运。

(3) 清洁卫生管理服务的措施

① 制定完善的物业清洁卫生管理服务制度。制度是清洁卫生工作得以顺利进行的保证。服务部门首先要认真制定管理制度。制度一般包括部门的岗位责任制、环境清洁管理规定及定量定期考核标准。

② 预防为主,加强宣传教育。物业管理公司在业主和使用人办理入户手续时,应通过颁发《住户手册》、《房屋使用规定》、《业主临时公约》等资料向业主宣传保洁服务的重要性,增强业主和使用人的保洁意识。

③ 配备必要的硬件设施。良好的清洁卫生管理,离不开必要的硬件设施。例如,在固定垃圾投放位置配备垃圾收集专用桶、箱等。

④ 实行生活垃圾的分类袋装化。努力做到生活垃圾统一袋装、统一收集、统一运至指定的地点进行无害化、资源化、减量化处理。

6.2.3.3 环境绿化管理

环境绿化管理是指物业管理公司通过行使组织、协调、督导和宣传教育等职能,并通过建绿、护绿及养绿活动,创造优美的生态小环境。物业环境绿化是物业管理工作的重要内容,对改善小气候和净化空气,提供良好的休闲场所、保持业主与使用人的身心健康都有极大的好处,对于提高物业自身品位、推进城市美化建设具有不可替代作用。

(1) 环境绿化管理的形式

一是委托管理形式,即由物业管理公司委托专业绿化公司进行专业性的绿化管理;二是物业管理公司设置绿化管理部门负责物业辖区的绿化养护和管理工作。

(2) 环境绿化管理的范围

根据我国城市绿化分工的有关规定,居民小区道路建筑红线之内的部分归房管部门或物业管理企业绿化和养护管理;小区内部没有路名的道路绿化归房管部门或物业管理企业绿化和养护管理。

(3) 环境绿化管理的内容

① 绿地建设。绿地建设包括新辟绿地、恢复和整顿绿地以及提高绿地级别。新辟绿地主要由物业建设单位负责建设,特殊情况,建设单位也可采取委托方式,委托物业管理公司适时种植;恢复和整顿绿地主要是指对原有绿地由于自然因素或人为因素的影响以及失管失养所造成的损坏部分进行整治和修复工作;提高绿地等级就是根据业主的要求对原有绿地全面升级改造。

② 绿化养护管理。绿地养护管理主要是经常性地对物业辖区内的绿地进行浇水、施肥、除草、灭虫、修剪、松土和围护等活动。它的管理特点是经常性、针对性和动态性。经常性是指绿化

养护是日常性的工作,需要专门的人员根据植物生长的需要,定时地进行各种养护活动;针对性是指不同的植物有不同的品性,它们对生存条件的要求各不相同,所以养护管理必须具有针对性;动态性是指植物的生长是一个变化的过程,必须动态地考虑不同时期的需要,在不同的时期要掌握不同的养护重点。

③ 室内绿化布置。绿化管理除了上述的工作以外,另一个不可忽视的就是室内的绿化布置。在商场、办公楼、高档的公寓大厦以至工厂厂房,客户都会喜欢进行室内的绿化布置,将外面大自然景色延伸进室内,给冰冷的砖石空间带来绿意和生气,美化环境,愉悦身心,提高工作效率。室内的绿化布置要求根据不同的环境选择不同的植物,既要与周围的环境相配,又要适合植物的生存,同时要注意经常调换,把一些植物拿回基地进行调养补壮。

(4) 环境绿化管理的措施

① 建立绿化管理制度。包括部门岗位责任制、环境绿化管理规定和定量定期考核标准。部门岗位责任制可以将物业绿化管理的目标、任务进行层层分解,层层落实,每个有关人员都各司其职、各负其责,使得整个绿化管理工作能正常运行;环境绿化规定主要是约束业主和使用人的行为,使得业主和使用人与物业管理公司共同搞好环境绿化;定量定期考核标准是用来对从事绿化管理的部门和人员的工作业绩的衡量,作为奖惩的依据,以鼓励先进、鞭策落后,促使绿化管理工作不断提高。

② 加强巡视检查工作,对辖区内植物生长情况要及时了解并作出相应的对策。由于自然或人为因素,植物会受到某种损害,这种损害如能及时发现及时处理,则问题不会发展到不可救药,这就需要加强巡查,注意各种细微的不利变化,及时诊断、及时处理并做好记录。

③ 搞好宣传教育工作,发动辖区的所有业主和使用人关心爱护绿化。

④ 推行竖向绿化管理,竖向绿化包括屋顶绿化、阳台绿化和墙面绿化等。竖向绿化除了观赏作用外,还可以弥补建筑物的缺陷。由于竖向绿化基本归业主和使用人控制,物业管理公司对其管理没有园林绿地那么复杂。主要包括两个方面:一是业务上对业主和使用人进行指导,可通过技术咨询方式传授有关知识或技艺;二是对住户业主和使用人进行安全宣传教育,帮助业主住户找到安全绿化的方法,防止花盆坠落等事故的发生。

第三节 物业安全管理

6.3.1 物业安全管理的含义、方式和特点

安全需要是人们在生理和生活等基本需要满足以后的必然要求。社会经济的发展、科学水平的提高以及生活条件的改善,人们对生命及财产的安全越来越重视。物业安全管理也是一种服务,物业管理公司必须围绕为用户服务这一中心来开展安全管理工作。

6.3.1.1 物业安全管理的含义

物业的安全管理是指物业管理公司为了保障业主和使用人的生命和财产安全,使之不受侵犯和损失而进行的一系列管理活动。不仅包括安全保卫,它还包括犯罪、自然灾害及危险物等造

成的安全保护问题。除了一天 24 小时,一年 365 天全天候的安全守护外,更需要有能够处理诸如火灾、自然灾害等紧急情况,并使其转危为安的本领。物业安全管理主要包括治安管理、消防管理、车辆管理以及紧急事故处理。

6.3.1.2 物业安全管理的方式

物业管理公司对物业的安全管理有两种方式:一是自己组建安全管理部门来进行管理,二是委托专业安保公司来进行管理。

如果委托专业安保公司来管理,则要对拟聘用的安保公司进行调查、评估,从中选择一家能胜任的安保公司。物业管理公司必须决定安保人员应执行的职责、所用的设备、由谁提供保险赔偿金和供给物如制服等一系列问题后,再通过检查所有的参考资料和调查他们的以往被雇佣、训练和安保制度等情况,来仔细审查和选择保安公司承担物业安全管理。

6.3.1.3 物业安全管理的特点

(1) 人员专业

相对于治安联防队伍的松散型和半松散型特点来说,物业安保服务是一种紧密型或半紧密型的群防群治组织。它的成员属于向社会招聘的专职人员,接受过专业培训和指导,有一定的专业知识和技能。同时,又配备了较为齐全的交通、通讯、防卫设备和设施。

(2) 服务有偿

安保服务与公安机关服务的经济性质不一样。公安机关的费用开销是由国家财政开支的;而安保服务是向接受安保服务的辖区的业主或使用人收取一定的安保费,它是一种有偿服务。

(3) 履行合同

物业安全管理的前提是物业管理公司与业主和使用人签订了安保协议(多数反映在物业管理委托服务合同的相应条款中),这是处理并最终检验双方权利与义务履行程度的主要依据。因此,在履行合同的过程中,物业管理公司提供安保服务的项目、手段、服务方式方法等都要按照合同的约定执行。同时对一些没有具体约定的内容,物业管理公司也要尽善良管理人的义务。

(4) 能动性

物业管理企业的安全管理虽然受制于法律法规及公安消防部门的监督和指导,但这并不是说物业管理企业在安全管理上只是处于被动接受指令和执行指令的地位。公安消防部门的监督和指导只是给出了一个规则或框架,而物业管理安全服务的实际情况是千变万化的,社会治安情况日趋复杂化,社会生活逐渐多样化,业主和使用人的安全需求不断提高,这一切都要求物业安全管理的服务范围也要与时俱进、不断拓展,物业管理公司应充分发挥主观能动性,自主灵活地提供高品质的安全服务。

6.3.2 物业安全管理部门的职责和职权范围

6.3.2.1 物业安全管理部门的职责

(1) 贯彻执行国家公安消防部门关于安全保卫工作的方针、政策和有关规定,建立物业辖区安全管理体系和工作制度,对物业辖区的安全工作全面负责。

(2) 组织部门全体人员开展各项保安工作,提出岗位设置和人员安排的意见,制定岗位职责和任务要求,主持安全工作例会。

(3) 熟悉掌握辖区内人员变动情况及治安工作形势,有预见地提出对物业辖区安全管理工作的意见、措施和方案。

(4) 积极组织开展"五防一保"(防火、防盗、防爆、防破坏、防自然灾害,保险)的宣传教育工作,防止各类事故发生,制定安全管理的应急预案,组织演练,具有应对突发性事故的对策和妥善处理的能力。

(5) 抓好安全管理人员的教育培训工作,不断提高全体安全管理人员的政治和业务素质;负责对安全管理人员的监督考核,处理有关安全管理工作的投诉,提出对安全管理人员的任用和奖惩意见。

(6) 负责协调和配合其他部门的有关事项和工作。

6.3.2.2 物业安全管理部门的职权范围

物业管理公司的安全管理与公安机关治安保卫工作有着本质的区别。物业管理公司是公安机关指导下的治安防范组织,是根据物业管理合同依法向业主和使用人提供安全管理服务,协助公安机关预防、制止在物业管理区域内的各种危害业主和使用人人身财产安全的犯罪活动,其职权范围包括:

(1) 安全管理工作以国家的政策法规以及物业管理服务合同、业主公约为依据。

(2) 未经业主和使用人同意,任何人员未经授权不得擅自进入私人物业。

(3) 安全管理人员应加强职业道德,保证业主和使用人的私生活不受任何干预和骚扰。

(4) 对于任何发生在公共场所的事件,有权根据《业主公约》等业主大会认可的规章处理。

(5) 安全管理人员只可执行一般的安全防范工作,若遇罪案发生,只可对嫌疑犯的当场拘拿,而后交由公安部门处理。安全管理人员无实施拘留、关押、审讯、没收财产及罚款的权力。

(6) 对有违法犯罪行为的嫌疑分子,可以监视、检举、报告,但没有侦察、限制人身自由、搜查等权力。

6.3.3 物业安全管理的主要内容及规章制度

物业安全管理日常工作主要包括治安管理、消防管理、车辆管理三个方面。

6.3.3.1 物业治安管理的主要内容

(1) 严格执行国家有关治安管理法律法规的规定,配合公安机关维护物业管理辖区内业主和使用人的生命财产安全。

(2) 实行值班和巡逻制度,发现治安隐患,及时排除。

(3) 制止诸如推销、乞讨及流动商贩进入物业管理辖区。

(4) 在物业辖区内发生治安、交通等方面的突发事件时,保安人员要挺身而出,制止事态的进一步恶化,维护现场秩序,查问原因并立即通知有关部门,并协助查处。

（5）维护物业管理区域内各项规章制度的严肃性，对各种违章现象，安全管理人员应劝阻、制止直至移交有关部门处理。

（6）接受业主的委托，核查有关车辆、人员的证件及其他情况；对破坏辖区内治安秩序的人和事，有权劝阻、制止直至移交公安机关处理。

（7）制止任何妨害公共安全和社会治安秩序的行为。

6.3.3.2 物业消防管理的主要内容

（1）制定消防安全制度、消防安全操作规程。

（2）实行防火安全责任制，确定本单位和所属各部门、岗位的消防安全责任人。

（3）针对本单位的特点对职工进行消防安全宣传教育。

（4）组织防火检查，及时消除火灾隐患。

（5）按照国家有关规定配置消防设施和器材，设置消防安全标志，并定期组织检验、维修，确保消防设施和器材完好、有效。

（6）保障疏散通道、安全出口畅通，并设置符合国家规定的消防安全疏散标志。

6.3.3.3 物业车辆管理的主要内容

（1）制定完善的停车场管理制度，并遵照执行；要明确区分停车场和车库管理方的责任和义务，并通过书面协议确定。

（2）停车场应配置足够的消火栓等灭火器械，并对易燃易爆物品等涉及安全的一切事项严格把关、杜绝隐患。

（3）私家车位应有明显识别标志，保护私家车位不被他人占用；对辖区内禁止停车的场所，应设置明显的禁停标志，对违禁车辆实施处罚。

（4）车场应有显著的出入口指示、限高标志、禁鸣标志、限速标志、车场管理须知及收费标准。

（5）车管人员应提醒车主不要将贵重物品放在车内，阻止闲杂人员进入车场车库。车管人员对进入车库的车辆应作适当检查，注意车辆是否有被撞、被刮现象，做好记录，并知会车主，避免误会和不必要的麻烦。

（6）物业辖区内应尽量做到人车分流，以确保辖区内人员进出及活动的安全，并及时疏导交通堵塞。

（7）对停车场发生车辆碰撞、被窃等现象，应协助车主报案、出具索赔证明。

6.3.3.4 物业安全管理的主要规章制度

为了有效地实施安全管理，物业管理公司必须制定一系列规章制度。主要包括：安全管理员交接班制度、保安员巡逻工作规程、保安员警用设备、器械管理规定、车辆行驶和停放管理规定、交通设施的管理规定、临时动火作业管理规定等。

（1）安全管理员交接班制度

保安部主管/当值班组长负责交接班工作的讲评、指示及检查工作。

当值班组长负责所管辖班组的交接班工作。

当值保安员负责具体的工作交接。

保安部主管每周星期四前编制完成下周《保安部岗位安排表》，报主管经理审批；全体保安员依据《保安部岗位安排表》进行当值。

接班前

① 所有接班人员应于接班前 15 分钟到达指定地点集合。注意自身形象，不得相互追逐、打闹；保持站立姿势，不得蹲坐。

② 整理着装，当值班长检查员工着装，不符合物业管理公司仪容仪表要求的不准上岗。

③ 当值班长集合队伍，点名并统计，做好记录。

④ 保安部主管下达工作指令，交代有关工作注意事项。集合过程应在 10 分钟内完成。

接班

① 所有当值人员提前 5 分钟到达各自岗位进行岗位交接工作。

② 交接班人员相互敬礼并问好。

③ 接班人员清点岗位上所有公物，如：对讲机、灭火器等，如发现损坏、缺少应立即向班组长提出，并要求上一班当值人员说明物品去向及做好记录。

④ 认真查阅上一班值班记录，询问上一班工作完成情况，如有需要继续跟进的工作应记录以便跟进。

⑤ 检查区域内有无异常情况，在上一班当值保安员的带领下，系统地检查责任区域内的工作情况，如发现异常则要求上一班当值人员做出解释，并通知班组长前来处理及做好记录。

⑥ 交接双方在确认无误后，在上一班值班记录本上签名，并开始接岗值勤。

交班

① 各岗位在交班前 30 分钟需进行岗位清洁工作：

保持地面无明显积尘，无烟头、纸屑、果皮等杂物，无痰迹。

灭火器排放整齐表面无积尘，电风扇表面无污垢、整洁光亮，挂钟镜面干净无积尘，门窗无积尘，墙面无脚印，天花板无蜘蛛网。

公物摆放整齐有序，桌面、桌椅干净无灰尘、无杂物。

② 认真做好值班记录，收集整理好相关的工作证据。

③ 在接班人员到达岗位时，主动向对方敬礼并问好。

④ 将未完成的工作如实向接班人员交代清楚。

⑤ 带领接班人员系统检查责任区域内的工作情况。

⑥ 相互签名后，方可离岗，并及时赶往集合地点。

交班后

① 当值班长在全部岗位交接清楚后集合队伍、清点人数。

② 各区域的班、组长对区域值班情况进行讲评工作。

③ 当值班长讲评本班次的整体工作表现，批评或指出不足，提出改正措施或意见。

④ 解散队伍。

(2) 保安员巡逻工作规程

职责

熟悉巡查区域的环境情况，掌握巡逻路线，做好巡逻签到和巡逻记录工作；维持辖区内治安秩序,巡查公共部位设施、设备完好情况,发现问题及时报告;在发生火警、匪警或其他险情时,负责查看、报告、处理。

岗前准备

按照《保安员交接班管理》做好上岗的准备工作和交接工作。

值班制度

① 保安员巡逻 24 小时值班,实行三班倒制。

多层住宅区、大厦、写字楼的早、中、晚班,每班为 8 个小时,即:早班 7:00—15:30;中班 15:30—23:00;晚班 23:00—次日 7:00。

② 早、中、晚三班每十天依次轮换一次,即每月 1 日、11 日、21 日为倒班日。

辖区外围巡逻

① 根据辖区实际情况,在指定的巡逻路线上每 20～30 分钟来回巡逻一圈,在指定的《巡逻签到表》上签到。

② 在巡逻中应对小区内各重点部位、消防设施、公共设施、设备、施工单位仔细巡视,发现问题立即处理,记录在《值班交班记录表》上,并报告管理处或保安队。

③ 在巡逻中发现有各种安全隐患、清洁卫生等情况,应及时处理,在《值班交班记录表》上详细记录后上报。

④ 在巡逻中接到顾客的投诉和建议,应认真核查处置,详细记录后上报。

⑤ 在巡逻中发现有可疑人员应仔细盘问,检查证件,必要时检查其所带物品,属三无人员的应将其清理出辖区,进行摆摊设点商品推销的人员应劝其离开。

⑥ 在辖区内指挥车辆慢速行驶、引导车辆停在指定车位,严禁乱停乱放。若发现行车通道、消防通道及非停车位有车辆停放,要及时进行查处纠正,并做好记录。

⑦ 巡查车况中,发现有未关门锁、窗,漏水、漏油等现象要及时通知司机,上报管理处及时处理,并在《值班交班记录表》上记录。

⑧ 对于形迹可疑人员和本物业范围内的打架斗殴或发现有醉酒者、精神病人等情况,及时处理,并及时报告,做好记录。

(3) 保安员警用设备、器械管理规定

对讲机管理

① 对讲机是属于公司的财产,保安队应建立全公司的《通讯器材台账》,了解对讲机的发放、分布情况,各管理处应分别建立各自的《通讯器材台账》。

② 对讲机只能在执行公务中使用,严禁用做其他用途,特殊情况须经主管领导同意方可使用。

③ 对讲机应按规定频率正确使用,严禁私自乱拆、乱调频率,否则按违纪处理,如有损坏视情节轻重予以赔偿。

④ 保安员交接班时应做好对讲机的交接验收工作,分清责任人,在使用过程中发现问题,及时报告给班长或管理处并做好记录。

⑤ 对讲机充电器由班长领用、保管、使用,充电器在每天 0:00—2:00 和 16:00—18:00 停止充电,并且只能用于所配发的对讲机充电,严禁用于其他用途,否则按违纪处理。

警棍的管理

① 警棍是保安人员执行公务的专用器械,所配警棍只供当班保安员值勤时携带和在紧急情况下使用,非值班、值勤人员严禁佩带和使用警棍。

② 严禁将警棍提供给他人使用,无特殊情况或未经保安队队长、管理处主任批准严禁将警棍带出。

③ 在执行公务中保安员必须将警棍随身佩带,不得随意搁放或委托他人代管;保安员要爱护警棍,不得用于嬉戏打闹或交给他人玩耍,防止丢失或损坏,发现丢失或非因公损坏的情况,由责任人负责赔偿。

④ 保安员交接班时应做好警棍的交接、验收工作,确保警棍处于安全使用状态,发现问题及时报告处理并记录。

⑤ 保安员交接班时应做好警棍的交接、验收工作。

违反以上相关规定的,保安队、管理处应对违反规定者进行批评。

(4) 车辆行驶和停放管理规定

① 监督进入辖区的车辆不超过 15 km/h 慢行,禁鸣喇叭,并指挥车辆按规定方向靠右行驶,停放在指定的位置,以便于车辆停放整齐。

② 提醒司机关锁好门、窗,并将车内的贵重物品随身带走。

③ 巡检车辆情况,发现门、窗未锁好,有漏油、漏水等现象应及时通知车主。

④ 留意进入辖区内的一切车辆情况,对载有易燃、易爆等危险物品的车辆禁止进入辖区,对两轮摩托车营运或两轮摩托车超载(含驾驶员超过两人以上的)的车辆严禁进入辖区。

⑤ 严密注视车辆情况和驾驶员的行为,若遇醉酒驾车者应立即劝阻,避免交通事故的发生。

⑥ 对辖区穿梭巴士及出租的士的上下客进行管理,指挥穿梭巴士及出租的士到指定的站台或靠道路的右侧停车站上下,在纠正司机乱停乱放时,应面向司机敬礼,并有礼貌地要求司机将车停放到停车位置。

⑦ 指导行人走人行道,自行车靠右侧道路行驶。

⑧ 对辖区内路面的一切车辆实行统一停放管理,自行车、摩托车必须统一在画好的虚黄线内停放,小车、货车、中巴等车辆必须统一在规定的黄线内停放。其他任何未画线路段和消防门前、斑马线、人行道上一律禁止停放车辆。

(5) 交通设施的管理规定

① 保安部班组长在每班交接班前对社区各道路上的的士站上下标志、禁鸣喇叭标志、禁止驶入标志等交通标志牌、减速线、停车线、让行线、人行道线等进行检查,发现有损坏的应予以记录并及时报部门主管处理。

② 保安部主管对班组长报告的交通标志的损坏进行核实,并报公共事务部处理。

③ 保安部班组长负责检查交通设施的状况,当发现有损失、歪斜移位和风化变色时,应及时报告主管,以便于及时修复或更换。

④ 保安部主管应对整个辖区内的交通设施的效能和合理性作出评价,报主管经理以便为改进和完善道路交通设施系统提供依据。

⑤ 保护各种交通设施不被破坏的管理,除保安班组长进行系统管理外,还应将此项内容纳入当值保安员的责任范围。

⑥ 对有意或过失造成交通设施损毁的责任者,责令其赔偿。

(6) 临时动火作业管理规定

① 本单位或外单位在管理区域内因施工需动火的工程,二级以上的原则上应报消防局审批,属于一级动火作业,动火单位可在管理处领取动火作业申请表,提交动火作业人员操作证复印件,与管理处签订《临时动火安全责任书》后,按下列审批权项办理报批手续:动火作业时间不超过一天,由管理处负责人负责审批并发放动火许可证;动火作业时间超过一天,在三天以内的,由公司安全委员办公室审批并发放动火许可证;超过三天的,公司安全委员办公室根据实际情况决定是否审批,须取得许可证后方能施工。施工地点在公共部分的,在动火作业审批表上必须有施工单位负责人签字盖章;施工地点属于用户管理的范围,动火作业审批表上必须有用户签名。施工现场至少配置两只灭火器,施工人员必须持证上岗,动火前必须清楚动火点周围的易燃物品并采取切实有效的防火安全措施。管理处在动火前、动火中及动火完毕后必须派人监督检查,防止安全事故的发生。

② 在经批准的重点部位动火(变压器室、配电房、汽车库、发电机房、楼层等),动火必须做到"八不、四要、一清"。

动火前"八不":防火、灭火措施不落实不动火;周围的易燃杂物未清除不动火;附近难以移动的易燃结构未采取安全防范措施不动火;凡盛装过油类等易燃的容器,未经洗刷干净、排除残留的油质不动火;凡储存有易燃、易爆物品的场所,未经排除易燃、易爆物品的不动火;在高空进行焊接或切割作业时,下面的可燃物品未清理或未采取安全防护措施的不动火;未配备相应灭火器材的不动火;凡盛装过气体会受热膨胀有爆炸危险的容器和管道未经洗刷干净、未达到动火条件的不动火。

动火中"四要":动火前要指定现场安全负责人;动火人员要严格执行安全操作规程;发生意外事故时,要及时扑救;现场安全负责人和动火人员必须经常注意动火情况,发现不安全苗头时,要立即停止动火。

动火后的"一清":动火人员和现场负责人在动火后,应彻底清理现场火种,然后才能离开现场。

6.3.4 安全管理系统的建立和管理

6.3.4.1 消防管理系统的建立和管理

物业楼宇是人们日常工作、生活的重要场所,而火灾是人们进行正常经济活动及休息娱乐的直接破坏者。现代楼宇由于采用了更多的装饰及设备,一旦发生并形成火灾,将会造成极大的灾难和损失,一般包括:① 破坏楼宇内部的装饰及有关设施,严重影响楼宇的正常使用,造成重大的经济损失;② 造成人身伤亡,严重影响人们生命财产的安全,并造成不利的社会影响;③ 使物业的主体结构受到根本性的损害,从而使楼宇的安全性受到严重破坏,甚至使物业楼宇直接变为危险楼宇而报废。

为了保障人们生命及财产的安全,国家及政府对物业楼宇的防火安全非常重视,不仅在楼宇设计、建造过程中要求设置完备的消防系统,而且在楼宇的使用、管理阶段均有严格的消防安全规定及标准。作为物业管理者,应严格遵照国家、地方政府及消防管理部门的有关法规、条例等规定,贯彻"预防为主,防消结合"的方针,本着"自防自救"的原则,实行严格科学管理,对物业的消防工作全面负责。

(1) 消防系统的概述

物业楼宇的消防系统通常有3方面的功能,即灭火、火灾报警及防灾,其中消防系统的灭火功能主要是由楼宇的消防灭火系统来实现的,它主要是用来及时扑灭楼宇的初期火灾,也称第一时间灭火。火灾报警功能是由楼宇的消防报警系统实现的,它主要用于及时发现火灾,并警示与协助人们及时疏散或离开楼宇。而防灾功能主要是指防止或减少火灾产生的火烟对人的伤害,它主要通过楼宇内的阻隔系统来完成,即利用阻碍系统阻止火势蔓延,将火灾地点与其他区域隔开,特别是设置消防通道,方便人们及时逃生。

① 消防灭火系统。消防灭火系统主要是指用于及时扑灭火灾,以减少火灾造成的人身及财产损失的一种楼宇安全防火设施系统。

目前,常规的消防灭火系统由两种形式组成,即普通消防灭火系统及自动喷洒灭火系统。通常,一般的工业及民用建筑均应设置消防灭火系统,但设置何种形式的灭火系统应视物业产生火灾的可能性及火灾可能发生的危害程度,同时结合物业所在城市消防灭火能力及地方政府对物业的防火要求综合决定。例如,有些对消防要求较低的物业仅需设置普通的消防灭火系统,而有些消防要求较高的物业则需同时设置普通消防灭火系统及自动喷洒灭火系统。

普通消防灭火系统目前被广泛应用于一般的多层与高层工业及民用建筑中,是一种最常见、最简单的消防灭火系统。该系统主要用于扑灭物业的初期火灾,以防止火灾的发生并减少火灾产生的损失。普通消防灭火系统通常包括消火栓系统及灭火器、沙桶等灭火设施,其中消火栓系统主要是利用物业的消防给水系统,利用水枪、水带、消火栓、管网及消防泵等,在物业发生火灾初期,及时消火,以达到防火、灭火的目的。而物业设置的诸如手提灭火器、沙桶及防火毯等辅助灭火设备,可以灵活快速地扑灭细小的火灾。而有时这种方式往往是比较有效的,因为有些情况采取其他的灭火设施有一定程度的限制或不便。

自动喷洒灭火系统又称自动消防灭火系统,是一种比较特殊的消防设施,一般可分为用水自动喷洒灭火系统及非用水自动喷洒灭火系统,主要适用于火灾危险性较大的物业,例如纺织厂、仓库、影剧院、大型商厦及办公楼宇等。该系统主要是在物业大厦各空间的天花板上安置喷洒头,利用系统的火警讯号器及信号阀等设施,当空间温度超过标准时,系统便自动喷洒水或化学品(化学剂或气体),在第一时间扑灭物业的初期火灾。

② 消防报警系统。火灾的发生与发展一般需经过初始期、成长期、旺盛期及衰减期4阶段。消防报警系统是通过探测伴随火灾初始期产生的烟、光、高温等参数,及时发现火情并发出特殊的声、光等报警讯号,以便迅速疏散人群及灭火的一种建筑安全防火设施系统。

③ 自动阻隔系统。自动阻隔系统主要是为了防止火势蔓延,减少火灾对邻近物业或房间的破坏,同时减少火烟对人们逃生通道的阻碍,及时疏散楼宇内人员的防火系统。自动阻隔系统可以通过设置水幕系统,来防止火焰及烟气窜过门窗等,阻止火势扩大。也可以设置防火、防烟门等,在火灾发生时,及时关闭防火、防烟门,将火灾地点与其他地点隔开。有些物业楼宇内还通过在消防楼梯内设置加压系统,将消防楼梯内的气压加大,令火、烟不能进入楼梯。

④ 其他设施。除了以上所述的消防系统外,有些物业楼宇内还配置一些协助以上系统运行的设施,包括消防紧急发电系统、紧急照明及出路指示、视听广播、消防电梯、火烟外排系统和火

警控制中心等,用以监督各种消防系统的运行状况,方便人们疏散及消防人员进入楼宇,更有效地防火及灭火,减少火灾造成的人身伤害与财物损失。

(2) 消防系统建立与管理

在物业管理过程中,建立严密的消防管理系统,维持物业消防系统的正常运行,这对于维持物业的正常使用功能,保障用户生命与财产安全都是至关重要的。

物业消防管理应严格遵守国家及地方的有关消防与管理法规及行政规章规定,如我国的《中华人民共和国消防条例》及《高层建筑消防管理规则》等,并坚持"预防为主,防消结合"的方针,确保物业的消防安全。

① 建立与健全合理的消防管理组织。由于物业的火灾往往来自于物业的各个部分,来自于物业使用与管理的各个环节,所以要保证物业的消防安全,应充分发挥广大用户及管理者两方面的力量,全方位、多环节地开展消防与安全管理工作。同时,物业管理者应建立相应的消防管理组织,有效地领导、协调与监督物业的各项消防管理工作。

一般物业的消防管理组织有3种形式。第一,消防安全领导小组,小组成员一般可由物业管理公司的安保部门及其他职能部门经理组成。其工作职责是领导、协调及监督各级组织的消防安全工作。第二,由安保部门成员形成的专门组织。其工作职责是具体负责物业的消防工作,是一个直接的职能部门。其向上接受消防安全领导小组指挥,并实施各项决议及决策,向下对义务消防队伍进行具体指导与协调工作。第三,由各用户及物业管理公司其他职能部门成员组成的义务消防组织,其工作职责是协助以上两种组织做好整个物业的消防安全工作。

② 建立并健全各种消防安全制度及规程。要保证物业安全正常使用,杜绝并防止火灾事故的发生,建立并健全物业的各种消防安全制度是十分重要的。

一般物业的消防安全制度应包括以下内容:消防安全检查制度,楼宇设施及设备的安全操作规程,消防系统的保养与管理制度,易燃、易爆及其他危险品的保管制度,明火作业管理制度,消防安全档案制度,安保部门及消防人员岗位责任制度,各职能部门的消防安全责任制度及消防奖罚制度等。

③ 做好日常性消防工作。物业的消防安全工作贯穿于日常物业使用及管理的各个环节,因此,必须做好物业日常性消防工作,做到"防先于消,消防结合",其主要内容有:

• 定期组织全体消防工作人员及广大用户学习《中华人民共和国消防条例》及其他有关消防法规,熟悉与物业消防工作相关的各种消防安全制度及规程,增强消防意识及防火知识。

• 定期对物业楼宇设施及设备,包括各种消防设施、消防人员的工作状况进行检查,发现火险隐患或问题缺陷,及时查明原因,予以改善修正。

• 定期检查、维修及更换物业楼宇内的消防设施、器材及药剂,并指定由专人负责,使物业楼宇的各种消防设施始终处于完好状态。

• 定期检查,清理楼宇内的消防通道,包括走道、楼梯、出口等,保持楼宇所有消防通道畅通,严防堆物或人为阻隔通道口。特别地,对于物业与街道相连的消防通道,应注意平时不能上锁,以免在发生火灾时,会因慌乱中找不到钥匙导致更大的火灾危害。

• 定期对防火重点部门、单元以及诸如电气、煤气、防雷等火灾危险大的系统等部分进行检查维修,使各个环节始终处于安全状态,防患于未然。

• 定期做好防火宣传工作,并定期组织物业管理公司各职能部门及广大业主开展消防演习活动,增强管理者及业主对火灾的预防及自救能力。
- 充分发挥义务消防员的作用,定期开会并组织学习各项消防法规、物业消防安全规章及各种消防设施的使用方法等,提高其消防责任感及消防工作能力。

④ 为业主提供一套防火指南资料,以减少火灾及火灾损失。对于火灾来说"防重于灭"。成功地防止火灾不仅是物业管理人员的职责,经常性提醒住户,提高其对可能产生火灾危险的警惕性更为重要。每年火灾多发季节,物业管理部门应发放一些防火资料,如防火法令、防火指南等给住户,或者在公共场所张贴。分别介绍如下:

用户防火指南:
- 最后离开办公室的人员应检查关闭所有的电源开关。
- 确保燃着的烟头已熄灭。
- 不在楼宇内放置不该放的易燃材料。
- 不得在过道堆积杂物,物业管理人员应及时将通道杂物清空。
- 电源或电线发生的任何问题应及时报告物业管理人员修理更换。
- 不要在接线板上接用超过接线板额定负荷的电器。
- 不得在办公室里煮食(除专用小厨房外)。
- 不得将电线裸头直接插入电源插座,必须使用合适的插头。
- 在装修工程前,必须添加灭火设备,如灭火器和沙桶等。

遭遇火灾应对指南:
- 如果发现火情,请保持镇静。
- 打碎最近的防火警报箱玻璃,警报声会立即响起,并高呼"着火了"警告附近的人。
- 在确信自身没有受到威胁并且会用灭火设施的情况下,立即用就近的灭火设施灭火。
- 不要用水来灭电路着火。
- 如果无法控制,则从最近的出口直达地面,等消防人员到达并向他们介绍火灾情况。
- 听到火灾警铃声,请保持镇静,因为警铃声可以在所有的楼层发出。

疏散撤离指南:
- 锁好所有的贵重物品。
- 停止使用电话。
- 除了照明灯以外,关掉所有的电器。
- 如果时间允许,锁上门。
- 不要用电梯,以免电梯中途断电停运。
- 从最近的楼梯撤离,不要慌张地东跑西窜。
- 要走,不要跑。
- 要冷静,不要慌张。
- 不要携带大件物品。
- 听从安全管理人员或消防人员的指令。

6.3.4.2 保安管理系统的建立和管理

一处物业保安秩序的好坏,将直接影响物业业主的生活安定及财产生命安全。虽然城市各区域均有治安机构,如公安局、派出所及联防队等,但要始终维持物业良好的治安状态,单纯依靠这些力量是远远不够的。因而设置科学合理的保安系统,并做好物业保安系统维护和管理也是至关重要的。

(1) 保安系统概述

一般物业的保安系统由两种系统组成,一是由各保安设施互相配合形成的设施系统,二是由保安人员及警卫人员组成的人员系统。如果没有保安的人员系统,保安设施系统的作用是很难发挥的;而由保安及警卫人员组成的人员系统,如果缺乏一定的保安设施系统,保安管理系统的工作效果及工作质量将受到很大影响,甚至会出现事倍功半、难于维持的境况。

① 保安设施系统。通常,物业的保安设施系统主要由监视设施、警铃、通话对讲器、报警开关、保安及警卫人员监察系统等组成。这些设施往往具有高技术性、高专业性等特点,所以高技术的设施需要专业的保安、警卫人员的配合,其效用才能发挥。

保安系统中的监视设施一般由一部或多部摄像机及监视电视机、录像机联合而成。监视设施可以是彩色监视系统,也可以是黑白监视系统。监视设施中的摄像机往往分布于物业的各个部位,一般主要设置于物业的重要部位,如过道、电梯、出入口等部位,或保安、警卫人员无法或很难进行监视的某些区域。

保安系统中的警铃系统可以是手动也可以是自控系统,其作用是在某业主或物业区域受到骚扰或破坏时,及时发出尖锐的警报声音,以引起保安、警卫人员、物业管理人员或其他用户的注意,以便迅速到达出事地点,制止犯罪事件的发生。该系统可装置于用户各单元内,也可设置于通街消防通道的门闸上。由于通街的消防通道的门不能上锁,一般人在门的里面可以很容易直接打开,所以安置自动警铃系统,犯罪人员如从此通道进出,警铃系统就会发出警报。

保安系统中的通话、对讲系统一般有两种用途。一是用于用户与来访者的通话,用户通过与来访者的直接对话,可以确定来访者真实身份。如发现可疑来访者,可直接通知保安部门。二是保安及警卫人员之间的对讲系统,该系统主要用于保安人员巡查过程中与其他保安、警卫人员保持联系,以便在突发事件发生时,及时调动人员应对。

保安系统中的保安或警卫人员的监察系统则是用来监察保安或警卫人员巡夜执勤的情况,以检查确定保安或警卫人员是否按规定时间到达规定地点进行巡夜、检查。这个监察系统一般可以是最简单的"签到",其作用是要求保安人员在巡夜到某一地点时,便去"签到",记下时间并签字。但这种系统有个严重的缺陷,一方面该系统不严密,保安或警卫人员可以作假;另一方面容易被犯罪分子了解保安或警卫人员的巡夜时间及规律。所以,目前国际上已开始应用一种先进的电子监察系统,这种电子监察系统实际是一种电子计算机系统,主要是通过在物业各位置设置与保安部门的电脑系统连接的"检查终端",当保安或警卫人员经过该终端时,只要在该终端用密码或卡片操作一下,电脑会马上记下该保安或警卫人员的到巡时间。

② 保安或警卫人员的保卫系统。保安或警卫人员的保卫系统是指由保安人员或警卫人员组成的人工保卫系统,其主要工作职能为:

• 通过保安或警卫人员的日常巡视或站岗值勤,一方面防止非法人员进入,另一方面加强物业重点部位的保安、警卫工作,从而杜绝并减少违法犯罪的机会。

- 通过保安人员对物业保安设施24小时的监控,配合日常巡视或站岗,提高物业保安工作的质量及效率,全方位、系统化地保证整个物业的安全正常使用。
- 当物业区域或用户遭到非法骚扰或犯罪分子的侵袭时,能及时赶到出事地点,并通过有效手段,制止犯罪或紧急处理。
- 通过保安人员的日常治安管理工作,保证物业环境的完好状态,保证物业的公共安全及治安秩序。
- 其他有关职能。物业保安系统的设置要求,包括设施条件及保安人员的配置,随着物业类型、档次,安全危险可能性及用户对物业保安的要求等的不同而不同。原则上应兼顾物业保安效果及经济效益两个方面,合理设置保安系统。

(2) 保安系统的管理

物业保安系统的运行从根本上离不开人的运作,保安系统运行效果的好坏不仅取决于保安设施的好坏及保安或警卫人员的多少,更重要的是取决于保安系统的运行管理以及保安设施的保养维修管理。

① 保安设施的保养维修管理。保安设施的作用主要是代替或减轻保安或警卫人员的工作强度,保安设施越周密,技术越先进,所需的人力就越少,甚至能减少大量的人力,并能提高保安的效率与质量。但是从另一方面讲,也会给整个保安系统的维修与管理带来很多麻烦。保安设施的故障势必导致整个保安系统的缺陷,而一个保安设施先进的物业,在出现保安设施故障的情况下,其物业面临的危险往往也非常大,因为缺少的人力或不能觉察的系统故障,都会使物业保安工作产生"盲区"。而且,保安设施的故障也可能会产生诸如误警等问题,骚扰用户及管理者,影响正常生活与工作。经常性的误警易使人们的警惕性下降,而这种缺陷往往是致命的。

作为物业的保安设施,由于存在高技术、高专业性等特点,国家及地方政府均规定了一定的经营、保养与维修的资质,即有资质的经营商或人员才能承担保安系统的销售、安装及保养维修。作为物业管理者,一般可委托专业的保安设施承办商或具有专业资质的人员承担保安设施的日常保养维修。

物业管理者,特别是其保安部门应定期保养检查,测试各保安设施的运行状态,发现问题或故障应及时组织维修或改良,并制定有关安保设施的安全、正常的操作规程,并由专人负责管理。平时还应注意接受公安部门的指导与监督。

② 保安或警卫人员的保卫系统的管理。物业保安系统中由保安或警卫人员组成的保卫系统是整个系统的核心。一方面,保安设施的运行还需由人来操作与控制;另一方面,物业安保中有许多环节是不能由设施来完成的,也就是说必须要有人完成才行。事实上,保安或警卫人员的保卫系统的管理工作不仅仅是操作安保设施,还有许多日常性的保安工作。

- 应组织一个专门的保安队伍,这个保安队伍一部分由专业的保安或警卫人员组成,一部分应由用户中推选的义务安保员组成;还要组建一个安保工作领导小组,对整个物业的安保工作进行统筹和协调管理。
- 建立保安或警卫人员的值班及轮班制度,定期对物业的各主要区域及主要安保设备(如监视系统、警铃系统等)进行严密监视,发现问题及时组织专人处理。
- 严格执行来访登记制度,并验明身份,发现可疑者应及时与有关用户联系。对来访者携带的可疑物品应进行检查,严禁可疑人员进入,防止事故发生。
- 熟悉各种治安设备的使用与性能,熟悉与物业安保机关有关的法规及规定,熟悉物业各用户情况,并组成联防方式,形成"大家共管齐抓治安"的局面。
- 在发生罪案的情况下,应积极协助公安部门或公安人员进行破案。
- 做好在特定时间、特定情况下的特殊保安工作,如节日、夏季等特殊情况下,应制定相应的特殊保安措施。

(3) 商业大楼的安全控制

住宅楼所采用的安全措施可以用于商业楼如办公楼、购物中心等。但由于商业建筑在布局和用途上更为复杂,并且由于公众的进出量较大,商业楼的保安工作要求更严格并更具专业化。以下介绍商业楼安全控制的几项措施。

① 在装修工程进行时,仅仅允许经批准的承包商及其工人进入大楼。

② 一般来说不允许维修人员使用乘客电梯。

③ 如果维修人员的专用电梯出现故障,大楼主管有权决定允许维修人员使用乘客电梯,但要严密监督,避免引起其他使用者的不便。

④ 运载货物只能使用服务人员电梯,大件物品的运载必须由经手人员负责监督。大楼主管在他认为运载大件物品使服务电梯有可能受到损害或负载超重时,有权禁止使用服务电梯运载这样的货物。

⑤ 货物运出大楼必须向物业经理或其代表出示主管部门的证明。

⑥ 正常工作时间之外进入大楼的人员必须出示有关部门主管的证明和本人的证件,每次访问前后都应在访客登记本上登记签名。

⑦ 闲杂人员不准进入大楼或在大楼附近逗留。应要求乞丐、小贩、无家可归者和穿着不当者离开大楼。

⑧ 工作时间结束后,必须按标准程序关闭所有大门、转门和进出通道,每个进出口的关闭时间必须记录在工作日记中。

6.3.5 紧急事故处理

6.3.5.1 治安紧急事故处理

(1) 刑事案件和恶性事故处理

① 遭遇罪犯时,安保人员应保持冷静,设法制服罪犯并发出警报通知就近的安全员并向110报警。

② 罪犯逃跑时,保安员应用对讲机呼叫门卫,讲清罪犯的特征。

③ 对现场罪犯留下的物品,不能擅自处理,应交由公安机关处理。

④ 对案发现场应加以保护,通知并等待公安机关来处理。

⑤ 对所掌握的情况,应向安全管理部及公安部门如实反映,协助破案。

(2) 发现可疑人物的处理

① 先行观察1~2分钟,然后上前盘问,注意对方神态,如有异样,立即通知有关住户和安全

管理部。

② 对可疑人物严密跟踪观察,暗中监视,防止其破坏或造成其他意外事故。

③ 若发现可疑人物与公安部门通缉犯体貌特征相似者,可采取措施,将其送至公安部门。

(3) 酒醉者或精神病人的处理

① 对外来者,进行劝阻或阻拦,让其离开管理区域范围;对住用者,则协助其亲属将其妥善安顿。

② 对无法让其离开的外来者,则设法通知其单位或亲属,让他们派人领回,并采取监控措施。

③ 若酒醉者或精神病人有危害他人或妨碍正常社会秩序的行为时,可将其强制送至有关部门处理。

(4) 住户斗殴的处理

① 积极劝阻斗殴双方离开现场,缓解矛盾;对能认定的违反治安条例行为或犯罪行为,应及时报告公安机关,或将行为人扭送公安机关处理。

② 说服围观群众离开,确保辖区内的正常治安秩序。

③ 协助公安人员勘察打斗现场,收缴各种打架斗殴的工具,辨认为首分子。

(5) 住户对安全管理大为不满时的处理

① 请相关人员到单独的地方会谈,并向住户表示理解。

② 仔细聆听,了解事情真相,确为管理方问题,则向住户道歉,但不要随便认错。

③ 始终保持友好、礼貌、冷静的态度,并使相关人员冷静下来,向其提出解决问题的建议。

④ 记录有关人员的谈话内容,并立即处理涉及自己权限范围内的事。

⑤ 与具体部门联系商量解决的方法,做好事件发生及过程的记录。

6.3.5.2 消防紧急事故处理

(1) 消防控制中心接到消防警报后,应立即通知巡逻保安前往现场查看确认并通知控制中心。

(2) 火警被确认严重时,消防中心应立即打119报警,并启动应急方案,组织救火、人员疏散、电梯停运(除消防电梯),启用应急电源等相关消防设施。

(3) 管理处负责人到现场指挥灭火,并确认:火场是否有人被困,何种物质燃烧;到火场的最近路线,定火势、定方向、定性质,看建筑定结构、定通路,看环境定重点、定人力、定路线,同时立即组织义务消防队员扑救火灾。

(4) 救人及疏散用户。积极抢救受火灾威胁的住户群众,并按消防应急预案的安排,各负其责,进行"引、送、查、接"工作,清点人数,以免有人滞留火场。

(5) 疏散与保护物资。对受火势威胁的各种物资包括用户室内的贵重物品、车辆、设备以及图书档案资料等是采取疏散还是就地保护,要根据火场的具体情况决定,其目的是尽量避免或减少财产的损失。

(6) 防排烟。在扑救高层建筑初期火灾时,为了增大视距,降低烟气扩散,需要采取防烟、排烟措施,以保证人员安全和加快灭火进程。

(7) 防爆。扑救火灾时,要尽量摸清易燃易爆物质的情况,尽可能在第一时间将可能受火势威胁的易燃易爆物品清理出外。

（8）现场救护。在扑救火灾时，要组织医护人员及时对伤员进行护理，然后送医院救治。

（9）安全警戒。为保证扑救火灾、疏散与抢救人员的工作有秩序地顺利进行，必须对大楼内外采取安全警卫措施；在安全警卫的部位，包括大楼外围、大楼底层的出入口和着火层等分别设置警戒区。

（10）通讯联络。在灭火过程中，要保持大楼内外、着火层与控制中心、值班主任与前后方的联系，这样才能使值班主任的指挥意图与预定的应急方案顺利实施。

（11）后勤保障。后勤保障的内容：一是保证水电供应不间断；二是保证灭火器材和运输车辆；三是与协同作战的单位联系，组织提供灭火器材。

6.3.5.3 台风紧急事故处理

台风即将来临时，各员工应：

（1）通知各用户做好防风措施。

（2）检查所有的门窗是否足够稳固。

（3）牢固所有易松脱的物件，如花架、露台上的花盆等。

（4）对有维修工程进行的地方通知承包商做好防风措施。

（5）检查所有的泵房、配电房、备用电机是否安全和正常可用。

（6）检查所有下水道、雨水排水口等，清除可能引起淤塞的垃圾、泥沙和杂物。

（7）确保所有的救急用具（如沙包、雨衣、安全帽、水靴、绳索、备用照明等）可以随时应用。

6.3.5.4 爆炸威胁紧急事故处理

（1）直接反应系统

在设计爆炸威胁的适当反应系统时，最重要的是要有一个周密考虑的计划或程序，来指导安全保卫人员和物业管理人员。当事故发生时，这些人员能有效地遵循正确的程序来处理这个情况，以使生产和财产受到最少的危害，正常的工作受到最少的干扰。一个完整的准备必须包括以下几条：

① 经常培训应急计划的责任人员。

② 定期举行演习，来测试应急计划责任人员的应急能力。

③ 每次应急计划完成后，要及时总结、评估，以改进计划的不足之处。

（2）威胁的报告

在收到爆炸威胁后，必须及时、准确地向物业经理或主管部门报告，物业经理或主管部门收到报告后，必须确定哪个高级管理部门的成员负责掌握进一步的情况，当应急计划实施后物业经理必须通知公安局。

（3）撤离

决定撤离房屋或者可能的话部分撤离房屋是物业经理的权力，但他必须事先征求公安部门意见。平时，在安全专家或公安部门的帮助下，必须有书面的撤离程序。这些程序和与此相关的安全安排，必须让所有职员熟悉。

① 撤离路线。注意或备用的撤离路线必须让住户熟悉。

② 撤离信号。有时现存的火警警报被用来指示住户撤离，但在爆炸威胁情况下，最好是使用不同于火警的警报模式。

③ 当爆炸警报发出后，人们离开房子时必须将窗门打开（但如果是外面着火，则将窗、门关闭），这样可以减少爆炸气浪的损害。

④ 在离开办公室时，职员们应关闭机器，但让灯开着。

⑤ 撤离者应带走所有公文包、手提包、背包等个人的包件，这些物品在接下来的搜寻中可能会被误认为装有炸弹而引起不必要的误解。

⑥ 集合地点应该是确保安全的地方，最近的安全距离应该离建筑墙100米以外。

⑦ 关闭公共设施，必须关闭除照明以外的所有电源。煤气和燃料供应管线的主要开关应关闭。所有的锅炉和类似的设备必须检查以确保调整到安全状态。这些行为应由有资质的专业人员完成。

⑧ 撤离区域的出入控制。当撤离完成后，必须执行严格的进出控制，以防止任何未经许可的进入，直至撤离警报结束。

（4）通讯

在执行应急计划的过程中，负责撤离的物业经理和保安人员或物业管理人员之间的迅速有效、可靠的双向通讯系统必须建立。一般的是使用电话或内部通讯系统。但是，必须注意双向手提式收发机不能使用，因为这种收发机可能会激发电引爆的炸弹。

（5）公共关系

要使传媒或政府获得正确的信息，很重要的一点是，只有管理部门的高级官员才是正式发言人，任何与组织有关的其他人员不得向外界宣布有关此案件的信息。

案例　物业综合管理

佳启物业管理有限公司摆脱了在天成物业的危机，得到了广大业主的信任，但在工作中难免还会遇到一些问题。

小区内有一业主在住室门口放置鞋柜，物业管理公司人员前去让其放回家中，其业主就配合放回。但物业管理人员走后，业主随即又把鞋柜放出来。

小区前原来有一片敞开式绿地。绿地上亭栅多姿、曲径通幽、池水泛光、花木含情。春、夏、秋的傍晚时分，众多业主和游客都喜欢在这里驻足小憩。然而，其中也有一些不太自觉的人，随意在草地上穿行、坐卧、嬉戏，导致绿地局部草皮倒伏、植被破坏、黄土裸露，不得不反复栽种和重植，这成为小区管理中的一个难题，管理处想了许多办法，都未奏效。

一天中午，小区内突然停电。物业管理人员赶到现场，发现原因出自供应电力的低压配电柜烧毁。在征询工程主管意见后，估计最少需要8个小时才能更换修复。管理人员立即想到其会产生以下影响：

水泵不能运转，约1~2小时后水箱水用尽，就会停水；

后备发电机须长时间运行；

除后备发电机支持的消防电梯仍能维持有限度服务外，其他电梯不能运作；

除紧急照明外，其他公共照明全部停止；

黄昏下班高峰期电梯会出现拥堵和混乱；

大楼整体安全会受影响，隐患因停电而存在。

遇到这样一些情况，物业管理公司该如何处置？

复习思考题

1. 物业综合管理的含义和特点是什么？
2. 物业环境的含义及特点有哪些？
3. 物业环境管理的含义和原则是什么？
4. 简述保洁管理的含义及范围。
5. 简述物业绿化管理的内容和范围。
6. 物业安全管理的含义和特点是什么？
7. 保安系统是由哪些部分构成的？
8. 讨论物业管理公司对于紧急事故平时应做哪些准备。

第七章　房屋维修管理

第一节　房屋维修管理概述

7.1.1　房屋维修概念、方法及特点

7.1.1.1　房屋维修的概念

房屋维修是指通过对房屋的维护、修缮和改建,使遭受损坏的房屋重新处于正常使用状态。物业管理的基本目的有 3 个方面:使物业获取最大的期望收益;使物业得到良好的保值和增值;给业主和使用人提供良好的生活、工作和学习环境。而保证物业处于正常而良好的经营和使用状态,是达到上述基本目的的前提。

7.1.1.2　房屋维修的方法

(1) 定期性整修

定期性整修是指按一个特定的周期进行整修,如每 17 年行一次房顶更换。

(2) 预防性维修

预防性维修是指按事先设置好的清单和周期进行维修,如不管发生什么事每隔一年或两年进行一次房屋外墙的全面粉刷整新等。

(3) 检测性维修

检测性维修是指为防止重要部件倒塌而使用的复杂的非损伤性的检测。

(4) 拆除性维修

拆除性维修是指对某些使用功能退化的部件进行拆除更换的维修。如对主体建筑的屋顶进行拆除更换的整修。

不管用哪种维修方法,维修的频率是要征求业主的意见的。因为这些维修方法涉及的成本都较高,物业管理公司必须考虑业主的利益,给业主提供有关维修方法、时间安排、开支及其他有关事项的合理建议,然后由业主作出决策。

7.1.1.3　房屋维修的特点

(1) 经营和服务双重性

物业管理公司是自主经营的企业。房屋维修是物业管理的重要内容,是物业管理公司重要的经营活动之一。房屋维修过程是严格按市场经济和价值规律要求运行的,房屋维修所取得的收入或利润也是在经营管理中得到的,因此它具有经营性。同时,物业管理公司房屋维修的对象

是已经投入使用的房屋,它的功能恢复与改善和房屋使用者的切身利益与安全保障密切相关,所以它又具有直接为业主和使用人的生产和生活服务的性质。

(2) 广泛性和分散性

由于各种因素的作用,随着时间的推移和物业的使用,房屋的各个部分,如结构、外墙、粉刷、零部件等都会有不同程度的损坏,需要根据损坏的程度进行小修、中修、大修、翻修和综合维修,这是所有房屋普遍存在的情况,因此房屋维修具有广泛性。另一方面由于损坏的往往只是房屋的很少部分,分散在房屋的各个方面,维修规模很小,维修工程是分散的、零星的。

(3) 技术性

房屋维修活动与一般的建筑工程生产活动不同,它本身具有特殊的技术性规定。房屋的维修技术不仅包括建筑工程专业本身,还包括独特的设计和施工操作技术。房屋维修工程质量的优劣是由维修技术水平高低所决定的,因此房屋维修管理必须是技术性管理。培训维修技术人员,配备一支素质优良的专业维修技术人员和技术工人队伍,并制定严格的技术操作规定和质量考评标准是房屋维修管理的重要的不可缺少的内容。

(4) 限制性

由于房屋维修是在原有房屋基础上进行的,因此受到原有条件的限制。维修设计与施工只能在一定范围内进行,难以超越客观环境进行创新。此外,还受到原有建筑风格、建筑艺术的限制,尤其是有历史文化保留价值的房屋更是如此。

7.1.2 房屋维修管理概念、目标及特点

7.1.2.1 房屋维修管理的概念

房屋维修管理是指物业管理公司按照一定的科学程序和制度及一定的维修技术管理要求,对公司所经营管理的房屋进行日常的维护修缮技术的管理。它包括房屋质量管理、房屋维修的施工管理、房屋维修的技术管理和房屋维修的行政管理。物业管理的好坏,很大程度上取决于房屋维修管理的成果。房屋维修管理是物业管理的主体工作和基础性工作,它不仅关系到物业管理的好坏,还关系到物业管理公司的形象和声誉的好坏。

7.1.2.2 房屋维修管理的目标

(1) 能够及时反映和修复房屋的小缺陷

(2) 能实施正常安排的维修措施,防止房屋系统和部件过早出现毛病

(3) 事先安排好房屋维修计划和预算

(4) 组织实行彻底的大修,确定维修设计和完整的改进计划,减少和缩小总的维修维护费用

(5) 在保证质量的基础上,提供准确的成本评价,选择低成本的房屋维修解决方案,始终坚持采用经济可行的房屋维修解决方案,按照最经济的方式进行房屋的维修

(6) 最经济地组织房屋维修材料和部件的维持数量,满足计划和突发事件的需要

(7) 监视所有房屋维修工作的进程

(8) 准确跟踪控制所有房屋维修工作的总费用
(9) 维护完整的房屋维修历史记录。

7.1.2.3 房屋维修管理的特点
(1) 房屋维修管理的复杂性

房屋维修管理的复杂性特点是由房屋的多样性、个体性和房屋维修的广泛性和分散性决定的。由于每一幢房屋几乎都有独特的形式和结构,有单独的设计图纸,因此,房屋维修必须根据不同结构、不同设计、不同情况的房屋,分别制定不同的维修方案,组织不同的维修施工,这给房屋维修管理带来了复杂性,要求房屋维修管理也必须分清情况,分别实施不同的管理方法。此外,房屋维修的广泛性和分散性,还要求对零星、分散又广泛的房屋维修进行组织管理,这也使房屋维修管理呈现复杂性。

(2) 房屋维修管理的计划性

房屋维修过程本身存在着各阶段、各步骤、各项工作之间一定的不可违反的工作程序。如无论什么样的房屋维修一般都必须经过房屋情况调查,对其质量和安全进行检查、研究、规划而后才能确定维修方案,签订维修合同,组织维修。因此房屋维修必须严格按维修施工程序进行,这就决定了房屋维修管理也必须按这一程序有计划地组织实施。

(3) 房屋维修管理技术要求高

由于房屋维修具有技术性,这就决定了房屋维修管理技术要求高的特点。无论是在房屋安全质量检查管理,还是在组织维修施工管理时,都要求管理人员具有较强的房屋建筑工程专业技术知识和相关专业技术知识,从而能够对房屋维修方案作出正确合理的决策,以便对房屋维修工程质量、工程成本和进度进行有效的控制管理。

7.1.3 房屋维修管理的意义和原则

7.1.3.1 房屋维修管理的意义

在物业管理所有的工作中,房屋维修管理不仅是物业管理的主体工作和基础性工作,而且是衡量物业管理企业管理水平的重要标志。因此,房屋维修管理在物业管理全过程中占有极其重要的地位和作用。一般来说,房屋维修管理具有以下意义:

(1) 确保房屋的使用价值

良好的房屋维修管理有利于延长房屋的使用寿命,增强房屋住用性能,改善住用条件与质量,确保房屋的使用价值。

(2) 增加房屋的经济价值

良好的房屋维修管理,不仅使房屋损耗的价值得到补偿,而且可以使房屋增值,这样就可以为业主带来直接或间接的经济效益。

(3) 提升企业的信誉价值

良好的房屋维修管理,可以使物业管理企业在房屋的业主及使用者中建立良好的信誉和形象,从而为物业管理企业参与市场竞争打下坚实的基础。

(4) 增加城市的社会价值

良好的房屋维修管理,不仅可以起到美化城市环境、美化生活的作用,而且能为人民群众的安居乐业,为社会的稳定奠定基础。

7.1.3.2 房屋维修管理的原则

(1)"服务"原则

房屋维修管理的目的,是为了不断地满足社会生产和居民居住生活的需要。因此,在房屋维修管理上必须维护住户的合法权益,切实做到为业主和使用人服务;建立健全科学合理的房屋维修管理服务制度。房屋维修管理人员要真正树立为业主和使用人服务的思想,改善服务态度,提高服务质量,认真解决房屋修缮问题,这是房屋维修管理的基本原则。

(2)"经济、合理、安全、实用"的原则

房屋维修管理要坚持"经济、合理、安全、实用"的原则。经济,就是要加强维修工程成本管理、维修资金和维修定额管理,合理使用人力、物力和财力,尽量做到少花钱多修房;合理,就是要求制定合理的房屋维修计划和方案;安全,就是通过房屋维修管理使住户居住安全;实用,就是从实际出发,因地制宜地进行维修,满足用户在房屋使用功能和质量上的需求,充分发挥房屋效能。

(3)"区别对待,因房制宜"的原则

"区别对待,因房制宜"原则是指对不同类型、不同建筑风格、不同结构、不同等级标准的房屋,应采取不同的维修标准、选用不同的维修方案。根据房屋建筑年限,可把房屋大致划分为新建房屋和旧房屋两大类。对于新建房屋,维修管理工作主要是做好房屋的日常养护,保持原貌和使用功能。对于旧房屋应依据房屋建造的历史年代、结构、质量状况、住宅使用标准、环境以及所在地区的特点等综合条件,综合城市总体规划要求,分别采取不同的维修改造方案。

(4)"预防为主,管修结合"的原则

房屋的使用、管理、修缮、保养是一个统一的过程。强调这一原则就要贯彻预防为主的方针,使房屋的使用、维护、日常保养、修缮改造等有机地结合起来。预防为主,首先可以避免大的损失和事故,其次也能保证业主和使用人正常的生活、工作;而严格的管理制度、管理措施既可以防止人为因素造成的房屋损坏,又可以及时地发现隐患、排除故障与险情,防止事故的发生和扩大。

第二节 房屋维修及维修管理的内容

7.2.1 房屋维修的内容

房屋维修的内容包括房屋维护保养的内容及房屋修缮的内容。房屋保养是指物业管理者为保证物业处于良好的使用状态,对房屋结构、装修及设备部分实施的综合养护工作,是物业管理的一种经常性和持久性的工作。房屋的保养工作区别于通常所讲的房屋修缮工作;房屋的保养是对房屋进行的预防性养护工作,而房屋修缮则是对房屋损坏部分进行的修复工作;房屋保养的对象主要是房屋结构完好、装修及设备完整良好的房屋,而修复的对象则主要是结构、装修及设备受到一定损伤的一般损坏房屋、严重损坏房屋及危险房屋;房屋保养工作一般具有经常性,且较零碎,工程量较小,而修复工作则大多具有周期性,有规律且工程量较大。但在整个物业管理中,房屋的保养与维修通常又是密不可分和交叉进行的,而且在内容上也是有重叠的,如房屋的保养与维修都包括对房屋的小修内容。所以,在对待与处理房屋保养与维修的关系上,应同样重视、不可偏颇和协调开展。

7.2.1.1 房屋保养的内容

(1) 房屋保养工作的内容

包括房屋的日常养护和零星小修两方面的内容。日常养护与零星小修往往在房屋保养工作中同时进行。

① 房屋的日常养护。通常是指房屋经常性或周期性开展的维护工作,如清扫、检查、加油、涂漆和清理等保养工作。房屋日常养护工作可以有不同的养护周期,可以是每天或几天进行一次的养护,如地面、扶梯、墙面等部位的清洁工作,每天巡视检查工作等;可以是每周或每月一次的养护,如对有关设施设备进行擦洗、加油,排水渠、管道的清理疏通等工作;也可以是每年或几年一次的养护,如对房屋外墙的重新粉刷等工作。

② 房屋的零星小修。主要是指简单、零星分散、时间要求紧迫的小型维修工程项目。这项工作往往具有经常性,但无规律性,所以管理难度较大。一般房屋的小修项目可分为一般小修项目和急修项目两种,其差别是时间要求上的不同,急修项目的时间通常要明显短于一般小修项目。

一般情况下,民用房屋保养中的急修项目应在 1 天内修理;一般小修项目应在报修后 2 天内修理;需安排计划修理的项目也应在 1 周内进行查勘,确定修理时间。

• 急修项目。急修项目是指因房屋的损坏部分会严重影响房屋的正常使用或使用安全,而需立即修理的小修项目。通常这些急修项目是在房屋结构、装修及设备基本完好情况下的局部损坏项目。主要包括:房屋结构性损坏易产生危险的,因供电线路故障产生的停电及漏电,因水箱、水泵、水表或水管故障所产生的停水及水龙头严重漏水,楼地板、扶梯踏步断裂及阳台、晒台、扶梯等各扶手、栏杆松动及损坏,楼梯发生故障,污水管严重阻塞冒溢,其他有危险的急修项目等。

• 一般小修项目。一般小修项目是指房屋保养过程中的常规性小修养护项目。这些损坏项目会影响房屋的正常使用功能及使用状态,但对于整个房屋的业主、租户或用户不会产生危险。其修复时间一般较短,但修复面较广,且可能需要一定的修复时间。主要包括:一般门窗的损坏,水落管、雨水管、污水管等管道阻塞,屋面渗漏水,小块楼板损坏,5 平方米以内的平顶和内墙粉刷脱落,2 平方米以内的小块落地起壳龟裂,水斗、面盆、浴缸渗漏水、卫生设备零件损坏,其他一般小修项目等。

(2) 特定季节的房屋保养工作

在房屋保养过程中,物业管理者还应注意特定季节的房屋保养工作,特别是对于灾害天气,应针对其可能对房屋产生的破坏及影响,提前做好预防性保养及小修工作,同时组织相应物资及力量,用于灾害出现后的应急需要。一般情况下,灾害性天气引起的危害主要来自两方面:一是每年春季的洪汛、台风,冰雪融化期间易出现积水、房屋屋面漏水,地基受洪水冲击而引起的泻土、塌方、损坏,房屋防雷设施不善引起雷击等现象以及冰雪融化后房屋结构可能由于松酥而倒塌或部件塌落的事故。二是每年秋冬季节的暖转寒以及寒潮侵袭期间易出现外墙水管、水箱的封管冻裂,影响正常供水与排水;屋面由于不堪积雪冰霜重负而发生塌落事故;供暖设施运行故障影响正常生活以及房屋结构损坏而又不宜维修(受冬季施工条件的限制,门窗损坏不能及时修复而受寒等等)。

房屋的保养应首先着重于季节性的预防性养护工作,应在灾害性天气及危险性自然因素出现以前,根据房屋本身的实际情况及业主和使用人的具体要求,综合房屋可能遭受的破坏及业主和使用人可能受到的影响,科学制定相应的保养计划及措施,着重做好以下工作:

① 对房屋完损程度进行普遍检查,对损坏较严重以及危险的房屋或部位进行着重保养或维修,确保房屋顺利过季。

② 检查房屋的综合防寒防冻性能,及时整修门窗、装配玻璃、修补屋面和墙体等。

③ 彻底清查房屋的排水系统,清理屋面、排水管、窨井以及室外雨水排放通道,确保雨季、暴风雨及冰雪融化时的排水畅通。

④ 及时做好寒冻来临之前水管、水箱等设施的防冻裂工作,对外露的水管、水箱等设施进行包扎、粉刷、覆盖等,提高其防冻能力。

⑤ 大雪及冰冻期间,及时组织人员清扫屋面、外廊、屋檐、天棚、阳台等部位积雪、积冰,以减轻其荷载,防止塌落事故的发生。

⑥ 对空调等供暖设施进行检查,发现漏、坏等现象及时进行修复或更换,以保证整个供暖期的正常工作。

⑦ 其他保养小修工作。

(3) 保养工作应注意的事项

通常,物业管理人员主要通过业主和使用人的随时报修以及根据平时掌握的房屋完损资料,通过走访和日常巡查等途径来获取日常性养护和零星小修项目的信息。为了有效开展这项工作,使房屋的结构、装修及设备各部分能及时快速地得到养护及小修,物业管理者应注意:

① 定期进行房屋的完损程度的测定,使物业管理者能及时掌握房屋完损资料,结合房屋结构、装修及设备各部分的实际情况,科学制定房屋的日常养护计划及制度。

② 建立管理人员的随访制度。组织专门的管理人员定期或不定期地对物业业主、租户或用户进行访谈,及时了解他们对房屋的养护要求以及房屋各部分存在的隐患和养护工作的缺陷。

③ 建立管理人员的日常巡查制度。规定管理人员每天或经常性对房屋各部分进行巡视检查,发现破损或破损隐患,及时组织进行养护及小修工作。常规的巡查项目有:

• 对房屋的基本结构,如基础、墙体、梁、柱、楼地板、屋面、屋顶及楼梯等部分进行日常性检查,发现缺损、松动、裂缝等及时申报。

• 对房屋的装修部分,如门、窗、内外墙装饰、地面、天花板装修、油漆及其他装饰进行检查,检查是否有损坏、松动、脱落、起壳、虫蛀及外表乱涂乱画等脏乱现象。

• 对房屋基本设备设施,如供排水、供电、空调、电梯、消防、报警、公用天线等设施进行日常性检查,检查是否有堵塞、漏冒、漏电、损坏等现象,同时应检查是否有用户偷接或乱接电线,私驳煤气管、水管等现象。

• 对房屋附属设施及周围环境如区域道路、庭园设施、广场、绿化等的日常性检查,防止人为破坏并及时修复所受损坏。

• 其他日常性巡查工作。

④ 建立业主和使用人随时报修制度。物业管理机构组织专门人员值班,全天 24 小时负责接待业主、租户或用户的报修电话、信函或来访;或设置报修信箱,及时掌握房屋的破损情况或对养护工作的意见。

物业管理人员在收集和了解需保养的项目后,首先应及时进行分类处理,按轻重缓急或工作难易程度,逐一落实。其中对于急修项目来讲,物业管理人员首先应组织有关维修人员进行急修,然后再专门委托或组织保养工程承包商或工程队进行维修。对于业主和使用人报修的项目,物业管理人员应根据报修内容,检查受损情况,分清责任及费用承担,然后再着手进行小修养护工作。如果属于急修项目,同样需根据前述的办法来处理;如果不属于小修养护范围内的项目,则应及时填写中修或大修申报表,尽快落实解决。总之,对于小修养护项目,物业管理者应根据其紧急程度,分清主次。需要及时解决而又可以解决的项目应马上实施养护维修;而对于不能马上解决的项目,则要尽快编制小修养护计划书,组织力量实施维修。

7.2.1.2 房屋修缮的内容

房屋修缮是指物业管理者为了维持物业的正常使用状态,而对房屋结构、装修及设备部分所受磨损实施的修复性工作,有时也称为房屋维修。房屋修缮可以按照修缮规模或物业完损情况的不同分为小修、中修、大修、翻修及综合维修。

(1) 小型维修

小型维修工程亦称零星工程、养护工程或预防性修缮工程,是指物业管理公司为确保房屋正常使用,保持房屋原来的完损等级而对房屋使用中的正常的小损小坏进行及时修复的预防性养护工程。小型维修与维护工作联系紧密,每个单位整修任务一般不超过一个或两个工作日,这种工程用工少、费用少,综合平均费用占房屋现时总造价的1‰以下,并具有很强的服务性,要求经常持续地进行。所以小修工程的主要特点是项目简单、零星分散、量大面广、时间紧迫。经常地进行房屋的养护工程,可以维护房屋使用功能,既保证用户正常使用,又能使发生的损坏及时得到修复,不致扩大造成较大的损失,对于一些由于天气突变或隐蔽的物理化学作用而导致的猝发性损坏,不必等到大修周期到来就可以及时处理。同时,经常检查房屋完好状况,从日常养护入手,可以防止事故发生,延长大修周期,并为大、中修提供查勘施工的可靠材料。

小型维修的范围主要包括:
① 屋面筑漏(补漏)、修补屋面、泛水、屋脊等。
② 门窗的整修、拆换五金、配玻璃、换纱窗、油漆等。
③ 修补楼地面面层。
④ 修补内外墙、抹灰、窗台、腰线等。
⑤ 拆砌挖补局部墙体、个别拱圈,拆换个别过梁等。
⑥ 下水管道的流通,修补明沟、散水、落水管等。
⑦ 水卫电、暖气等设备的故障排除及零部件的修换等。
⑧ 房屋检查发现的危险构件的临时加固、维修等。

(2) 中型维修

中型维修工程是指房屋少量主体构件已损坏或不符合建筑结构的要求,需要牵动或拆换进行局部维修以保持房屋原来的规模和结构的工程。这类工程工地比较集中,项目较小而工程量比较多,有周期性,适用于一般损坏房屋,其一次维修费用是该房屋同类结构新建造价的20%以下。经过中修后的房屋70%以上要符合基本完好或完好标准房的要求。及时地开展中修工程是保持房屋基本完好的有力保证。

中修的范围主要包括:

① 对少量结构构件形成危险点的房屋维修。

② 对一般损坏房屋的维修,如整幢房屋的门窗整修,楼地面、楼梯的维修,抹灰修补,油漆保养,设备管线的维修和零配件的更换等。

③ 对整幢房屋的公用生活设备的局部更换、改善或改装、新装工程以及单项目的维修如下水道重做,整幢房屋门窗的油漆,整幢房屋围墙的拆砌等。

(3) 大型维修

大型维修是指那些单位维修任务耗时至少超过两个工作日的任务,无倒塌或只有局部倒塌危险的房屋,其主体结构和公用生活设备(包括上、下水通风取暖等)的大部分已严重损坏,虽不需全面拆除但必须对它们进行牵动、拆换、改装、新装,以保证其基本完好或完好的工程。这类工程具有工程地点集中、项目齐全,具有整体性的特点。其费用是该房屋同类结构新建造价的25%以上。房屋大修工程一般都与房屋的抗震加固、局部改善房屋居住使用条件相结合进行的。经大修后的房屋,一般都要求达到基本完好或完好房的标准。

大型维修的范围一般包括:

① 修复严重损坏的房屋主体结构的维修工程。

② 对整幢房屋的公用生活设备进行管线更换、改善或新装的工程。

③ 对房屋进行局部改建的工程。

④ 对房屋主体结构进行专项抗震加固的工程。

(4) 房屋翻修

房屋翻修工程是指原来的房屋需要全部拆除,另行设计,重新建造或利用少数主体构件在原地或移动后进行更新改造的工程。这类工程具有投资大、工期长的特点。由于翻修工程可尽量利用原房屋构件和旧料,因此其费用应低于该房屋同类结构的新建造价。一般翻修后的房屋必须达到完好房屋的标准,但房屋翻修后一般使用功能没有多大的变化。

翻修工程适用的范围主要包括:

① 房屋主体结构全部或大部分损坏,有倒塌危险。

② 因自然灾害破坏不能再使用的房屋。

③ 地处陡峭易滑坡地区的房屋或地势低洼长期积水无法排出地区的房屋。

④ 主体结构、围护结构简陋无修缮价值的房屋。

⑤ 国家基本建设规划范围内需要拆迁恢复的房屋。

(5) 综合维修

综合维修工程是指对成片多幢或面积较大的单幢楼房,大部分严重损坏而进行有计划地成片维修和为改变片(幢)房屋面貌而进行的维修工程,也就是大修、中修、小修一次性应修尽修(全项目修理)的工程。这类维修工程应根据各地情况、条件,考虑一些特殊要求,如抗震、防灾、防风、防火等,在维修中一并解决。综合维修工程的费用应是该片(幢)房屋同类结构新建造价的

20%以上,其竣工面积和数量在统计时可不单独列出,可计入大修工程项目中。经过综合维修后的房屋应达到基本完好或完好房的标准。

如果物业有大部分严重损坏房屋,或一般性损坏需要进行有计划维修的房屋,或需改变片(幢)面貌的房屋,都需要进行综合性维修。

7.2.2 房屋维修管理的内容

房屋维修管理的主要内容包括房屋维修计划管理、房屋安全与质量管理、房屋维修施工管理、房屋维修技术管理和房屋维修的费用管理等。

7.2.2.1 房屋维修计划管理

房屋维修计划管理是指物业管理者根据房屋的完损程度,业主和使用者对房屋保养与维修的要求以及政府对保养与维修的有关规定,为科学制定并实施房屋的综合保养与维修计划所进行的各项管理工作。房屋保养与维修往往是交叉进行的,而在实际工作中,房屋维修工作在一定程度上总会影响房屋的保养,比较容易打乱房屋的保养计划,所以,在制定房屋保养与维修计划时,应充分考虑各方面工作的实际,注意其科学合理性。

房屋保养与维修计划根据计划周期的不同,可以分为短期计划、中期计划及长期计划等。作为整个房屋的保养与维修管理,管理者会充分注意长期计划的制定与管理,如房屋的5年、10年乃至全寿命的保养维修计划,特别是房屋的改良性维修计划,这对于有效维护房屋的使用性能及经济价值都是十分有利的。通常,房屋的保养与维修计划周期越短,则越强调其实际操作性,往往要求也越详细、具体;而计划周期越长,则往往强调其可控性、协调性。房屋保养与维修计划的内容应包括保养与维修的目的、内容、实施办法、人员、材料、费用及质量考核等方面。

7.2.2.2 房屋质量管理

房屋维修管理中的质量管理,主要是指房屋日常使用过程中的质量管理。即是在房屋的使用过程中,通过定期和不定期对房屋的质量鉴定、安全检查以及危房的鉴定和排险工作,随时掌握房屋的质量分布状况,为房屋的合理使用、维护管理和计划修缮提供基本的依据,确保房屋的完好和住用安全。

房屋质量管理包括3方面的工作:房屋质量等级鉴定、房屋使用安全检查及危房的鉴定和排险。

(1) 房屋质量等级鉴定

房屋质量等级鉴定是指按统一的标准、项目和方法,对现有整幢房屋进行综合性的完损等级评定。评定的依据是建设部1985年颁布的《房屋完损等级评定标准》。房屋质量鉴定的基本任务就是要搞清现有房屋的质量分布状况,为房屋的管理、保养、修缮提供基本依据。

房屋完损等级评定是根据房屋的结构、装修及设备3个部分的完好和损坏程度,将房屋划分为完好、基本完好、一般损坏、严重损坏和危险房5大类。

① 完好房。完好房是指正规房屋,其结构完好,屋面或板缝不漏水,装修和设备完好、齐全,管道畅通,现状良好,使用正常。虽有陈旧现象或个别分项有允许值之内的轻微损毁,但不影响

居住安全和正常使用,经过小修即可恢复的房屋。

② 基本完好房。基本完好房是指房屋结构基本完好牢固,少量构部件有稍超允许值的轻微损坏,但已稳定。屋面或板缝局部渗漏,装修和设备有个别零部件有影响使用的破损,但通过维修可以恢复使用功能的房屋。

③ 一般损坏房。一般损坏房是指房屋局部结构构件有变形、裂缝、腐蚀或老化,强度不足,屋面或板缝局部漏雨,装修局部有破损,油漆老化,设备管道不够畅通,水卫电、照明、管线等器具和零部件有部分老化、损坏和残缺,需要进行中修或局部大修更换部件的房屋。

④ 严重损坏房。严重损坏房是指严重失修的房屋,部分结构构件有明显或严重倾斜、开裂、变形或强度不足,个别构件已处于危险状态,屋面或板缝严重漏雨,设备陈旧不齐全,管道严重堵塞,水卫电、照明、管线器具和零件残缺及严重毁损,需要局部整修、更新等大修的房屋。

⑤ 危险房。危险房是指房屋承重结构已属危险构件,主体构件强度严重不足,稳定性很差,丧失承载能力,随时有倒塌的可能,采用局部加固的修理仍不能保证安全的房屋,已丧失维修价值的房屋,因结构严重毁损需要拆除、翻修的整幢房屋。

(2) 房屋使用安全检查

房屋安全检查就是通过对房屋的经常性检查,了解房屋完损情况,发现房屋存在的隐患,及时采取抢修加固和排除险情的措施。房屋安全检查与房屋质量等级鉴定的工作性质、基本目的和主要作用大致相同,即掌握房屋完损状况,为房屋的管、用、养、修提供基本资料。但它们还有一定的区别,主要是:安全检查是一种经常性的工作,质量等级鉴定是阶段性的工作;安全检查的侧重点是发现和排除隐患,而质量等级鉴定是对房屋情况的全面评定。

房屋的安全检查按时间间隔划分,可分为定期检查和不定期检查;按任务和内容划分,可分为日常性检查、抽查、重点检查及普查等类型。

(3) 危房的鉴定和排险

危房的鉴定,可由政府危房鉴定机构、物业管理公司的房屋安全鉴定部门或指定技术人员负责此项工作。根据建设部颁布的《危险房屋鉴定标准》和各地人民政府颁布的有关规定,按照初始调查、现场查勘、检测验算、论证定性等程序,在掌握测算数据、科学论证分析的基础上,确认房屋的建筑质量及安全可靠程度。根据鉴定情况,对危房作以下4方面处理:第一,观察使用。适用于采取技术措施后,尚能短期使用,但需随时观察危险程度的房屋。第二,处理使用。适用于采取适当技术措施后,可解危的房屋。第三,停止使用。是用于已无修缮价值,暂无条件拆除,又不危及相邻建筑和影响他人安全的房屋。第四,整体拆除,适用于整幢危险且无修缮价值,随时可能倒塌并危及他人生命财产安全的房屋。

7.2.2.3 房屋维修技术管理

房屋维修技术管理是指对房屋维修过程中的各个技术环节,按国家技术标准进行的科学管理。

房屋维修技术管理的内容或基本环节为:房屋维修设计、施工方案的制订,维修施工质量的管理,房屋技术档案资料的管理及技术责任制的建立。

(1) 房屋维修设计、施工方案的制订

房屋维修设计、施工方案的制订是对房屋维修、改善、翻建、改建、更新等各项维修工程的范围、项目、概预算及施工方案进行设计和审查的工作。

(2) 维修施工质量的管理

维修施工质量管理包括两个方面：一是维修施工过程质量控制，二是维修工程质量的检查、验收。房屋维修工程的质量检验与评定按分项、分部、单位工程三级进行。分项是按修缮工程的主要项目分；分部工程是按修缮房屋的主要部位分；单位工程是指以一幢大楼为一个单位。工程质量分为合格和优秀两个等级。

(3) 技术档案资料的管理

房屋技术档案是记述和反映房屋建设、装饰和修缮活动，具有保存价值的房屋技术资料。房屋技术档案资料管理的基本任务是为房屋的管、修、用提供必要的信息资料。技术档案资料的主要内容包括：房屋新建竣工验收的竣工图及有关原始资料；现有的有关房屋及附属设备的技术资料；房屋维修过程中产生的技术文件。

(4) 建立技术责任制

技术责任制是指房屋管理单位和修缮施工单位根据需要设置总工程师、主任工程师、技术队长等技术岗位，实现技术工作的统一领导和分级管理，形成有效的技术决策管理体系以及以总工程师为首的技术责任制体系。

7.2.2.4 房屋维修施工管理

房屋维修施工管理是指按照一定的施工程序、施工质量标准和技术经济要求，运用科学的方法对房屋维修施工过程中的各项工作进行有效的科学管理。其内容主要包括：维修施工队伍的选择，维修施工的组织与准备，维修施工的技术交底，施工的调度与管理，施工工程的竣工验收及资料的交接。一般物业管理公司对接管的房产物业的日常小型维护修理由自己组织管理进行，而对大中型房屋维修施工工程，可以由自己组织的维修施工队伍来完成，也可以通过招标，以发包方式将房屋维修施工工程承包给专业维修施工队伍来完成。

下面先介绍房屋小修工程的管理，大中修工程的组织和管理将在下节中介绍。

(1) 小修工程项目收集

物业管理公司日常服务的房屋小修养护工程项目，主要是通过房屋维修管理人员的走访查房的定期检查和业主及使用人的随时报修这两个渠道来收集取得的。

① 走访查房的定期检查收集。走访查房的定期检查收集是指物业管理人员定期对辖区内业主及使用人进行走访巡视，并在走访巡视中查看房屋，主动收集业主及使用人对房屋维修的具体要求，发现业主及使用人尚未提出或忽略的房屋险情及公用部位的损坏。如像墙体、屋顶等结构上的项目，定期检查后可进行油漆和修补。建筑物的内外部虽要进行定期检查，但有些部位要每天检查，有些部位则不必。对房屋的日常检查包括对地面、墙体、大门、台阶、防火太平门、窗户、屋檐口和屋顶等的外部检查，以及入口过道、梯井、走廊、门厅等其他公共区域的内部检查。房屋耐风雨情况就不必进行日常检查，进行季节性的检查即可。在检查空置的房屋时，门、锁、气窗、天花板、地板、窗户、灯具和开关、电源插座、地面、管道和任何永久性配件都应检查到。物业管理企业可通过建立查房手册来提高走访查房巡视的实际作用。

② 业主及使用人随时报修收集。物业管理公司为方便业主及使用人的随时报修，采取设置便民报修信箱、建立接待值班制度和组织服务咨询等措施来收集小修工程项目。具体来说，物业管理企业可以在辖区内的繁华地段和房屋集中的地方设置信箱，供业主及使用人随时投放有关

的报修单和预约上门维修的信函,并及时开启信箱。物业管理企业还可配备一名专职或兼职报修接待员,负责全天接待、记录业主及使用人的电话、信函、来访等情况。接待员要认真填写好报修单和由两联组成的处理回报单的接待登记表。另外,物业管理公司一般还可利用节假日,在公共场所或房屋集中地点摆摊设点,征求业主及使用人的意见并收集报修内容。

为了使业主和住户对房屋及其设备设施的日常维修养护需求得到及时的满足,物业管理公司要建立快速有效的服务系统。

(2) 编制小修工程计划

通过走访查房巡视和接待报修等方式收集到小修工程服务项目后,应分清轻重缓急和劳动力情况,作出维修安排。对室内照明、给水排污等部位发生的故障及房屋险情等影响正常使用的维修,应及时安排组织人力抢修。对暂不影响正常使用的小修项目,均由管理人员统一收集,编制养护计划表,尽早逐一落实。

在小修工程收集过程中,若发现超出小修养护范围的项目,管理员应及时填报中修以上工程申报表。

(3) 落实小修工程任务

管理人员根据急修项目和小修养护计划,开列小修养护单。房屋小修养护工凭单领取材料,并根据小修养护单的工程地点、项目内容进行小修工程施工,对施工中发现的房屋险情可先行处理,然后再由开列小修养护单的管理人员变更或追加工程项目手续。

(4) 监督检查小修养护工程

在小修养护工程施工中,管理员应每天到小修工程现场解决工程中出现的问题,监督、检查当天小修工程完成情况和材料等的耗用情况。

7.2.2.5 房屋维修的费用

房屋的维修费用主要是指在房屋保养维修过程中所花费的人工、材料及设备使用等方面的费用。房屋保养与维修的费用管理要求物业管理企业根据物业管理委托合同及政府的有关规定,本着科学与合理的原则,核定及控制费用的来源及支出,以保证整个保养与维修工作的顺利开展。

房屋的保养与维修费用一般包括房屋日常养护费用及各种类型的维修费用。房屋日常养护费用主要是指物业管理人员用于检查、维护房屋公共区域及公共设施的费用,一般由管理费中支出;而房屋的维修费用则是用于房屋各种维修项目,包括紧急性维修项目与计划性维修项目的维修费用,也包括小修、中修、大修、翻修及综合维修的费用。

房屋的保养与维修项目可以是物业管理公司通过日常性巡访或计划组织的项目,也可以是用户随时报修的项目。这些项目既包括房屋公共区域及公共设施的保养与维修项目,也包括用户单元内部的保养与维修项目。根据权利与义务相一致的产权理论,作为物业管理企业首先应科学界定不同项目的费用承担者。一般的原则是:

(1) 房屋公共区域及公共设施的各种保养与维修费用,一般由物业管理企业承担。

(2) 用户拥有单元内的保养与维修费用,原则上由用户自行承担;在保修期内,且属于保修范围的维修费用,则由开发商或施工单位承担。

(3) 对于公共区域及公共设施的维修,如果是人为原因,即使是房屋保修期内保修项目的维修费用,也均由责任者承担。

房屋保养维修费用管理的另一个内容,是合理监督和控制各项保养与维修费用的支出额,特别对于中修以上的维修工程应严格按照国家及地方政府的有关规定,结合各种材料、人工及设备使用的价格水平,合理征收或支付各项保养维修费用,以保障广大用户的利益。

第三节 房屋维修工程的组织与管理

大中修房屋和房屋更新改造工程由于工程量大、范围广、费用高,对这些工程的组织和管理工作的好坏直接影响到业主和物业管理公司的经济利益,因此,物业管理企业必须对大型维修工程加以重视。一般的房屋维修工程,涉及业主、物业管理公司以及维修工程公司三个主体,同时涉及技术和事务两方面的工作。物业管理公司是业主与维修工程公司这两个主体之间的桥梁,处于中间的管理位置,承担的是维修工程的事务管理和维修工程技术管理,因此,必须以物业管理公司为核心,负责房屋维修工程的全过程。

大型房屋维修工程的组织与管理分为三个阶段:计划阶段、实施阶段和整理阶段。

7.3.1 计划阶段的工作内容

计划阶段的工作主要包括房屋的劣化诊断、工程方案的制订及维修工程招标3个方面。

7.3.1.1 房屋的劣化诊断

房屋的劣化诊断可以利用房屋质量等级鉴定和房屋安全检查的结果,也可以单独进行。诊断房屋劣化的方法主要是工程技术人员用眼光判断的"目视调查",同时结合用手"触诊",根据目视和触诊,把诊断部位的劣化项目制成建筑物劣化状况明细表(图),以供制定维修方案时参考。

7.3.1.2 工程方案的制订

在劣化诊断的基础上,物业管理公司可以拟定具体的维修工程方案,即根据房屋劣化的状况来确定房屋维修工程的规模、材料、经费和管理事项。房屋的劣化诊断和工程方案的制订和监管是一项技术要求很高的工作,如果物业管理企业没有足够的人力资源承担该项工作,可以外聘相应的顾问公司承担。

7.3.1.3 维修工程招标

房屋维修工程方案完成并得到认可后,物业管理公司就要着手进行维修工程的招标工作,以合理选择优良的施工队伍。包括两方面的工作:一是招标文件的制作;二是招标的实施。

(1) 招标文件的制作

招标文件的内容主要有两部分内容,第一部分是列明甲乙双方在合约中的责任条款,第二部分是详细列明工程技术上的规格要求。招标文件可以由物业管理公司的专业工程人员或顾问公司来拟定,并经公司相关领导确认。

(2) 招标的实施

① 招标方式的确定。招标的实施首先是确定招标的方式:邀请招标还是公开招标。两种方

法各有利弊,采用哪种方法要视实际情况或业主的要求而定。

② 投标者资格审查和考核。投标者的资格审查,主要就是根据招标书的要求审核投标者的企业资质、财务信用等;考核就是到投标者的现场查看施工企业的素质和业绩。这部分也作为评标的一部分内容。

③ 开标和评标。根据国家招投标有关法规,由物业管理公司或其所聘请的顾问公司组成的招标工作组组织开标和评标。在约定的时间和地点,在投标单位代表均在场的情况下,由招标工作组负责开标。针对开标的结果,物业管理公司或顾问公司进行分析,并对投标单位进行面对面的质询,在综合投标价、施工单位的能力及以往业绩的基础上作出最终中标者的决定。

7.3.2 实施阶段的工作内容

该阶段的工作又可以分成施工前、施工中和施工后三个阶段。

7.3.2.1 施工前的工作

在施工前应做好以下两项工作:

(1) 对《施工计划书》进行再确认

《施工计划书》应记载的主要事项包括:

① 工程概要:工程名称、地点、发包单位、施工单位、监理单位、工期、工作条件、工程内容等。

② 施工组织体制:施工现场体制、紧急联络体制。

③ 施工管理的措施和手段:现场的管理人员、现场的管理制度和表格、检查和监控制度、工程例会制度等。

④ 安全卫生管理:房屋住用者及近邻的安全对策、施工人员的安全对策、防火防灾对策、工地卫生对策。

(2) 做好对业主及使用人的宣传工作

在施工前,物业管理公司需会同施工单位召开业主及使用人说明会或发送工程说明书,针对工程施工给业主及使用人带来的不便和需要业主及使用人配合的内容作详细说明。例如:脚手架搭建带来通风、采光及安全上的问题;因涂料和防水工程施工导致露台、晒台不能使用的时间和事先联系方式;外墙用高压水枪清洗时,门窗关闭以防漏水的安排;维修工程期间,车辆停放的安排及注意事项等。

7.3.2.2 施工中的工作

施工中,应做好以下工作:

(1) 施工技术管理

① 提出工程应达到的质量标准以及保证质量、安全的技术措施。

② 拆建工程和减轻对毗邻房屋影响的安全技术措施。

③ 冬、雨季及夜间施工的技术措施。

④ 针对质量通病采取的预防技术措施。

⑤ 旧料利用的技术措施等。

(2) 过程检查和技术复核

施工现场管理人员要随时对工程的质量和进度进行检查和复核,特别是对关键部位的质量检查和复核工作。

(3) 施工材料的检查验收

施工材料的好坏,对施工质量的影响极大。因此通常施工现场管理人员比照设计和工程合同的要求,对进入工地时或使用时的各种材料的品种、规格、质量进行严格把关。有的材料还要与工地办公室封样的样品进行比对或抽样送检,以判断产品的真伪。

7.3.2.3 施工后的工作

施工后的工作就是进行维修工程的竣工验收。办理竣工验收手续,要求工程必须符合房屋交验条件和质量检验标准。

(1) 房屋交验条件

房屋交验条件包括:
① 按维修设计方案完成所有的维修工程内容。
② 水、电、路通和供热通风等恢复正常。
③ 竣工图等技术资料齐全。

(2) 质量检验标准

根据国家关于房屋维修工程的质量评定标准,对工程质量分为"优良"和"合格"两种。由物业管理公司、监理公司及施工单位等采用多种检测手段和科学方法对工程质量进行严格的核验。

7.3.3 整理阶段的工作内容

在房屋维修通过竣工验收后,施工单位与物业管理公司办理维修房屋的交接手续。其间,双方共同查验以下资料:
(1) 工程质量保证书
(2) 房屋维修工程合同
(3) 施工计划书等工程量文件
(4) 房屋劣化调查报告
(5) 工程记录以及监理报告书

第四节 房屋维修考核与评价

7.4.1 房屋维修考核标准

7.4.1.1 基本质量标准

房屋修缮的基本质量标准按主体工程,木门窗及装修工程,楼地面工程,屋面工程,抹灰工程、油漆粉刷工程、水、电、卫、暖等设备工程、金属构件及其他等 9 个分项工程进行确定。

(1) 主体工程

主体工程主要指屋架、梁、柱、墙、屋面、基础等主要承重构件的维修。当主体结构损坏严重时，不论修缮哪一类房屋，均应要求牢固、安全、不留隐患。

(2) 木门窗及装修工程

木门窗应开关灵活，不松动、不透风；木装修应牢固、平整、美观、接缝严密。一等房屋的木装修应尽量做到原样修复。

(3) 楼地面工程

楼地面工程的维修应牢固、安全、平整、不起沙、拼缝严密不闪动，不空鼓开裂，地坪无倒泛水现象。如厨房、卫生间长期处于潮湿环境，可增设防潮层；木基层或夹砂楼面损坏严重时，应改做钢筋混凝土楼面。

(4) 屋面工程

屋面工程必须确保安全、不渗漏、排水畅通。

(5) 抹灰工程

抹灰工程应接缝平整、不开裂、不起壳、不起泡、不松动、不剥落。

(6) 油漆粉刷工程

油漆粉刷工程要求不起壳、不剥落、色泽均匀，尽可能保持与原色一致。对木构件和各类铁构件应进行周期性油漆保养。各种油漆和内、外墙涂料以及地面涂料，均属保养性质，应确定养护周期，达到延长房屋使用年限的目的。

(7) 水、电、卫、暖等设备工程

房屋附属设备均应保持完好，保证运行安全，正常使用。电气线路、电梯、安全保险装置及锅炉等应定期检查，严格按照有关安全规程定期保养。对房屋内总电气线路破损老化严重、绝缘性能降低的，应及时更换线路。当线路发生漏电现象时，应及时查清漏电部位及原因，进行修复或更换线路。对供水、供暖管线应做保温处理，并定期进行检查维修。水箱应定期清洗。

(8) 金属构件工程

金属构件工程应保持牢固、安全，不锈蚀，损坏严重的应更换，无保留价值的应拆除。

(9) 其他工程

对所管辖区域的院墙、院墙大门、院落内道路、沟渠下水道、窨井损坏或堵塞的，应修复或疏通。庭院绿化，不应降低绿化标准，并注意对庭院树木进行检查、剪修，防止大风暴雨时对房屋造成破坏。

7.4.1.2 基本效率标准

物业管理公司有了房屋修缮的基本质量标准后，还应该有房屋修缮的基本效率标准。因为有了基本效率评价标准，物业管理公司就可以根据这些效率标准来评价考核其内部各部门的表现，然后确定什么样的维护维修方案执行得最好并且确定在部门内怎么实施这些最佳措施。

(1) 时间标准

房屋修缮工程的时间标准可以是计划完成时间或预算完成时间或同行同类工程完成的时间等。具体计算时可通过计算延期维修积压率来考核,也可按通过按时完成的维修工程数来考核。一般可按维修工程的类别分别进行分析考核评价。

① 小型维修工程可按接受调查的客户的满意度与总调查服务数的比较来进行。

② 中型、大型和翻修及综合维修工程可将实际完成进度与计划、预算或其他类似工程的完成进度进行比较。

(2) 成本标准

房屋修缮工程的成本标准可以是预算数、计划数、过去同类工程的实际数或同行同类工程的实际数。可以列出分类的成本降低额或成本降低率和总的成本降低额或降低率,然后将好的评价与总的评价数的比例算出,进行分析考核评比。

(3) 资金占用标准

房屋修缮的效率标准还可以用维修资金的占用标准来表示。可以计算出在一段时间内房屋修缮占用的资金与总的房屋修缮资金的预算数的百分比来分析考核评价。

7.4.2 房屋维修考核的考核评价指标

房屋维修工程考核评价的指标是考核房屋维修工程数量、质量及房屋维修管理服务质量的重要指标。主要有以下几种指标:

(1) 房屋完好率

房屋完好率是指房屋主体结构完好,设备完整,上、下水道畅通,室内地面平整,能保证业主及使用人安全和正常使用的完好房屋和基本完好房屋数量(建筑面积)之和与物业房屋总量(建筑面积)之比。一般要求房屋完好率达到 50%~60%(新房屋除外)。房屋完好率可用下列公式表示:

$$房屋完好率 = \frac{完好房建筑面积 + 基本完好房建筑面积}{物业房屋总建筑面积} \times 100\%$$

(2) 房屋维修工程量

房屋维修工程量是指全年完成综合维修和大、中修工程数量(以建筑面积表示)之和与全年维修平均人员数之比。用公式可表示为:

$$房屋维修工程量(m^2/人年) = \frac{年综合维修房屋建筑面积 + 年大中修房屋建筑面积}{年全部维修平均人员数}$$

这里的全部维修平均人员数包括维修和管理人员,但不包括从事新建房屋的工程队人员。房屋维修数量中不包括翻修工程数量和小修工程数量。

一般要求房屋维修工程量为 $100 \text{ m}^2/人年 \sim 150 \text{ m}^2/人年$。

(3) 大、中修工程质量合格(优良)品率

大、中修工程质量合格(优良)品率是指报告期经评定达到合格(优良)品标准的大、中修单位工程数量(以建筑面积表示)之和,与报告期验收鉴定的单位工程数量之和的百分比。用公式可表示为:

$$大、中修工程质量合格（优良）品率 = \frac{报告期评定为合格（优良）品的单位工程建筑面积之和}{报告期验收鉴定的单位工程建筑面积之和} \times 100\%$$

一般要求大、中修工程质量合格品率达到100%，优良品率达到30%~50%。

(4) 小修养护及时率

小修养护及时率是当月（季）完成的小修户次数与当月（季）全部报修中的应修户次数之比。用公式可表示为：

$$小修养护及时率 = \frac{当月（季）完成的小修养护户次数}{当月（季）全部检修报修中的应修户次数} \times 100\%$$

式中，当月（季）全部检修报修中的应修户次数是指剔除了经专业人员实地查勘后认定不属于小修养护范围，并已作其他维修工程安排的和因故不能安排小修的报修户次数。一般来说，月（季）小修养护及时率要达到99%以上。

(5) 走访查房率

走访查房率是指物业管理公司每月（季）走访查房户数与所辖区内住（用）户总户数之百分比。用公式可表示为：

$$月（季）度走访查房率 = \frac{当月（季）走访查房户数}{辖区内住（用）户总户数} \times 100\%$$

在计算走访查房率时，若在月度（季度）内走访同一户超过一次的均按一户计算。一般要求管理员月度走访查房率大于50%以上，季度走访查房率等于100%。

(6) 维修工程成本降低率

维修工程成本降低率是指维修工程成本降低额与维修工程预算成本额之比。用公式可表示为：

$$维修工程成本降低率 = \frac{维修工程成本降低额}{维修工程预算成本额} \times 100\%$$

一般要求维修工程成本降低率为5%~8%。

(7) 年职工负伤事故频率

年职工负伤事故频率是指本单位全部职工在全年（报告期）生产和工作岗位上发生的负伤事故人次数与本单位全年（报告期）全部职工平均人数之比。计算公式有两种：

① $$年职工负伤事故频率 = \frac{全年发生的负伤事故人次}{全年全部职工平均人数} \times 1000‰$$

② $$年职工负伤事故频率 = \frac{报告期发生的负伤事故人次}{报告期全部职工平均人数} \times 1000‰$$

一般要求年职工负伤事故频率小于3‰。

案例　物业维修管理

某大楼402室与502室是上下邻居，最近两家为502室卫生间渗水到402室的卫生间而争吵。502室认为自己为这事已经向物业管理公司报修三次了,每次物业管理公司维修人员来修过后,只能保持一星期左右,因此他们也没有办法。这次由于为此事争吵得厉害,物业管理公司派了经验丰富的工程师前来维修,经过检查发现事故起因是排水管道内有异物,要打开402室的吊顶上的管道检修孔才能彻底疏通,但402室装修时将吊顶固定住了,未留检修孔,要维修必须打开吊顶,而402室认为这样吊顶会"破相"而不愿意。

一天中午,某大楼301室业主报告楼上发水,已经殃及自家。物业公司一面派人到现场,一面与401室业主联系。结果发现现场情况很严重,但无法联络到401室的业主,而且又赶上是中午时分,关闭供水总闸影响太大。

这样的事情,物业管理公司该如何处理?

复习思考题

1. 房屋维修的分类有哪些?
2. 房屋维修有哪些特点?
3. 房屋维修管理有哪些特点?
4. 简述房屋维修的内容的分类及各自的差别。
5. 简述房屋的保养工作的内容。
6. 房屋维修工程的考核指标有哪些?

第八章 物业设备管理

物业的附属设备是房产物业的有机组成部分,它与房产物业协调一致,紧密配合,才能充分发挥房产物业的功能和作用。物业附属设备的管理在物业管理工作中占有很大的比重,一般情况下,物业建筑面积在5万平方米以上的大楼,物业管理公司替大楼业主管理的固定资产就达千万元以上,这些固定资产除了房产以外,主要是电梯、中央空调、发电机组、消防控制中心和通风、照明以及进出大厦的监控系统等,对它们的维护和保养是物业管理公司的主要任务之一。在现代物业管理中,物业管理人员必须熟悉和掌握物业内设施设备的原理性能,了解物业设备设施及其管理的内容和方法,研究如何最有效地发挥其功能,提高其效率,在此基础上,尽可能地减少劳动力和物资的消耗,包括能源消耗和材料消耗等。同时通过维修和保养,保持所有的物业设施处于良好的技术状态。

第一节 物业设备管理概述

8.1.1 物业设备及其管理的含义及作用

8.1.1.1 物业设备的含义

物业设备是指附属于房屋建筑的各类设备的总称,它是构成房屋建筑实体的不可分割的有机组成部分,是发挥物业功能和实现物业价值的物质基础和必要条件。因为在现代城市里,没有水、电、煤等附属设备配套的房屋建筑,不能算是完整的房屋;同时,设备设施的不配套,或配套的设施、设备相对落后,也会降低房屋的使用价值和价值。因此,从法律意义上来说,房屋的设备和设施,是属于构成房屋所有权的不可分割的定着物(固置物)。

随着社会经济的发展和现代科技的进步,物业设备的种类日益增多,使用领域不断拓宽,新型产品纷纷涌现,使得物业设备、设施更为合理、完备和先进,并向多样化、综合化的设备设施系统发展,从而为人类提供更加优越的生活环境和条件。在当代城市中,物业设备设施的重要性已远远超过以往任何一个时期,并成为反映一个城市在经济、科技、文化与生活等方面发展水平的一个重要特征和人类物质文明进步的重要标志。物业设备配套的完备性、合理性与先进性为人们改善房屋建筑性能及住用环境提供了一种物质基础和条件。物业设备的发展,不但使人们对物业设备的功能要求逐步提高,也对物业设备的管理提出了更高的要求。

8.1.1.2 物业设备管理的含义和作用

(1) 物业设备管理的含义

物业设备管理就是指以一定的科学管理程序和制度,按照一定的技术管理要求,对各种物业设备的日常运行和维修维护进行管理。物业设备的日常运行管理和维修维护管理既可统一,也可分开。物业设备不能正常运行或经常损坏,会使房屋不能发挥其良好的住用功能,这样的物业肯定是不健全的,物业管理也是没有成效的,业主和使用人更是不会满意的。因此物业设备的运行和维修维护管理是保障房屋功能正常发挥的有力保证,也是物业管理工作的重要内容。

(2) 物业设备管理的作用

① 物业设备管理是人们正常生产生活学习的有力保障。物业设备不仅是人们生产生活和学习正常进行所必需的物质基础,也是影响工业、商业发展和人们生活水平提高的制约因素。物业设备的运行和维修维护管理的好坏与否,直接影响到房屋的各项住用功能和住用水平的正常发挥,影响人们生产生活和学习的正常进行。没有良好的设备设施的运行和维修维护管理,就不能提供给人们安全、舒适、健康的生产生活和学习环境,就不能使人们安居乐业。所以良好的物业设备的管理是人们进行正常生产生活学习的有力保障。

② 物业设备管理是延长设备使用寿命,保障设备安全运行的保证。良好的物业设备管理,可以保证设备在运行中的安全和技术性能的正常发挥,并能使其寿命延长。因为物业设备会因长期使用、自然作用或使用不当等原因而发生磨损、毁坏,而加强物业设备的日常运行维护管理就可以避免因设备设施使用不当引起的损坏,并保障了安全运行;加强设备的维修管理就可以提高设备的性能,排除运行故障,避免事故发生,从而提高了设备的使用效益,为企业和业主节约了资金,提高了生产经营效益和居民的生活居住水平,也为实现物业的保值增值打好了基础。

③ 物业设备管理是推动房屋建筑设备现代化的基础。随着社会经济的发展、科学技术的进步以及人们对高品质生活的追求,房屋建筑设备也向着先进、合理、完备、多样化、综合性和系统化的方向发展。如智能化建筑的建造,就涉及通讯系统、安全监控系统和设备监控系统等。这些高科技设备的应用,必须要有良好的设备管理基础,对先进的设备不仅敢用、会用,而且能用好。因此,良好的物业设备管理,是推动房屋建筑设备现代化的基础。

④ 物业设备管理是提高业主经济效益的关键。业主的经济效益体现在两个方面,一方面是物业设备的寿命周期成本即购置成本和使用成本降低,另一方面是物业保值和增值。物业设备的成本一直是物业成本的最大构成部分之一。现代化的物业设备管理,是一种全过程的综合管理,也就是对设备的设计、制造、采购、安装、调试、使用、维护保养、检修、更新改造和报废等整个过程的管理。这使得物业设备不仅在技术上要始终处于最佳的运行状态,而且在经济上也要求总的寿命周期成本最低。由于设备的正常高效运行,提高了物业的住用条件、改善了住用环境,为物业的保值和增值打下了基础。

8.1.2 物业设备的构成

物业设备是根据用户要求按不同物业的用途而设置的,因此,不同用途的房屋有不同的物业设备。如一般住宅中的物业设备有水、电、煤、卫、电梯等设备系统组成,而现代化综合性的办公大楼还有中央空调、自动报警器、办公自动化的通讯网络和各种电子信息设备等。一般来说,物业设备可分为卫生设备和电气工程设备两大类。卫生设备包括给排水设备系统、燃气设备系统及暖通空调设备系统；电气工程设备包括供配电设备系统、照明设备系统、自动控制设备系统、运输设备系统和防雷装置等。

8.1.2.1 给排水设备系统

房屋的给排水设备系统是为房屋用户提供足够数量的，符合水质标准的生产或生活用水，同时将使用过的污、废水进行一定的净化处理后，进行排放或重复使用的系统。它包括给（供）水设备、排水设备、热水供应设备及消防设备等。

（1）房屋的给水设备

房屋的给水设备也称供水设备，是用来满足房屋用户生活、生产及消防等用水需要的设施的总称。它一般由室外给水设备与室内给水设备两个部分组成，两部分缺一不可。

① 室外给水设备。室外给水设备是指从水源取水，并将其净化并达到水质要求后，经输配水管网设备送至用户（物业）的设施。室外给水设备通常是城市市政配套设施的一个重要组成部分，与室外排水设备、煤气供应设备和城市道路设备等构成了一个整体，所以，室外给水设备设施的建设与运行一般由城市供水部门（自来水公司）统筹安排并实施。

原则上，室外给水设备由城市供水部门负责保养与维修管理，物业管理者主要是根据物业周围的给水设备及给水条件，结合物业实际，合理地利用现有的室外给水设备。但对于专业物业管理，则应包括对管辖区域内的室外给水设施进行保养与管理，并充分注意与城市供水部门的协调，及时反映室外给水设备运行中的问题与缺陷，以保证物业室外给水设备的正常运行。

② 室内给水设备。室内给水设备是将室外给水设备提供的水引入室内，并在满足用户对水质、水量及水压等要求的基础上，把水送到各配水点，包括龙头、用水设备及消防设备等。

室内给水设备一般由引入管、水表、节点、给水管网、配水设施及给水设备附件等组成。通常，室内给水设备按供水对象的不同，可以分为生活给水设备、生产给水设备及消防给水设备。其中生活给水设备主要用于供应生活饮用水，水质应符合国家饮用水质标准；生产给水设备主要供应生产用水，其水质、水量及水压等条件要根据生产性质及要求而定；而消防给水设备则主要用于消防，其对水质无特殊要求，但对水压、水量往往有较高的要求。

室内给水方式是根据物业性质、高度、配水点的布置情况及室内所需水压，结合室外管网水压及水量等因素，来决定给水设备的布置形式。一般物业的给水方式有以下几种：简单给水方式、水泵与水箱给水方式和分区给水方式。

• 简单给水方式是直接利用室外给水管网的水压及水量，为物业各配水点供水的方式。这种供水方式只有在室外管网的水压在任何时候都能满足室内管网任何一点所需的水压及水量时才能使用，一般仅适用于楼层少，且对供水要求较低的物业。

• 水泵与水箱给水方式是利用室外供水设备及室内供水设备中的水泵与水箱的配合而使用的，或利用室外供水管网的压力及水箱向物业供水，或利用水泵直接供水。这种供水方式主要适用于室外管网压力经常性或周期性不足，室内用水很不均匀的多层民用建筑。如果室外管网的压力大部分时间不足，且室内用水量大且均匀时，则可采用单设水泵的给水方式。

• 分区给水方式是将房屋分成若干分区，分别设置分区水泵与水箱，并利用分区水箱向分区内的各配水点供水的方式。这种给水方式主要用于高层物业中，这是因为高层物业楼层多且高及用水设备、设施多等特点。采取分区给水方式一方面可以减少水压过大可能对管网带来的不利影响,如水管爆裂,用水设备、配件易损及用水过程中产生噪声和振动等情况,另一方面可以节省水泵耗电,符合经济性要求。分区给水方式根据分区水泵及水箱设置的不同形式,又可以分为分区并联给水方式、分区串联给水方式及分区减压给水方式。

③ 消防给水设备。消防给水设备主要用于房屋的消防灭火,物业消防给水设备的设置主要取决于城市消防队的灭火能力。通常,消防给水设备包括室外消防给水设备及室内消防给水设备。

对于低层建筑物,由于消防车可以直接利用室外给水管网的压力,用于扑灭建筑物内任何地点的火灾,所以其消防给水设备比较简单,也称为低层建筑消防给水设备。而对于高层建筑物,由于建筑物高度超过消防车及云梯的灭火高度,这时建筑物应设置室内消防给水设备,以增加建筑物的消防自救能力,此种消防给水设备比较复杂,也称为高层建筑消防给水设备。

室内消防给水设备根据不同建筑物的消防灭火要求,可以分为普通消防设备、自动喷洒设备及水幕消防设备。其中普通消防设备也称为消火栓设备,该设备通常由水枪、水带、消火栓、管网及水源等组成,一般建筑内室内消火栓给水管网常与生活、生产用水共用一个管网设备。自动喷洒消防设备是一种特殊的消防设备,通常由喷水头、管网、信号阀和火警讯号器等组成。这种设备能在物业发生火灾时,自动喷水灭火并自动发出火警信号。此设备常设置于火灾危险性较大的建筑物内,并与消火栓灭火设备共同用于扑灭初期火灾。而水幕消防设备则用于防止火灾蔓延,或防止火焰窜过门、窗等,以阻止火势扩大。该设备通常由洒水头、管网和控制阀组成。

(2) 房屋排水设备

房屋排水设备是用来收集各种污水,进行必要的处理并进行排放的设施。它由排水管网和污水处理设备组成。整个排水设备应由室外排水设备及室内排水设备组成。一般房屋的排水设备排放的水包括生活污水、工业废水及雨水。我国当前的室外排水设备主要有合流制及分流制两种类型,其中合流制排水设备是将生活污水、工业废水和雨水在同一管渠内经一定处理排放的设备,而分流制排水设备是将生活污水、工业废水及雨水分别在两个或两个以上各自独立的管渠内排放的设备。

① 生活、生产污水排放设备。生活污水是人们日常生活中所产生的洗涤污水和粪便污水等,此类污水一般含有有机物及细菌。生产污(废)水是生产过程中所产生的污(废)水,这类污(废)水往往由于工艺的多样性,其成分十分复杂,或有大量细菌,或有大量固体杂质油脂,或有较强的酸碱性,甚至含有有毒成分。所以房屋的污(废)水排放应首先经适当处理,达到国家规定的污(废)水排放标准后,才能进入城市排水管网。

生活、生产污水排放设备一般由卫生器具、生产设备、排水横支管、立管、排出管、通气管、清通设备及某些特殊设备等组成。

需要指出的是,高层的室内排水设备需加设通气管,以排除排水立管内的气体。

② 雨水排放设备。雨水排放设备主要用于排放房屋屋面上的雨水和融化雪水。雨水排放设备的不正常运行,将直接影响屋面雨水及雪水的迅速排放,从而导致屋面积水及漏水,影响房屋用户的生活及生产。

房屋屋面雨水的排放方式,一般有外排水及内排水两种。外排水设备是目前国内大多采用的一种屋面雨水排放方式,包括水落管外排水和长天沟外排水。其中水落管外排水设备主要用于一般的居住建筑、屋面面积较小的公共建筑及单跨工业建筑;而长天沟外排水设备主要用于多跨工业厂房。外排水设备一般由檐沟(或天沟)、水落管、雨水口、连接管及检查井等组成。内排水设备目前国内采用较少,主要适用于采用外排水有困难的大面积建筑屋面及多跨的工业厂房,内排水设备一般由雨水斗、悬吊管、立管、地下雨水沟管及清通设备等组成。

8.1.2.2 燃气设备系统

燃气设备系统可以分成4类:调压设备、计量设备、用气设备和安全保护装置。

(1) 调压设备

在有些燃气用量很大的建筑物内,市政燃气需中压或高压输送供应。当用中压或高压供应燃气,而使用压力仍为低压时,为保证用气设备前的燃气压力稳定在允许范围内,应增加调压设备,包括调压器、调压箱和调压站。

(2) 计量设备

计量设备就是燃气表。燃气表由燃气公司负责按要求配置、安装和调试,在日常使用中也由燃气公司负责管理。

(3) 用气设备

用气设备包括家用的和商用的设备。家用的用气设备有燃气灶具、烤箱和热水器等。商用的用气设备有炒菜灶、蒸锅灶、烤炉和开水炉等。用气设备和供气管道在使用前必须按标准进行施工验收,在一定的压力下气密性良好,不能有泄漏现象。家用热水器必须性能良好,并设有自动点火、自动熄火保护和缺氧保护等安全装置。

(4) 安全保护装置

为了预防系统或用气设备漏气,可以在有用气设备的房间内设置燃气泄漏报警器及自动切断器等安全保护装置。

8.1.2.3 暖通空调设备系统

舒适、优雅的工作和生活环境离不开对室内空气的调节,空气调节不仅要保持室内空气的洁净、流通,而且要保持一定的室内气温。事实上,混浊的空气或者过高与过低的温、湿度都会对人的身体及工作效率有很大的影响。而且由于现代化物业大厦越来越多地采用了高技术设备,而有些设备,诸如计算机系统等对室内空气环境有一定的要求,不适宜的温度与湿度都会严重影响设备寿命与使用状态,所以,熟悉物业的暖通空调设备系统,并对其进行有效的保养与维修管理,这对于物业管理来讲是不可缺少的管理内容。

暖通空调设备系统又称空调系统,按照其调节的范围可以分成集中式空调系统和分体式空调系统;按照其功能,又可以分成供暖设备、制冷设备和通风设备。集中式空调系统一般具有调控范围大、效果明显、档次高等特点,但它一般又需要较高的装置费与运行费用,所以,它被一些档次较高的物业,如高档的酒店、商厦、办公大楼等普遍采用;而分体式空调系统往往具有调节范围小、效果相对差等特点,但其装置费与运行费较低,这种系统一般被住宅房屋以及一些单元分割完整的物业单元采用。

集中式空调系统的基本原理是利用抽风机,将室内空气抽到空气调节室,通过过滤洗涤后,将其与室外的新鲜空气混合,并进行降温或升温处理,然后再利用抽风机将其输送到物业房屋的各个区域,达到空气调节的效果。

分体式空调系统是简单利用空气压缩机制冷或加热,循环室内空气,同时通过空气过滤除湿等环节,达到控制室内温度与湿度的目的。

暖通空调设备从功能上可分为:

(1) 供暖设备。是指房屋设备中用于供暖的部分,包括锅炉、壁炉、水汀片、回龙泵、鼓风机等。

(2) 供冷设备。指房屋设备中可使空气流动、冷却的部分。其设备主要有冷气机、空调机、深井泵、冷却塔、风扇及回龙泵等。

(3) 通风设备。是指房屋设备中的通风部分,它包括通风机、排气口及一些净化除尘设备等。

8.1.2.4 照明设备系统

照明设备系统不仅可以为人们创造良好的光照条件,还可以利用光照的方向性和层次性等特点渲染建筑物,创造奇特的光环境。照明设备系统主要由照明装置和电气部分组成,照明装置主要是灯具,电气部分包括照明开关、线路及配电盘等。照明按照其用途可以分成:

(1) 工作及生活照明系统。工作及生活照明系统是保证人们的工作及生活能正常进行所采用的照明系统。工作照明是电气照明的基本类型,该类照明还包括室外的一般警卫照明、检修时用的移动照明等。

(2) 事故照明系统。事故照明系统分备用照明及紧急照明两种。当正常照明因某事故中断时,备用照明可供继续使用,如计算机房、电话交换机房等都有备用照明;紧急照明用于房间、走道、楼梯和安全门等处供疏散用。

(3) 障碍照明系统。障碍照明系统安装在高层建筑的顶部和外侧上部转角处,作为航空障碍的标志。

(4) 装饰照明系统。房屋的装饰照明系统是指用于制造和形成某种装饰效果的照明系统。一般的装饰照明系统根据不同的应用场合,可以分为节日彩灯、泛光照明及专用彩灯等。其中节日彩灯主要用于勾画房屋的轮廓,显示建筑物的艺术造型,通常用防水彩灯安装,其耗电大,维护管理简单,且效果较差,所以目前使用已越来越少。泛光照明则是从不同的位置用泛光灯从不同的角度照射房屋,其耗电少,维护管理简单,且效果较理想,所以目前应用越来越广泛。而专用彩灯则通过图案及色彩,来体现气氛,广泛应用于喷泉、娱乐场所照明。

8.1.2.5 供配电设备系统

房屋的供配电系统主要是指接受电源输入的电力,并进行检测、计量、变压和输送等,然后向用户和用电设备分配的系统的总称。

我国的用电电压标准一般有 3 类,一是额定电压为 100 V 以下,主要用于安全照明,如蓄电池等;二是额定电压为 100 V～1 000 V,主要用于低压动力及一般照明,建筑电气系统的用电电压常属这一类;三是额定电压为 1 000 V 以上,主要用于高压用电等。通常,一般工业与民用房屋的电源引入方式主要有 3 种,一是引入单相 220 V 电源,二是引入两相 380 V～220 V 电源,三是引入三相高压 6 kV 或 10 kV 电源,具体应视房屋规模及用电设施和设备情况而定。

物业房屋供配电系统的配置应视电网供电电压与用电电压是否一致,确定是否选用变压器。

并根据供配电过程中的电力输送、检测、故障保护等要求,合理选择并设置诸如由母线、导线和绝缘子组成的电气装置,通断电路设备,检修指示设备,电压电流互感器,故障保护设备,雷电保护设备,限制短路电流设备等电气设备等。通常将这些电气设备安装在配电箱中放至配电室。有的大型物业还需设置变压器,这样就形成了由高、低压配电室、变压室等组成的变配电室。

8.1.2.6 自动控制设备系统

房屋的自动控制设备系统是指利用先进的电子技术,建立由计算机网络统一管理的系统,也称"5A"型智能化建筑设备系统。由于建筑的类型、等级不一,所以,许多建筑只配有其中的一部分。为了了解现代建筑的发展方向,我们对此系统作全面的介绍。自动控制设备系统主要包括:信息通讯系统、设备控制系统、保安和车库管理系统、消防监控系统及办公自动化系统。

(1) 信息通讯系统

信息通讯系统主要由有线通讯、无线通讯、卫星接收和共用天线、广播和音响、同声翻译设备等组成。

① 有线通讯主要有电话交换机系统和有线对讲系统两种形式。它们一般由配电站、电话站及通讯电缆等组成,一般由专线供电,以避免一般供电系统故障或电压波动等产生的通讯影响。而电话站通常又由交换机室、配电室、测量室、电池室及电缆进线室等组成。

② 无线通讯是指建筑区域内的无线通讯。包括无线呼叫(BP机)和无线对讲两种形式。无线呼叫的设备有配线架、电话交换机、BP发射机、放大器和天线等;无线对讲设备有主机、手机、放大器和天线等。

③ 卫星接收和共用天线,包括卫星接收系统和共用天线系统。卫星接收系统的设备包括抛物面型天线、变频器、功分器、接收器及制式转换器等;共用电视天线系统也称CATV系统,它一般由信号源设备、前端设备、传输分配系统3个部分组成,其中信号源设备主要包括接收天线、录像机及其他自办节目制作设备。前端设备主要包括用于处理、分配信号的天线放大器、频道转换器、混合器、分配器、稳压电源及自动关机装置等。而传输分配系统又称为用户系统,主要包括用于将讯号输送给用户的信号电缆、分支器、用户讯号插座及阻抗变换器等。CATV系统在不同的物业中组成形式也有所不同。有的小型物业仅仅设置用户系统。CATV系统效果明显,使用方便,维护简单,但作为管理来讲要特别注意系统的防雷及天线的防腐,注意定期检修。

④ 广播和音响。该系统是指在大型房屋内部,为满足紧急通知(如消防疏散等)、信息广播(新闻、通知等)及播放音乐等需要设置的系统,一般由音源、线路和放音设备组成。音源是指收音机、录音机、唱碟机等;放音设备是指音响喇叭或客房内多功能床头柜控制的收音机。

⑤ 同声翻译是在高标准的宾馆和办公楼内为进行国际会议或活动而准备的设备。一般包括接收器、发射器、调制器、控制器、录音机和翻译机等。

(2) 设备监控系统

设备监控系统对大楼内所有机电设备实行集中监控和管理,使设备始终处于所设定的最佳运行状态,以延长设备使用寿命和节约能源及人力资源。设备监控系统主要由以下部分组成:

① 中央电脑。由计算机、彩色显示器及打印机组成。

② 通讯设备和接口。由控制中心到各现场的传输线路组成。

③ DDC现场控制器及控制部件。DDC现场控制器以独立的方式完成数据采集、转换和传

递，以及执行控制中心指令对所控制的设备进行启停和参数调节，它包括探测器、转换器、传感器和继电器开关等。

（3）保安和车库管理系统

保安和车库管理系统可以分为闭路电视监控系统，门禁、报警及巡逻系统，访客和报警系统，车库管理系统。

① 闭路电视监控系统。闭路电视监控系统主要是用于对主要通道、出入口和公共场所的情况进行监控的系统。其设备包括摄像机、音像分配器、切换器、录像机和电视机等。

② 门禁、报警及巡逻系统。门禁设备由门磁开关、电控锁、IC读卡等组成；报警设备由红外线及微波等各种类型的报警探测器组成；巡逻设备包括近距式密码感应器、便携式巡更器和手动报警器等。

③ 访客和报警系统。访客和报警系统由对讲话机、自动门、控制开关和警铃等组成。主要用于访客的身份确定和进入。

④ 车库管理系统。车库管理系统的功能主要是控制车辆的进出和车位的安排及收费。其主要设备包括读卡机、出票机、车辆感应器、栅杆和收款器等。

（4）消防监控系统

物业的消防报警系统是探测随着火灾产生和发展而出现的光、温、烟等参数，以期早期发现火情并及时发出报警信号，以便迅速组织人们疏散和灭火的一种设施的总称。消防报警系统一般应特别注意报警的准确性与可靠性，并注意防止漏报（有火灾而未报），尽量减少误报（无火灾而乱报），以减少不必要的混乱或不必要的损失。消防报警系统一般由探测设备、布线系统及报警控制器等设备组成。

（5）办公自动化设备系统

为了提高办公效率，保证办公质量，使各项业务活动和信息管理工作更加合理化、科学化、规范化和现代化，许多企事业单位引进了办公自动化系统。办公自动化系统由电脑、打印机、文字处理机、电话、传真机、绘图仪等设备组成。

8.1.2.7 运输设备系统

运输设备系统主要指房屋设备中的电梯和自动扶梯（还有自动人行道，但它的应用范围较小）。电梯和自动扶梯是物业中用于垂直运输的运载工具，主要用于方便人们上下楼或货物运输，这对于提高物业功能，改善工作、生活条件具有很大的作用。

电梯的应用范围很广，不仅是高层物业必不可少的设备，而且目前在多层物业中也很常见。电梯按用途可分为客梯、货梯、客货梯、消防梯及各种专用梯等。按驱动方式可分为交流电梯、直流电梯、液压电梯、直线电机驱动电梯。按速度可分为低速梯（速度低于 1 m/s）、中速梯（速度为 1～2 m/s）、高速梯（速度高于 2 m/s）。按控制方式分为信号控制、集选控制、微机程序控制和手柄控制等。电梯的组成部分一般包括：传动设备、升降设备、安全设备和控制设备等。自动扶梯主要用于相邻楼层的人流输送，可在很小的空间内运送大量的人员，常见于大型商场、酒店和娱乐场所等。

自动扶梯在构造上与电梯相似，但比电梯简单，主要由驱动装置、运动装置和支撑装置组成。

8.1.2.8 防雷设备

建筑物防雷设施有针式和栅式两大类,其中避雷针又可分为单支、双支和多支保护等几种形式。避雷设施一般由接闪器(避雷针、避雷带)、引下线和接地极组成。

不同用途的房屋建筑(构筑)物,应有不同的防雷等级要求。

一类建(构)筑物是指存放爆炸物品,或经常发生瓦斯、蒸气、尘埃与空气的混合物,因电火花能发生爆炸,致使建(构)筑物损坏和人员伤亡的建(构)筑物。

二类建(构)筑物是指储存大量易燃物品的房屋建(构)筑物或具有政治意义和历史文化底蕴的民用建筑物。

三类建(构)筑物是指不属于第一、第二类范围,而需作防雷保护的建筑物。

第二节 物业设备管理内容

从物业设备管理的全过程看,物业设备管理的范围很广,包括设备基础管理、运行管理、安全管理、维修管理、更新改造管理、备品配件管理和经济运行管理等。

8.2.1 物业设备的基础管理

物业设备的基础管理是指为实现物业设备管理目标及职能服务、提供有关资料信息依据、共同管理准则和基本管理手段的必不可少的基础管理工作。物业设备的基础管理工作包括以下 4 个方面。

8.2.1.1 资料档案管理

物业设备档案资料管理的基本任务有两个方面:一是做好设备技术档案资料的保管,二是为设备运行、维护、管理等提供信息资料。物业设备的档案资料主要包括:

(1) 设备原始资料

设备设施在接管后均应建立原始资料档案。这类档案主要有:验收文件,包括验收记录、测试记录、产品与配套件的合格证、订货合同、安装合同、设备安装图与建筑结构图、使用维护说明、遗留问题处理协议与会议纪要等。建立设备卡片,应记录有关设备的各项明细资料,如房屋设备类别、编号、名称、规格、技术特征、附属物所在地点、建造年份、开始使用日期、中间停用日期、原值和预计使用年限、预提大修更新基金、进行大修理次数和日期、报废清理情况等。

(2) 设备维修资料

重要设备维修资料档案管理主要包括以下内容:

① 报修单。报修单也可称为检查单,是物业管理公司在日常巡视检查或定期检查时填制的。有规律的检查可以避免许多潜在严重问题的发生。如果管理者带着检查清单视察,那么巡视范围将会更广泛,其中包括供热和通风机械、管道系统和下水处理设施等。每次维修检查时填写报修单,每月统计一次,每季装订一次,物业维修管理部门负责保管以备存查。

② 运行记录。值班人员填写的设备运行记录每月一册,每月统计一次,每年装订一次,由物

业管理公司设备运行管理部门保管好以备存查。

③ 检查记录。是指平时进行的设备检查记录,由管理部门统一保管。

④ 运行月报。是指管理部门每月上报一次运行情况总结,每年装订一次以备存查。

⑤ 考评材料。是指定期或不定期检查记录奖罚情况、先进班组、个人事迹材料,每年归纳汇总一次并装订保存。

⑥ 技术革新资料。是指设备运行的改进、设备革新、技术改进措施等资料,由设备管理部门汇总存查。

8.2.1.2 标准化管理

物业设备标准化管理的基本任务有两个方面:一是为设备管理职能的实施提供共同的行为准则和标准;二是为设备的技术经济活动提供基本的依据和手段。设备管理的标准主要有两类:技术标准,如各类设备的验收标准、完好标准、维修等级标准等。管理标准,如报修程序、信息处理标准、服务规范及标准、考核和奖惩标准等。

8.2.1.3 规章制度建立

设备管理制度主要包括:责任制度,如岗位责任制度、记录和报表制度、报告制度、交接班制度和出入登记制度等。运行管理制度,如巡视抄表制度、安全运行制度、经济运行制度、文明运行制度及值班制度等。维修制度,如巡检和保养制度、定期检查和保养制度、预防检修制度、备品配件管理制度、更新改造制度与维修费用管理制度。其他制度,包括基础资料管理制度、节能管理制度、培训教育制度、设备事故管理制度及奖惩制度。

8.2.1.4 教育培训

教育培训工作分为两类:

(1) 设备部门的员工教育培训

对设备部门员工的教育培训包括技术培训和职业道德规范教育。主要是提高他们的技术水平、工作能力、工作态度和责任心。

(2) 其他员工及业主和使用人的宣传教育

主要是要求他们爱护设备并合理和安全使用设备的宣传教育。

8.2.2 物业设备的运行管理

物业设备的运行管理是指设备在日常运行与使用过程中的各项组织管理工作,主要包括以下几方面的内容:

(1) 优化劳动组织

优化劳动组织的具体任务是:一要合理配置劳动力,二要采取合理的劳动组织形式。具体来说包括3方面的工作:

① 定员工作。是指根据劳动分工特点、设备运行和管理的需要,合理确定工作岗位的人数。其主要方法有按设备定员、按岗位定员和按比例定员。

② 作业组的组织。是指为了便于管理和工作,考虑工作性质及管理幅度,对员工进行适当的编组。如电梯设备运行组、水电设备组、空调组等。

③ 工作轮班组织。是指解决设备的连续运行的人员安排问题,也就是劳动的时间组织问题。工作时间组织形式有单班制、双班制和三班制。除单班制以外,都需要妥善解决轮班组织问题。

(2) 严格执行设备运行管理制度

要保证设备的正常可靠高效地运行,必须严格执行各项设备运行管理制度。运行管理制度是全体员工的工作依据和准则,主要包括:设备操作规程、设备巡视工作制度、岗位责任制度、值班与交接班制度、记录与报表制度、报告制度和服务规范等。

8.2.3 物业设备的安全管理

物业设备种类繁多,涉及面广,具有一定的危险性。设备的安全管理不但要避免人身伤亡,还要减少设备维修损失、延长设备寿命。设备的安全管理主要涉及以下内容:

(1) 安全作业培训教育

设备维修操作人员是安全管理的重点对象,必须对其进行安全作业的培训教育。其培训内容有:安全作业训练、安全意识教育和安全作业管理。

(2) 安全使用宣传教育

对业主及使用人的安全使用宣传教育,主要是使他们了解安全使用知识,提高自我保护的安全意识,从而为安全管理建立广泛的群众基础。具体的做法可以根据不同设备、不同对象采取有针对性和灵活多样的形式。如张贴"使用须知",利用宣传栏,召开座谈会等方式进行安全使用设备的宣传工作。

(3) 安全管理措施建立

为了保证设备的安全、正常运行,还必须做好一系列安全防范措施,如安装安全保护装置,定期进行设备的安全检查和性能测试,制定设备的安全管理制度等。

(4) 安全责任制度落实

物业管理部门必须由主管领导负责安全管理工作,安全管理工作必须作为各级岗位责任制中的必不可少的内容,任何工作的检查和评比都必须有安全工作的内容等。要做到安全第一、安全管理人人有责,形成一整套的安全责任体系。

8.2.4 物业设备的维修管理

物业设备的维修管理是指对设备维修活动的组织、计划和控制。其内容包括维护保养和计划检修。

8.2.4.1 维护保养

(1) 维护保养的含义

物业设备的维护保养是一种养护性质的工作,其目的是及时处理设备运转使用过程中由于技术状态发生变化而引起的大量常见问题,如污染、松动、泄漏、堵塞、磨损、振动、发热或压力异常等,随时改善设备的技术状态,防患于未然,保证设备的正常运行,延长设备的使用寿命。维护保养的方式主要是"清洁、紧固、润滑、调整、防腐、防冻及外观表面检查"等。对不同类型的物业设备,应视其技术特点、使用条件的不同,分类、分片采取不同的有重点的保养措施。如对长时期运行的设备要巡视检查,定期切换,轮流使用,进行强制保养;对空调设备应在季节变化之前进行检查保养;对水箱类设备,需定期清洗、换水等。

(2) 维护保养的种类

① 日常保养。是指由使用设备的操作人员在设备正常运行中进行的保养工作。包括班前的外观检查和加油、水等,班中的巡视、记录各种异常现象,班后的清洁交班工作等。

② 定期保养。设备的定期保养是以操作人员为主,检修人员协助,有计划地将设备停止运行而进行的维护保养。设备的定期保养需要对设备进行部分的解体。定期保养是根据设备的用途、结构复杂程度、维护工作量及人员的技术水平等决定维护的间隔周期和维护停机时间。设备的定期保养能够消除事故隐患,减少磨损,延长使用寿命,发挥设备的技术功能和经济特性。

③ 设备点检。设备的点检就是对设备有针对性的检查。设备点检是对设备的运行情况、工作精确度、磨损程度进行检查和校验,是设备维修管理的一个重要环节。通过设备点检可以及时清除隐患,防止突发事故,不但保证了设备的正常运行,又为计划检修提供了正确的信息依据。

一些主要设备的制造厂商会提供该设备的点检卡或者点检规程,其内容包括检查的项目、内容、方法、周期及标准等。设备点检可以按照制造厂商指定的点检点和点检方式进行,也可以根据各自的经验补充增加一些点检点。设备的点检可分为日常点检和计划点检。设备的日常点检由操作人员随机检查;设备的计划点检一般以专业维修人员为主,操作人员协助进行,计划点检应该使用先进的仪器设备和手段,得到正确可靠的点检结果。

8.2.4.2 计划检修

根据物业设备运行规律及计划点检的结果对设备确定检修间隔期,以检修间隔期为基础,编制检修计划,对设备进行预防性修理,这就是计划检修。实行计划检修,可以在设备发生故障之前就对其进行修理,使设备始终处于完好能用状态。

(1) 计划检修的理论依据

设备的计划检修是以设备的磨损理论和故障规律为依据的。根据磨损理论,设备的磨损大致可分成3个阶段(如图8.1所示):

① 初期磨损阶段。主要是由于设备内部相对运动的零件表面较粗糙,在受力的情况下迅速磨损。这一阶段的磨损速度较快,但时间较短。

② 正常磨损阶段。这一阶段的磨损速度较平稳,磨损量增加缓慢。这是设备的最佳技术状态时期,其功能与效用的发挥最正常。

③ 剧烈磨损阶段。这一阶段是进入设备寿命的后期,磨损量急剧增加,设备的性能、精确度迅速降低。若不及时修理,就会发生故障。

根据故障理论,设备的故障率的发生次数及发展变化,大体可分为3个时期(如图8.2所示):

① 初期故障期。这一时期故障发生的原因多数是由于设备的设计制造缺陷;零件抱合不

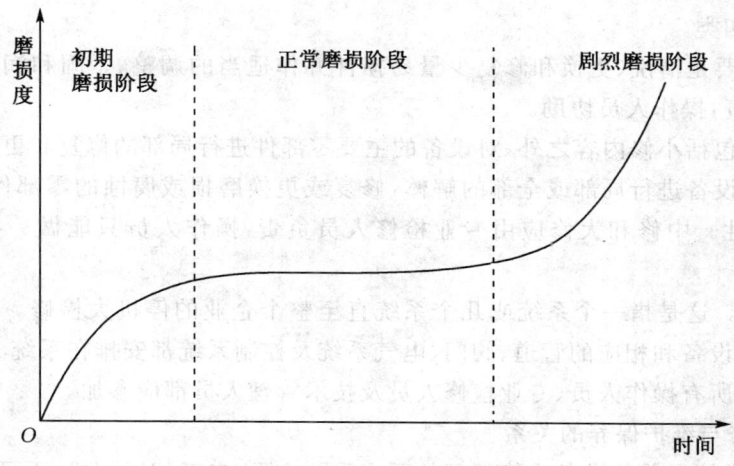

图 8.1 设备磨损理论曲线

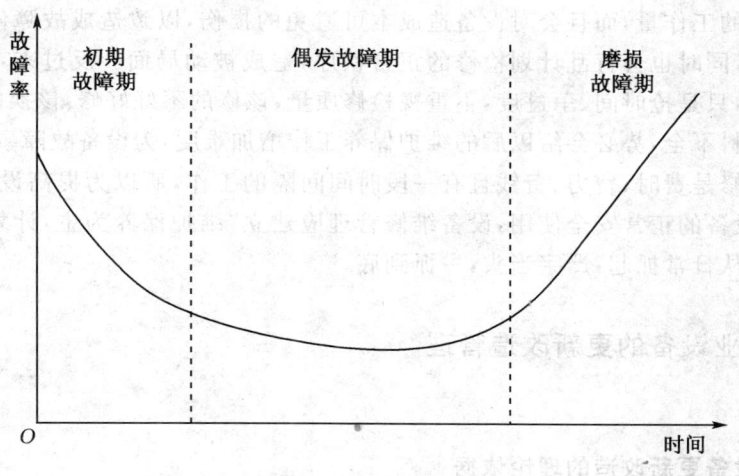

图 8.2 设备故障理论曲线

好;搬运、安装时马虎;操作者不适应等造成。这一时期的重点是做好运输、安装、调试、验收工作,并仔细研究、正确掌握设备的操作方法。

② 偶发故障期。这一时期处于设备正常运行阶段,故障率最低。偶发的故障往往是由操作者的失误或疏忽造成。这一时期工作的重点是加强操作管理和日常的维护保养。

③ 磨损故障期。这一时期故障率高,主要是由于磨损、腐蚀老化所引起的。要降低故障率,就必须在零件达到使用期限之前进行更换与修理。这一时期的重点是进行预防维修和改善性维修。

根据上述两种理论,可以知道磨损和故障发生的规律,为设备的预防性计划维修作出合理的安排。

(2) 计划检修的种类

根据设备检修的部位,修理工作量的大小及修理费用的高低,计划检修可以分成小修、中修、大修和系统大修四类。

① 小修。主要是清洗、更换和修复少量易损件并作适当的调整、紧固和润滑工作。小修一般由维修人员负责，操作人员协助。

② 中修。除包括小修内容之外，对设备的主要零部件进行局部的修复和更换。

③ 大修。对设备进行局部或全部的解体，修复或更换磨损或腐蚀的零部件，力求使设备恢复原有的技术特性。中修和大修应由专业检修人员负责，操作人员只能做一些辅助性的协助工作。

④ 系统大修。这是指一个系统或几个系统直至整个企业的停机大检修。系统大修的范围很广，通常将所有设备和相应的管道、阀门、电气系统及控制系统都安排在系统大修中进行检修。系统大修过程中，所有操作人员、专业检修人员及技术管理人员都应参加。

(3) 计划检修与维护保养的关系

计划检修与维护保养是设备维修管理的两个重要方面，二者相辅相成，不可偏废。这是因为如果设备维护保养马虎，对发现的问题不能及时处理，则小问题将发展成大问题，此时再检修时，不但增加了检修的工作量，而且会对设备造成本可避免的损伤，以致造成故障停机，甚至会因此影响设备的寿命，同时也会打乱计划检修的正常秩序，造成被动局面。反过来，如果检修人员在进行设备检修时，只是抢时间、争进度，不重视检修质量，该修的不好好修，该换的零件也不换，修理后的记录等资料不全，势必会给以后的维护保养工作增加难度，为设备故障事故的多发埋下隐患。由于计划检修是费时、费力、费钱且有一段时间间隔的工作，所以为提高设备维修管理的成本效率，为保证设备的正常安全使用，设备维修管理应建立"维护保养为主，计划检修为辅"的原则，从小事抓起、从日常抓起，严字当头，一抓到底。

8.2.5 物业设备的更新改造管理

8.2.5.1 设备更新改造的理论依据

设备的寿命原理是设备更新改造的重要理论依据。设备的寿命通常可以分成设备的物质寿命、技术寿命和经济寿命。设备的物质寿命是指设备从开始使用到报废为止所经历的时间；设备的技术寿命是指设备从开始使用到因技术落后而被淘汰为止所经历的时间；设备的经济寿命是指设备从开始使用到因经济上不合算而停止使用所经历的时间。所谓经济上不合算是指设备继续使用所需的维修费用大于其继续使用所能产生的效益。设备物质寿命的长短主要取决于设备本身的质量以及运行过程中的使用、保养和修理。设备技术寿命的长短取决于社会技术进步和技术更新的速度和周期。设备的经济寿命与设备本身的物理性能、技术进步的速度及设备使用的外部环境变化都有关系。一般来说，设备的技术寿命、经济寿命要短于其物质寿命，设备的经济寿命要短于技术寿命。

由上述设备寿命理论可见，在进行设备的改造与更新决策时，不能单考虑设备的物质寿命，还要考虑设备的技术寿命和经济寿命。因为设备经济寿命的确定，通常以设备的物质寿命年限为基础，通过确定一个设备维修费用的经济界限来确定。所以，设备的经济寿命是设备更新的主要依据，设备更新的最佳更新时期，应首选设备的经济寿命年限。

8.2.5.2 设备更新改造的类型

设备的更新改造分成两类：设备的更新和设备的改造。

（1）设备更新

设备更新是指以新型的设备来替代原有的老设备。原有的老设备在使用相当一段时期后，会因磨损等各种原因降低设备的技术性能和使用价值，影响运行效率，增加检修费用。如果设备的损坏已非常严重，达到了它的技术寿命或经济寿命，这时必须考虑设备的更新。

设备更新有原型更新和技术更新两种形式。

设备的原型更新是指相同型号规格设备的以旧换新，即购买一台相同的新设备来代替原设备。原型更新比较方便简单，操作、维修、管理都不需大的变动。但这种形式不利于提高设备的技术性能和设备管理的业务水平。

设备的技术更新是指采用技术上比较先进、使用操作上比较方便，经济上比较合理，管理上比较进步的新型设备来代替原来使用的老设备。这种更新形式真正达到了设备更新的目的，它对设备的操作、维修、管理人员提出了较高的要求，有利于企业的发展。

（2）设备改造

设备改造是指应用现代科学的先进技术，对原有的设备进行技术改造，提高设备的技术功能及经济特性，以适应现代企业发展的要求。技术改造是在原有设备的基础上进行的，花费的技术改造费用一般比设备更新要少得多，因此，只要通过技术改造能达到同样的目的，一般就不采用设备更新的方式。

设备技术改造的途径主要有：

① 对设备的结构作局部改进。
② 增加新的零件和各种装置。
③ 对设备的参数、容量、功率、转速、形状和外形尺寸作调整。

对设备进行技术改造，首先要对原设备进行分析论证，编制改造方案。

8.2.5.3 设备购置的技术经济评价

物业设备的更新，即设备的购置既是物业设备管理中的一项技术性工作，也是一项物业投资的经济性活动。因此对于设备，特别是大型设备的购置必须进行技术经济论证，以保证技术上先进、经济上合理、功效上适用的目的，方能获得业主的认可和批准。技术经济评价考虑的因素主要有以下3个方面：

（1）技术性要求

从技术角度考虑，必须考虑的因素有：功能、可靠性、安全性、耐用性、节能性、环保性和可操作性等。

（2）适用性要求

要考虑设备的用途和功能与物业的总体功能要求及装修等级、使用环境等方面的要求协调一致；与此同时，设备的用途和功能能满足业主和用户的需要及要求。

（3）经济性要求

从经济角度考虑，要求设备的寿命周期总费用最低。即在设备选择时，既考虑设备的购置费用,还要考虑设备的使用费用。因此,要作多方案的比较和经济性评价,由此做出合理的选择。

设备购置多方案比较的经济性评价方法主要有年费法和现值法。这两种方法在本质上是一样的,都考虑了资金的时间价值,区别只是将资金放在哪个时间点上计算的问题。

① 年费法。这种方法就是将各种方案的一次性投资费用,用投资回收系数折算成每年的投资费用支出,加上每年的使用费用,估算出每年总费用支出,然后对各方案的年总费用作比较而作出抉择。其数学表达式为:

$$设备的年总费用 = CF(A/P, i, n) + CV$$

式中,CF——设备初期投资费用;

CV——设备的年均使用费;

$(A/P, i, n)$——投资回收系数(i 为折现率,n 为设备使用年限)。

② 现值法。这种方法就是将每年的平均使用费,用年金现值系数折算成投资初期的现值总额,再加上初期的投资费,估算出寿命周期总费用的现值后进行方案比较。其数学表达式为:

$$设备的寿命周期总费用现值 = CF + CV(P/A, i, n)$$

式中,$(P/A, i, n)$ 为年金现值系数。

8.2.6 物业设备的备品配件管理

设备在运行过程中要使故障得到及时的维修,必须储备一定的备品配件并对其进行管理。

8.2.6.1 备品配件管理的原则

备品配件管理的原则是,既要科学地组织备件储备,及时满足设备维修的需要,保证设备维修的质量和进度,又要将储备的数量压缩到最低限度,降低备件储备费用,加快资金周转。其目的是为了:把突发性故障所造成的停机损失减少到最低程度;把设备计划检修的修理时间和修理费用降低到最低程度;在合理供应的基础上,把备品配件的库存量和储备资金压缩到最低程度。

8.2.6.2 备品配件的技术管理

备品配件的技术管理应由专业技术人员负责,包括备品配件范围确定、备件图纸的收集和测绘整理、确定备件来源的途径和方法、确定合理的储备定额和储备形式、编制备件卡和备件台账,为备件的制造,采购、库存提供科学的依据。

(1) 备件的确定依据

易磨损的零件和使用寿命小于大修理间隔期的其他易损件;制造周期长、加工复杂或需要协作解决的零部件;有较多同类型设备的零部件;停止运行会带来很大的影响的重要设备的主要零部件应确定为备件。

(2) 备件储备的计算公式

① 备件的年平均消耗量:$N_0 = A \cdot K/P$

式中,N_0——备件的年平均消耗量(件/年);

A——具有相同备件的设备台数;

K——每台设备中相同的备件数;

P——备件的平均使用寿命。

② 备件的年储备量：$N_1 = N_0$

式中，N_1 为备件的年储备量。

③ 备件的订购量：$N_2 = N_0 \cdot T$

式中，N_2——备件的订购量（件）；

T——备件的订购周期（年）。

订购周期是指从备件图纸提出到备件入库的全过程所花的时间。影响订购周期的因素很多，主要有备件制造加工的难易程度和交通运输的便捷与否。订购周期可以小于1，如订购周期为3个月，则计算为0.25年。

④ 备件的最低储备量：$N_3 = 0.25 N_1$（件）

式中，N_3——备件的最低储备量。

⑤ 备件的最高储备量：$N_4 = N_2 + N_3$（件）

式中，N_4——备件的最高储备量。

第三节　主要物业设备的维修、保养与管理

8.3.1　给排水系统的维修、保养与管理

给排水系统不仅是一个城市不可缺少的基础设施，也是一幢房屋的主要组成部分。房屋综合使用功能及价值的发挥离不开一个完善的给排水系统。房屋给排水系统的维修与管理作为物业管理的一个重要内容，应引起物业管理者的足够重视。

房屋给排水系统的保养与维修管理包括房屋给水系统、排水系统及各种给排水设施的保养与维修管理。物业管理者应组织专门的保养与维修管理人员，定期对房屋给排水系统及设施进行保养，并建立严格的值班制度。当班管理人员应对当班的给排水系统进行巡查，按规定的时间与路线进行认真巡检，发现问题或故障及时维修，以保证整个给排水系统的正常运行。

8.3.1.1　给水系统的维修、保养与管理

房屋给水系统的好坏将直接关系到人们的日常生活及生产。给水系统提供的水压、水量及水质条件将直接影响房屋的使用功能及使用效果，并在很大程度上影响物业的经济价值，而且饮用水的质量也会直接关系到人的身体健康。所以作为物业管理者应十分注意房屋给水系统的保养与维修管理，一方面需确保房屋供水的正常；另一方面，要确保房屋的饮用水和特殊生产用水的质量。

(1) 给水系统的保养与维修管理应注重整个给水系统，需对整个系统作定期的检查与保养，发现故障应及时修复，保证房屋给水系统的正常运行。

(2) 定期检查清洗贮水池及水箱，一般要求每年至少清洗两次，在清洗时应注意尽量避免影响用户的正常用水。

(3) 加强对水泵的检查、保养与维修。水泵是给水系统的关键设施之一，其运行正常与否将

直接影响整个房屋供水。为此,设备管理部门必须:
① 定期检查水泵的运行效果,一般需每月安排一次,发现故障或缺陷及时修复或调换。
② 定期(一般为每月一次)对水泵进行加油,并检验水压表,以保证足够的水压。
③ 定期拆洗离心式水泵,一般需隔 2~3 年拆洗 1 次。
④ 注意对水泵及备用泵之间的轮换使用,保证水泵的正常、平衡运转。
⑤ 保持水泵房的干净、整洁,使水泵处于一个良好的运行环境。
(4) 对具有净水系统的给水系统应注意保持净水系统的正常运转,要定期进行水质检查。
(5) 建立给水系统的报修制度。
(6) 定期检查、测试消防给水系统的状态。

8.3.1.2 房屋排水系统的保养与维修管理

房屋的排水系统是房屋给排水系统不可缺少的主要组成部分,房屋给水系统必须配有一个有效的排水系统,两大系统共同作用,互相配合。虽然排水系统一般要比给水系统简单,但排水系统的缺陷或故障也会严重影响用户的正常生活或生产,甚至会严重损害房屋的结构及使用效果。

通常,一般房屋排水系统的保养与维修管理应做好以下几个方面的工作:
(1) 定期对排水设施,包括地上部分及地下部分进行保养、维修和疏通清理,对用户申报或管理人员发现的排水设施漏水、堵塞等问题,应及时查明原因并组织维修,保证排水管网的畅通。
(2) 监督用户,不准向排水设施内乱扔杂物,以免发生堵塞,不准私自挪动、改装及加装排水设备。
(3) 餐饮服务、医疗等行业及单位食堂的排水,应设置诸如沉淀池及隔油池等局部处理设施,并定期检查、定时检测处理设施的运行状况。
(4) 监督用户,不准在排水设施的下水管网、窨井及化粪池的盖面上搭设棚屋和堆放过重物品,以免压坏排水设施。
(5) 防止污水管渠内出现淤塞及蚊虫滋生,防止污水外泄引起环境污染。
(6) 定期(一般为 3~5 年)对外露的排水管道进行油漆,以加强水管外层的保护及美观。
(7) 建立用户随时报修制度及管理人员的巡视制度,发现排水管网堵塞、外漏及有关设施出现故障,及时进行修复。

8.3.2 供电系统的维修、保养与管理

电力是物业用电系统的动力,是提供并改善物业内人们工作及生活条件,保证并提高物业使用功能和经济价值必不可少的基础条件;但电力也是非常危险的,使用不当或供电及用电设施的故障都可能引发严重的灾难。最常见的如:触电产生的人身伤亡;用电超载造成的火灾;供电系统故障、用电设施使用不当产生的财物损失等,其危害程度往往远远超过其他系统故障所造成的损失。所以,加强物业供电系统的保养与维修管理,保证安全正常的供电,有效地防止各种意外的发生,既是供配电系统的保养与维修管理的根本目的,也是其工作的出发点。

8.3.2.1 建立严密科学的组织保证体系

要有效地实施房屋供配电系统的保养与维修管理，必须要有科学严密的组织工作来保证，需要"专人与专管"，并建立、健全各种规章和制度。

（1）严格遵守国家、地方政府及电力部门制定的有关供电、配电、用电及保养、维修管理等方面的各项法规及行政规章，严禁违章供配电。

（2）设定专门的职能部门或配备专门人员负责整个物业的供配电的管理、保养与维修。

（3）负责供配电运作和保养维修的人员必须持证上岗，并做好相应的岗前培训，以熟悉物业供配电系统的各种情况和加强工作责任感。

（4）建立各项规章制度，并严格执行。如值班制度、交接班制度、安全操作规程、防火制度及清洁卫生制度等。

8.3.2.2 供配电系统日常保养与维修管理

供配电系统的日常保养与维修管理工作是一项频繁而持久的工作，要保证物业能安全、正常地供配电，必须注意以下几方面的内容：

（1）加强房屋配电房的管理，保持配电房安全、正常地供配电。主要包括以下一些工作：

① 定期打扫、清理配电房，保持配电房的干净、整洁，保证良好的照明、通风和适当的室温。

② 建立严格的配电房管理制度，实行值班与交接班制度，非值班或无关人员不得任意进入配电房。

③ 定期对配电房内的配电柜作全面的测试、检查，包括对配电柜作电流过载、漏电保护及供电电缆的绝缘性能的测试、检查，并注意定期清理、添加润滑油。

④ 定期检查并记录配电房设备的工作状况，一般每班巡查一次，每月仔细检查一次，半年检修一次，发现磨损严重或损坏的零部件要及时更换，改善设施的使用状态并延长其使用寿命。

⑤ 配电房内严禁乱接拉电线或改变线路布置，严禁乱用其他电器，如属必须用的电器，需报经公司主管经理同意。

（2）加强对物业供配电系统的日常保养与维修，主要的工作有：

① 定期巡视、检查物业公共区域供配电设施的运行状况，保持各开关箱、配电箱及其他供配电设施完好无损；平时应尽量上锁，以免产生意外。

② 建立健全用户报修制度，对来人来电报修，应及时登记并前往维修，维修结束后应做好工时与材料的统计工作，不能及时维修的应先妥善保持现场安全，然后再及时安排修复。

③ 检修人员在对供配电系统及设施进行检修时，必须使用电工绝缘工具，并在有关位置悬挂标志牌，以免发生危险；对在地下室、厨房、厕所等潮湿场地或夹层工作时，应注意先切断电源，不能断电的，至少应有两名检修人员在场一起工作。

④ 物业停电、限电之前，应提前通知用户，特别是一些关键部门或关键设备、设施的用户；如有可能，要及时启用备用电源或采用其他应急措施，以免造成伤亡或经济损失。

⑤ 物业恢复供电时，管理人员应及时通知各用户，及时做好受电准备；供电时还需注意供电情况，发现问题及时与供电部门取得联系。

⑥ 在特殊情况下，如用户临时装修施工或发生火灾、地震、水灾等情况下，应有切实可行的

管理措施或应急措施。

8.3.2.3 供配电系统管理有关规定
（1）配电房管理规定

① 负责供配电运作和维修的人员必须持证上岗，熟悉配电情况、操作方法和安全注意事项。

② 建立 24 小时运行值班制度，对配电装置及高压室经常进行巡查，做好每日巡视记录、值班记录及执行交接班制度。

③ 配电设备由专职人员负责管理和值班，配电设备的倒闸操作由值班员单独进行，其他在场人员只作监护，不得插手；严禁两人同时操作，以免发生错误。

④ 值班人员应密切注意电压表、电流表、功率因数表的指示情况；严禁变压器、空气开关超载运行。

⑤ 经常保持配电房地面及设备外表清洁无尘。

⑥ 停电时，应提前向用户发出通知；恢复送电时，在确认供电线路正常，电气设备完好后方可送电。

⑦ 供电线路严禁超载，配电房内禁止乱拉乱接线路。在夏季供电高峰时，应按负荷的需求，有计划地切换变压器。

⑧ 做好配电房的防水、防潮工作；堵塞漏洞，严防蛇、鼠等小动物进入配电房。

⑨ 保持配电房消防设施的完好齐备，保证应急灯在停电状态下能正常使用。

（2）发电机房管理规定

① 发电机房门平时应上锁，钥匙由配电房值班员管理，未经部门领导批准，非工作人员严禁入内。

② 配电房值班员必须熟悉发电机的基本性能和操作方法，发电机运行时应作经常性的巡视检查。

③ 平时应经常检查发电机的机油油位、冷却水水位是否合乎要求，柴油箱中的储备油量应保持能满足发电机带负荷运行 8 小时用油量。

④ 发电机每个月空载试运行一次，运行时间不大于 15 分钟，平时应将发电机置于自动启动状态。

⑤ 发电机一旦启动运行，值班员应立即前往机房观察，启动送风机，检查发电机各仪表指示是否正常。

⑥ 严格执行发电机保养制度，做好发电机运行记录和保养记录。

⑦ 定期清扫发电机房，保证机房和设备的整洁，发现漏油现象应及时处理。

⑧ 加强防火和消防管理意识，确保发电机房消防设施完好齐备。

（3）电气维修管理规定

① 电气维修人员必须持证上岗，严格按照国家部颁标准《电气安装工作规程》作业。

② 进行电气维修时，维修人员应穿戴好完整的防护用品，配备绝缘良好的电工工具。维修和保养电气设备时，应按要求做好保证安全的组织和技术措施。维修班班长应在分配工作的同时向维修人员说明工作中的安全注意事项，并在工作中检查、监督执行情况。

③ 在配电干线、变压器、低压配电箱上作业时，应设专人看护，并至少由两人协同进行。

④ 一般情况下,应尽量避免带电作业;若因特殊需要必须带电作业时,应装设隔离挡板,并有专人看护。

⑤ 在一经合闸即可送电到工作地点的开关和刀闸的操作把手上,应悬挂"有人作业,禁止合闸"的标志牌。

⑥ 维修或保养后的电气设备或线路,在检查无误、拆除所有安全措施和全体维修人员撤出工作现场后,方可送电。

8.3.3 空调系统的维修、保养与管理

空调系统的装置与保养并无严格的法规限制,但一般都会对一些公共物业或客流较大的场所,诸如办公楼宇、餐厅、舞厅、商厦及影剧院等要求装置空调系统,同时对于空调系统的设计,提出了一定的控制要求:室内气温能够保持在19~23℃;相对湿度保持在40%~70%;新鲜空气供应时为4~6个换气量/小时;通风时大于8升/人·秒。而对于有吸烟的情况,通风时应控制在16~25升/人·秒。

空调系统的保养与维修管理目前尚无明确的规定,但对于一般物业的空调系统,保养维修管理的作用是显而易见的。要保证系统的正常运行,必须进行严格的保养维修,特别是一些采用密封设计的物业大厦,空调系统的故障将会使用户与使用者产生巨大的损失,因为在这种情况下,物业大厦的空气供应主要是依靠空调系统的运行。

8.3.3.1 空调系统的保养与维修管理工作内容

(1) 指定专人负责物业空调系统的保养与维修管理,或者委托具有资质的承包商负责空调系统的保养维修管理工作,也可外请部分保养维修管理人员作为顾问,协助进行。

(2) 严格培训空调系统工作人员,使其熟悉物业空调系统的基本构成及操作,掌握基本的保养与维修管理技术,提高他们的责任心和工作能力。

(3) 制定严格的空调系统操作规程,指定专人负责空调系统的运作。

(4) 加强对空调系统日常运行的观察与检查,发现异声及故障后要及时关机检修,不可带故障运行,以免带来更大的损失。

(5) 定期清洗空气过滤装置,并对整个系统进行定期擦洗或抹油等。

(6) 科学制定物业空调系统的保养维修计划,并注意系统功能的改革。

(7) 加强能源管理,保持空调系统的经济运行。

8.3.3.2 空调系统操作、保养和维修的基本内容

(1) 熟悉空调设备的工作原理及操作方法,制定相应的操作规程并严格执行。

(2) 定期巡查、记录设备运转情况,使设备的润滑油、水、制冷剂等保持正常范围。

(3) 机组运行时,应注意观察仪表读数是否处于正常范围内;如果不正常,应及时调整,必要时可关机,以防事故发生。

(4) 定时检查各风机、水泵的运转情况,有无杂音、振动、渗水情况,并定时加润滑油及检修。

(5) 定期检查各风机、冷却塔皮带的松紧情况,磨损太大时应及时更换。

(6) 定期巡查各管网有无裂缝或漏水、堵塞现象,有问题应及时排除,保证水管畅通。

(7) 定期检查清理过滤器中积存的尘埃和杂物,对风管中的各种风阀要定期检查,防止卡死。

(8) 根据锅炉用水量,定期清洗保养锅炉、软化用水装置。

(9) 定期检查锅炉燃烧室及烟道的炭灰,防止积存太多。

(10) 每年停炉期间,对锅炉进行全面保养,彻底清除水垢及杂质,对安全阀、转动机械及其附属设备进行检修。

8.3.3.3 空调系统工作制度

(1) 空调工对当班空调系统的运转负有完全责任。领班应组织好空调工按照巡回检查制度的要求,定时对外界及各空调区域的温度、相对湿度进行监视,根据外界天气变化及时进行调整,努力使空调区域的温度、相对湿度符合要求的数值范围。

(2) 严格执行各种设备的安全操作规程和巡回检查制度。

(3) 坚守工作岗位,任何时间都不得无人值班或擅自离岗,值班时间不得做与本岗位无关的事。

(4) 值班人员必须掌握设备运行的技术状况,发现问题立即报告,并及时处理,且在工作日记上做好详细记录。

(5) 负责空调系统的日常保养和一般故障检修。

(6) 值班人员违反制度或失职造成设备损坏,将追究其责任;操作人员应认真学习专业知识,熟悉设备结构、性能及系统情况,做到故障判断准确,处理及时。

8.3.4 电梯的维修、保养与管理

电梯是高层建筑中不可缺少的垂直运输设备,因此,电梯的维修、保养与管理便成为物业管理中的一项重要内容。能否保证电梯的正常使用,关系到使用者的方便和舒适程度,而电梯的质量问题和运行故障更会对人民的生命财产安全产生重大影响。因此,物业管理公司必须加强对电梯的安全使用和保养维修的管理。

8.3.4.1 电梯维修等级、周期和要求

(1) 小修

小修指对电梯日常的维护保养,其中包括排除故障的急修和定时定点的常规保养。因故障停梯接到报修后,维修人员应在 15 分钟内到达现场抢修。常规保养分为周保养、半年保养、年保养 3 个等级。

(2) 中修

中修指电梯运行较长时间后进行的全面检修保养,周期一般定为 3 年。但第 2 个周期是大修周期,如进行大修则免去中修。

(3) 大修

大修指中修后继续运行 3 年时间,因设施磨损严重需要更换主机和较多的机电配套件,以恢

复设备原有性能而进行的全面彻底的维修。

（4）专项修理

专项修理指不到中、大修周期又超过小修范围的某些需及时修理的项目，如较大的设备故障或事故造成的损坏，称专项修理或专项大修。

（5）更新改造

电梯连续运行超过15年以上，如主机或其他主要配套件磨损严重，不能修复又无法更换（旧型号已淘汰或已换代）时，就需要进行改造或更新。对只要更换主要设备如牵引、控制等设备的称为改造。如整台电梯需要更换的称为更新。更新的周期因保养水平的不同而有很大的差别。

8.3.4.2 电梯机房管理规定

（1）每周对机房进行一次全面清洁，保证机房和设备表面无明显灰尘，机房及通道内不得住人、堆放杂物。

（2）保证机房通风良好，风口有防雨措施，机房内悬挂温度计，机房温度不超过40℃。

（3）保证机房照明良好，并配备应急灯、灭火器和盘车工具挂于明显处。

（4）毗邻水箱的机房应做好防水、防潮工作。

（5）机房门窗应完好并上锁，未经部门领导允许，禁止外人进入，并注意采取措施，防止小动物进入。

（6）《电梯困人救援规程》、规定及各种警示牌应挂于显眼处。

（7）按规定定期对机房内设施和设备进行维修保养。

（8）每天巡视机房，发现达不到规定要求的及时处理。

8.3.4.3 电梯安全管理规定

（1）电梯工必须持证上岗，无证人员禁止操作。

（2）电梯工每天对各电梯全面巡视一次，发现问题及时通知有关人员处理。

（3）工程部经理在周检时，组织人员对电梯进行一次全面检查，发现安全隐患，立即组织整改。

（4）工程部经理组织人员按有关规定对电梯分包方进行评审，评审合格后方能承担电梯维修保养工作。

（5）电梯工和机电工程师负责对电梯保养和维修工作质量进行检验。

（6）统一设立报警点，保证电梯发生故障时能接到警报。

（7）在电梯机房和值班室悬挂《电梯困人救援规程》，电梯发生困人故障时，严格按规程执行。

（8）经劳动局检测不合格、未取得《准用证》的电梯严禁投入使用。

8.3.4.4 电梯维修保养安全规定

（1）电梯在维修保养时，停止运载乘客或货物，并必须在该梯基站放置"检修停用"、在电梯开关上悬挂"有人工作，禁止合闸"等告示牌。

(2) 检修时,应由主持和助手协同进行,并保持随时互相呼应。检修人员作业时应穿工作服,高空作业应系安全带,上下交叉作业应戴安全帽。

(3) 在机房维修保养时,应先断开机房总电源,然后才能进行各掣板的清理、保养等工作,严禁用湿毛巾擦机身。

(4) 在轿顶工作时,应断开轿顶急停开关或安全联动开关;在箱内工作时,应断开轿箱操纵盘内的运行电源开关;在底坑作业时,应断开底坑检修按钮箱的急停开关或限速器张紧装置的开关。

(5) 轿顶作业时,应将各厅门关好,作业人员不准将任何部位伸出护栏。严禁作业人员双脚分跨在厅坎和轿箱内工作,或双脚站在厅坎,身体趴在轿顶工作。严禁开启厅门探身到井道内或在轿厢顶探身到另一井道检查电梯。

(6) 严禁维修人员拉吊井道电缆线,以防电缆线被拉断。

(7) 底坑作业时使用的手灯必须带护罩,并采用 36 V 以下的安全电压。并随时清理废油等易燃品,禁止吸烟和使用明火。

(8) 非维修保养人员不得擅自进行维修作业,工作完毕后要装回安全挡板,清理工具,不得将工具留在设备内。离去前拆除加上的临时短路线,电梯检查正常后方可使用。

案例　物业设备管理

物业公司为节约开支,采取了不少节电措施,包括在外界气象条件恶劣(温度高尤其湿度大即又闷又热)时,在机组运行只是接近并未超过规定的参数时,减少空调运行台数,这样的节电运行效果是显著的,你认为该物业管理公司这样的能源管理措施是否恰当?会带来什么影响?

小区业主吴先生,因公司生意到南方出差,回到家发现自己室内地板全部被水泡坏,后来得知,是物业公司供暖前试水时,自己家中漏水。吴先生认为,物业公司应当赔偿其损失。你认为物业公司是否有过错,是否应当赔偿吴先生的损失?

复习思考题

1. 简述物业设备管理的含义和作用。
2. 物业设备有哪些主要构成?
3. 给排水设备系统的组成有哪些?
4. 燃气设备系统的组成有哪些?
5. 暖通空调设备系统的组成有哪些?
6. 照明设备系统的组成有哪些?
7. 简述物业设备的基础管理的内容。
8. 简述物业设备的运行管理的内容。
9. 简述设备更新改造的理论依据与类型。

第九章 物业管理资金的筹集与使用

第一节 物业管理资金的筹集

资金是物业管理公司进行正常有效运作的基础和必要条件。资金来源的稳定与充足与否，直接影响着物业管理的效果和质量。物业管理公司的创建，开展物业的日常维修养护和更新改造业务，进行清洁卫生、绿化、治安车辆等综合管理，购置工器具、设备、材料等经营管理服务要素，都不能没有一定数量的资金；运用规模经济，发展企业多元化经营，提高技术管理服务水平，更要追加投资。多种渠道筹集资金是物业管理公司资金运动的起点，也是决定资金运动规模和物业经营管理发展进程的重要环节。通过一定的资金渠道，采取一定的筹资方式，组织资金供应，是保证企业物业管理活动的需要，也是物业管理公司财务管理活动的一项重要内容。

9.1.1 物业管理资金筹集概述

9.1.1.1 物业管理公司筹集资金的要求

（1）合理确定资金需求量，控制资金的投放时间

任何一个企业无论通过什么渠道，采取什么方式筹集资金，都应该先确定资金的需要量，物业管理公司也是如此。筹集资金尽管要多层次、多渠道地去筹集，要广开财路，但必须要有一个度，要有一个合理的界限。资金不足，当然会影响物业管理的效果和质量，进而会影响物业管理的发展；而资金过剩不仅会使物业管理公司的收费失去合理性、依据性，也会影响资金的使用效益。管理资金的预算定额是物业管理公司供应资金和使用资金的标准。物业管理公司在确定资金的需要量、测算资金的预算定额时，应遵循"量入为出"的原则。通过既科学合理，又适当简化的方法来测定预算支出定额，从而确定资金的需要量。此外由于不动产与设备设施具有逐步损耗的特点，不同年份、不同月份验收的物业所需要的管理维修资金是有很大差别的，新的物业所需要的管理维修资金相对旧的物业要少一些，因此物业管理公司不仅要掌握全年全部物业管理维修更新所需的资金投入量，而且要测定不同月份不同物业的管理维修更新资金投入量。合理安排资金的投放和回收，控制资金的投放时间，减少资金占用，加速资金周转，提高资金的使用效益是搞好物业管理的关键。

（2）以"谁受益，谁负担"的原则确定物业管理的收费标准

由于全国各地的经济发展水平不同，市场经济的发展程度、经济承受能力也不同，各地的物业管理技术服务水平有高有低，各种不同类型、性质、特点的物业其管理要求也不尽相同，因此各地、各种不同物业的管理收费标准是各不相同的。为使管理费的收取标准合理化、规范化，在确定构成物业管理公司收入来源的管理服务费标准时，应充分考虑不同类型、性质、特点的物业，不

同服务对象不同消费层次的需求,以及不同的物业管理服务水平和服务质量技术水平等,多层次地筹集资金,以适应不同消费层次的不同管理服务的要求。在各地区,对一般物业正常运作的日常管理维护费,由各地区政府制定最高限价;对各种不同类型、性质、特点的物业,可按不同的管理服务要求和不同的技术管理服务水平,分层次、分等级地确定收费标准;对要求享受特定服务项目和特约服务项目的,应收取相应的特约维修管理服务费,以反映不同服务有不同价值。

(3) 以"一业为主,多种经营"的原则,周密研究确定资金投向,提高资金的使用效益

资金的投向决定资金需要量的多少,又决定资金的使用效果。物业管理公司对物业及其附属设施的日常维修养护、更新改造等都必须进行可行性研究,认真测算各种可预见和不可预见的费用开支,确定预算总额,依据"量入为出"的原则,核定收费标准,估算经营效益,实行经济核算,使自身的资金在循环运动中不断地增值。目前物业管理服务费不可能执行太高的收取标准。为求企业经营上的平衡,物业管理公司就应该以"一业为主,多种经营"的原则来确定企业的经营策略,广开财路,周密研究资金投向,在保证物业管理正常运作的前提下,发展多种经营,将资金投向与物业有关的其他各种业务上,如房屋买卖租赁的代理、咨询和中介、房屋估价与装修等,也可投向一些投资回报率高而风险又小的行业。这样物业管理公司不但可以通过多种经营取得经济效益,提高企业的资金使用效率,而且服务范围的拓宽也可减少企业风险,达到资金流动增值的目的,从而实现自我完善、自我发展的目标。筹资是为了投资,在一般情况下企业总是先确定有利的投资方向,有了明确的资金用途,然后再选择筹资的渠道和方法,要防止把资金筹集与资金投放分割开来的做法。

(4) 认真选择筹资来源,力求降低资金成本

物业管理公司作为具有法人资格的经济实体,无论通过何种渠道,运用何种方式筹资,都需要付出一定的代价,即资金成本,包括资金占用费和资金筹集费。资金占用费包括股利、借款利息、债务利息等;资金筹集费包括股票、债券设计印刷费、发行手续费、注册费、借款手续费、担保费、律师费等。不同资金来源的资金成本各不相同,资金取得的难易程度也不一样。为此,物业管理公司要选择最经济方便的资金来源。在实际工作中,每一种筹资方式往往各有其优缺点。有的资金供应比较稳定,有的资金取得比较方便,有的资金不能延长归还,有的资金成本比较低,有的筹集巨额资金比较有利,有的取得少量资金有利。因此必须综合考虑各种筹资渠道和筹资方式,研究各种资金来源构成,力求筹资方式的最佳组合,以便降低综合资金成本。

(5) 妥善安排自有资金比例,适度负债经营

负债经营是指企业依靠债务资金开展物业管理经营活动,这是现代企业不断发展壮大的一种经营手段。因为向金融机构借入资金的借款利息和向社会发行债券的债券利息可以在税前列入成本,免缴一部分所得税,企业由此可获得部分免税收益,能相对提高自有资金利润率,并且可缓解物业管理中自有资金不足的矛盾,从而保证在物业经营管理活动中资金充足,使物业的经营管理过程不会因为资金短缺而中断。一般来说,在物业项目的经营管理中,经营管理者自有资金所占的比例越少,其投资利润率就越高。若同一物业的两个管理方案所获利润均为500万元,A方案所需投入自有资金1 000万元,B方案需投入自有资金2 000万元。即使物业管理公司可提供2 000万元的自有资金,他也愿意选择A方案。A方案的自有资本利润率为50%,而B方案的自有资本利润率为25%。因此,物业管理公司情愿用2 000万元去承接两个或更多的物业管理业务,而不愿意集中投资于这一个物业上。当然如果负债过多,不仅会发生筹资风险,而且会

削弱企业自负盈亏的能力,甚至由于丧失偿债能力而面临破产。因而物业管理公司在实行负债经营时必须适度,这样才能既利用负债,又避免可能发生的筹资风险。此外,企业在实施负债经营策略时,还必须以一定的自有资金为前提,借入款项应该用于经济效益较好、投资回报率高的行业项目,以求借入资金成本率低于资金利润率和项目投资收益率,避免债务投资收益不能应付借款本息。总之,物业管理公司在采用负债经营策略时,既要利用负债经营来提高自有资金利润率,又要维护企业财务信誉,减少筹资风险。

9.1.1.2 物业管理资金的性质

(1) 物业管理的对象和目的决定了物业管理资金的性质

不同的物业对物业管理的方式、方法和要求各不相同,物业管理的目的也不一样,与之相对应的物业管理资金的性质也各不相同。例如,住宅和旅馆酒店是两种不同的物业,前者是消费型,后者属经营型的收益性物业。前者主要是供人们居住生活使用,物业管理的目的是使居住者获得体力和脑力的恢复和再生产,所以对物业管理的要求是能够提供环境优美、舒适安全、完善周到的日常管理服务,保证物业良好运行,这就决定了物业管理资金的性质也是消费型的,其支出和取得是以消费为中心的;后者是经营型收益性物业,物业管理的目的是通过有效的管理和经营,为业主创造最大利润提供可能,保证物业升值,这就决定了物业管理资金的性质属于资本型,其来源、筹措和使用方法与消费型的住宅就有明显的区别。

(2) 物业产权多元化的格局决定了物业管理资金的性质

我国物业的产权目前是多元化的,有的物业产权归国家集体所有,如公有住房、国有企业的厂房设施等;有的物业产权完全归个人所有,如商品房;有的物业产权由原来属国家所有正逐步转化为属私人所有,如旧公房出售。这些物业由于产权不同而决定了物业管理资金的性质也不同。

首先,产权归国家集体所有的廉租物业,住户是通过福利性分配得到居住使用权的,有效的物业管理既能提高住户的生活质量,更会延长廉租屋的使用寿命,能使更多的生活困难的人轮换后获得居住。因此,对这类物业,国家每年都要拿出财政补贴资金用于物业的简单再生产和扩大再生产,这就决定了这类物业管理的资金是福利型的。

其次,从公有住房转化而来的私有住宅,购房业主支付的只是最低标准的维修基金和日常管理费,从事这类物业管理的单位,只能保本,维持低水准,呈维持型管理,这就决定了其物业管理的资金性质是福利型向市场型过渡的。

最后,个人产权的物业是个人从市场上购买获得,业主有较高的物业管理要求,也能承担相对较高的物业管理费用。物业管理资金的筹集和使用可严格按市场经济规律运作,这就决定了物业管理资金的性质是市场型的,其管理服务的收费价格也应由市场决定,由实际管理成本加管理者的佣金组成。

(3) 物业管理资金的性质随经济环境的变化而变化

随着我国社会主义市场经济的发展和人民生活水平的提高,除有少部分廉租屋外,其他所有的福利性分配使用的物业将逐步被取消,而兼容福利型和市场型的物业管理资金也将逐步被市场型所取代。这就是说,伴随着经济环境的变迁,今后物业管理将严格按照市场经济规律运作,物业管理资金的性质主要是市场型,价格是由市场决定的。

物业管理资金无论何种性质，其筹集、使用的目的是一致的，即保证受托物业正常运转，为业主创造方便舒适良好的生活环境，提供完善周到的服务，达到理想的管理效果，发挥物业的最佳使用效益和经济效益。对住宅类物业管理服务的目的是创造优美、安静、舒适、安全、方便的生活环境，使房屋和配套的设备设施正常完好地运转。对收益类物业的管理服务，是在保证物业良好状态的同时积极创造条件促进营销，保证最高的出租率和使用效益，产生最佳的投资经济效益。所以正确理解物业管理资金的性质是科学、合理地筹措和使用物业管理资金的关键，也是确定物业管理资金来源和计量标准的指导思想。

9.1.2 物业管理资金的筹措

9.1.2.1 物业管理资金的来源

物业管理公司资金来源主要有银行贷款、发行股票、发行债券、留存利润、横向联合、吸引外资、物业管理营业收入等，其中物业管理营业收入是现实中物业管理公司资金来源的最主要渠道。

（1）银行借款

银行借款是物业管理公司向商业银行贷款取得的资金。实际上除了商业银行外，物业管理公司还可向保险公司、租赁公司、信托投资公司等其他金融机构贷款。但商业银行贷款是其取得贷款资金的主要渠道。银行借款资金具有使用时间相对较长、数额大等特点，主要用于物业管理公司的小额固定资产投资和永久性流动资金的占用。

（2）发行股票

股票是股份有限公司以股份形式集资、发放股息的凭证。由于股票不能还本，只能在证券市场上转让和出售，故发行股票筹资可作为一种长期的筹资方式。因此，物业管理公司也可以根据国家的有关规定和自己公司的情况，创造条件申请发行公司股票。

（3）发行债券

公司债券是物业管理公司为筹集资金而发行的，并承诺在规定的期限内还本付息的债务凭证。如果物业管理公司被批准发行债券，那么公司可视不同情况采取平价发行、溢价发行和折价发行三种方式。

（4）留存利润

留存利润是物业管理公司可分配利润在分派股息或红利后的余额。一般说来，物业管理公司都不会把全部赢利分派出去，而要留存一部分利润来扩充资本，所以留存利润是公司长期资金的一种重要来源。

（5）横向联合

横向联合是指物业管理公司利用其他企业闲置或富余的人力、物力、财力、技术等资源，进行企业间的联营、入股、租赁、承包等资产重组，以达到融物或融资，实现资源最佳配置的目的。

目前，一些大型的物业管理公司拥有大型设备而业务量不足，导致资源浪费，而一些小型的物业管理公司因资金不足购买不起比较高级的设备，如高楼清洗设备、维修设备、下水管道维修设备等，它们之间通过租赁方式实现了资源共享，有些物业管理公司还开展了融资性租赁。特别是随着市场经济的发展和竞争的加剧,一些大型的物业管理公司兼并、收购小型的物业管理公司或其他企业,或者组建控股型的物业管理企业集团,已成为发展趋势。

(6) 吸引外资

外资是中外合作、中外合资物业管理公司的重要资金来源。近年来,一些物业管理公司通过与外商合作,开办了相应的合资合作的物业管理公司,既解决了资金不足的问题,又引进和学习了国外的先进物业管理经验,收到了积极的双重效果。

(7) 物业管理的营业收入

物业管理的营业收入是指物业管理公司从事物业管理服务活动和其他经营活动所取得的各项收入。物业管理的主营业务收入来自物业管理费,它是物业管理公司根据对业主和客户所提供服务的性质、特点等不同情况,采用政府定价、政府指导价或协议定价等方式向业主和用户收取的。主要包括物业管理收入和物业经营收入。

① 物业管理收入。物业管理收入主要包括物业服务收费和特约服务费收入。

物业服务收费是指物业管理公司按照物业服务合同的约定,对房屋及配套的设施设备和相关场地进行维修、养护、管理,维护相关区域内的环境卫生和秩序而向业主所收取的费用。从物业管理的内容和作用可以看出,物业管理是将分散的社会分工汇集起来,统一办理,为业主和使用人提供方便的服务,如日常清洁、保安、水电维修等。服务商品同其他商品一样,具有使用价值和价值。物业服务的使用价值是指这种日常管理服务能够满足人们某种需要的属性,而物业服务的价值则是凝结在日常管理服务中的一般人类劳动。业主和使用人缴付的物业服务收费就是物业的日常管理服务这一商品的价值表现。因此,业主要享用优美、整洁、安全、方便的居住环境,就要购买物业管理公司提供的日常服务这一商品,就要缴付物业服务费。

特约服务费收入是指物业管理企业根据业主和使用人的具体需要,开设各类特约服务项目而收取的服务费用。如组织家庭服务,代聘保姆、代聘家教、代订车船机票,进行家庭装饰装潢和清洁、消毒打蜡,代订送牛奶,代订书报杂志等。物业管理公司在提供这些服务时,除了工料费外,还可收取代办管理费。作为日常物业管理服务的延伸、补充和发展,因地制宜地拓展社区内便民的特约服务,不仅是必要的,而且是可能的。首先物业管理公司拥有水、电、煤等管道技术力量,完全有能力开展为业主进行的室内装饰装潢等特约服务。即使物业管理公司没有力量满足业主的特种需要,也可代业主寻找专业服务公司,委托专业服务公司提供特种服务,物业管理公司收取一定的代办费用作为特种服务的收入。

② 物业经营收入。物业经营收入主要包括代理业主进行物业营销和租赁管理而收取的费用,以及其他一些多种经营的收入,如办理文化娱乐场所和开办一些商贸设施等取得的经营收入。大多数物业管理企业都实行"一业为主,多种经营"的经营策略,组织创收,积极开发内容丰富的与物业管理相关的多种经营,创造尽可能多的利润。如有的物业管理企业从开发商那里按一定比例的成本价取得少量的经营用房,然后与有关部门合作开办城市信用社、储蓄所、小型超市、商店等,既能为业主和使用人提供配套服务,又能开辟新的收入来源。有的物业管理公司通过投标取得一些大型商场、酒店、办公楼等物业的租赁经营管理,从而取得物业管理佣金等经营收入。如果物业管理是委托管理形式,则物业管理公司代业主出租房产,双方可签订协议,由业主支付年租金收入一定比例的佣金。佣金支付方式主要有以下两种:

- 业主实行物业出租方式。佣金标准按业主年租金收入的3%～5%计取,业主每年可一次或多次支付,具体由双方协商确定。

- 业主实行物业出售方式。佣金标准按业主出售房屋收入和物业约定的使用年限计取。年佣金可按售房收入与物业约定使用年限的年平均销售收入的 4%～5% 计取,也可视销售价格的高低确定不同的提成比率。计算公式为:

$$管理者佣金 = \frac{物业销售收入}{物业约定使用年限} \times 酬金比率$$

大型的物业管理公司在经济实力达到一定程度后,也可自己筹集资金投资一些酒店、写字楼、别墅和商场等物业的开发经营,为物业管理的进一步发展提供良好的经济基础。

(8) 前期投入资金

① 启动资金。一家物业管理公司开办时,总要投入相当的资金。物业管理的启动资金也叫做"开办费",它有两种含义:一是指物业管理公司在政府工商管理部门注册时所必须投入的资金;二是指物业管理公司在物业管理投标成功后,接管物业从事前期介入所需要的用于添置设备、设施、工具、办公用品、人员培训、学习、工资奖金、服饰等费用,以及前期介入活动中的管理费用等,这部分资金按有关规定由开发商提供。用于物业管理的启动资金,是物业管理资金来源的重要组成部分。

② 质量保证金。质量保证金是物业建设单位在向物业管理公司移交物业时,提供的一笔用于交房后两年内被管物业的保修经费,其使用范围限于室内装饰、水电、管线、隐蔽工程及室外建筑、公共设施等因建造质量问题所引起的返修等工料费。由于房产物业体积大、投资大,构成因素具有连带性和隐蔽性的特点,这就决定了房产物业的保修期要比一般耐用消费品长,保修金额也比一般耐用消费品大。物业建设单位在物业建造完成验收合格移交给物业管理公司时,缴纳质量保证金,以保证物业管理企业在保修期内有足够的资金,保证因建筑质量问题引起的返修得以实施。

③ 物业接管验收费。物业接管验收费是指物业管理公司在接收、接管物业时,由物业建设单位向物业管理公司缴纳的专项验收费用。它主要用于物业管理公司参与验收物业时,组织水、电、泥、木、管道等专业技术人员与管理人员所支付的费用,包括人工费、办公费、交通费、资料费、零星杂费等。物业管理公司参与物业的竣工验收工作,对保证物业顺利完成建管交接,确保业主的利益,增强管理责任是必不可少的。这是因为专业的物业管理公司在长期的管理实践中,比建设单位更了解客户对物业的各种使用需求,由他们参与验收工作,检验设计和工程质量,既可及时发现和解决一些影响正常运转和使用的问题,又能使将来的用户满意,从而一方面可以保证物业能按设计要求的技术经济指标,正常投入使用,最大限度地满足用户的需求;另一方面又能在验收新物业时分清物业损坏的责任,明确到底是建设单位建造过程中遗留的问题导致物业损坏,还是业主和使用者使用过程中导致物业的损坏。不至于在业主入住使用后才发现问题而产生责任不清的纠纷,避免不必要的麻烦。实际上物业管理公司参与物业的竣工验收工作,也是为开发商建造出令用户满意的物业作出的努力,是在完成物业建设的最后一项工作,因而建设单位理应缴纳给物业管理公司因组织验收而发生的专项验收费用。此外,物业从建造完成到投入使用,实现其价值和使用价值,还有一段过程。物业管理公司从接管物业到业主入住使用前,需要配备一定的人力对空房进行看管,以免发生一些不必要的损耗。因此在验收合格、建管交接时,建设单位还要支付给物业管理公司一笔空

房看管费,以使物业保持良好的功能和形象。

④ 维修基金。物业管理维修基金,也叫做物业储备基金,或更新大修基金,主要用于新建物业保修期满后或公有房屋出售后的大修更新,它由物业共用部位维修基金和共用设施设备维修基金组成。其中,共用部位维修基金是专项用于物业共用部位大修或更新的资金,共用部位包括房屋承重部位(包括楼盖、房顶、梁、柱、内外墙体和基础等)、外墙面、楼梯间、走廊通道、门厅和楼内存车库等;共用设施设备维修基金则是专门用于共用设施和共用设备大修理的资金,共用设施设备是指受托管理物业的上下水道、公用水箱、加压水泵、电梯、公用天线、供电干线、共用照明、暖气干线、消防设施、住宅区道路、路灯、沟渠、池、井、室外停车场、游泳池和各类球场等设施设备。

9.1.2.2 物业服务收费

(1) 物业服务收费的原则

物业服务收费应当遵循合理、公开以及费用与服务水平相适应的原则。

(2) 物业服务收费的定价

物业服务收费按照不同物业的性质和特点分别实行政府指导价和市场调节价。具体定价形式由省、自治区、直辖市人民政府价格主管部门会同房地产行政主管部门确定。

物业服务收费实行政府指导价的,有定价权限的人民政府价格主管部门会同房地产行政主管部门根据物业管理服务等级标准等因素,制定相应的基准价及其浮动幅度,并定期公布。具体收费标准由业主与物业管理公司根据规定的基准价和浮动幅度在物业服务合同中约定。

实行市场调节价的物业服务收费,由业主与物业管理公司在物业服务合同中约定。

(3) 物业服务收费的形式

业主与物业管理公司可以采取包干制或者酬金制等形式约定物业服务费用。

包干制是指由业主向物业管理公司支付固定物业服务费用,盈余或者亏损均由物业管理公司享有或者承担的物业服务计费方式。

实行物业服务费用包干制的,物业服务费用的构成包括物业服务成本、法定税费和物业管理公司的利润。

酬金制是指在预收的物业服务资金中按约定比例或者约定数额提取酬金支付给物业管理公司,其余全部用于物业服务合同约定的支出,结余或者不足均由业主享有或者承担的物业服务计费方式。

实行物业服务费用酬金制的,预收的物业服务资金包括物业服务支出和物业管理公司的酬金。

(4) 物业服务成本或者物业服务支出的构成

物业服务成本或者物业服务支出构成一般包括以下部分。

① 管理服务人员的工资、社会保险和按规定提取的福利费等。

② 物业共用部位、共用设施设备的日常运行、维护费用。

③ 物业管理区域清洁卫生费用。

④ 物业管理区域绿化养护费用。

⑤ 物业管理区域秩序维护费用。

⑥ 办公费用。
⑦ 物业管理公司固定资产折旧。
⑧ 物业共用部位、共用设施设备及公众责任保险费用。
⑨ 经业主同意的其他费用。

物业共用部位、共用设施设备的大修、中修和更新、改造费用,应当通过专项维修资金予以列支,不计入物业服务支出或者物业服务成本。

实行物业服务费用酬金制的,预收的物业服务资金属于代管性质,为所交纳的业主所有,物业管理公司不得将其用于物业服务合同约定以外的支出。

(5) 物业服务费的交纳

业主应当按照物业服务合同的约定按时足额交纳物业服务费用或者物业服务资金。业主违反物业服务合同约定,逾期不交纳服务费用或者物业服务资金的,业主委员会应当督促其限期交纳;逾期仍不交纳的,物业管理公司可以依法追缴。

业主与物业使用人约定由物业使用人交纳物业服务费用或者物业服务资金的,从其约定,业主负连带交纳责任。

物业发生产权转移时,业主或者物业使用人应当结清物业服务费用或者物业服务资金。

纳入物业管理范围的已竣工但尚未出售,或者因开发建设单位原因未按时交给物业买受人的物业,物业服务费用或者物业服务资金由开发建设单位全额交纳。

9.1.2.3 维修基金

商品住房在销售时,购房者与售房单位应当签订有关维修基金缴交约定。购房者应当按购房款2%～3%的比例向售房单位缴交维修基金。售房单位代为收取的维修基金属全体业主共同所有,不计入住宅销售收入。

维修基金收取比例由省、自治区、直辖市人民政府房地产行政主管部门确定。

公有住房售后的维修基金来源于两部分:

① 售房单位按照一定比例从售房款中提取,原则上多层住宅不低于售房款的20%,高层住宅不低于售房款的30%。该部分基金属售房单位所有。

② 购房者按购房款2%的比例向售房单位缴交维修基金。售房单位代为收取的维修基金属全体业主共同所有,不计入住宅销售收入。

9.1.3 物业管理资金筹措的管理

9.1.3.1 物业管理资金筹措管理的原则

(1) 注重社会、经济和环境效益的综合平衡

在社会主义市场经济的条件下,物业管理公司为了确保简单再生产和实现扩大再生产,追求利润是必要的也是必需的。但在目前我国国民经济发展水平和人民生活水平还未达到一定高度,物业管理的服务质量和水平都还不尽如人意的情况下,如果片面追求利润,追求经济效益,不顾社会效益和环境效益,一方面会使业主或住户产生抵触情绪,使收费更加困难,另一方面会使

企业信誉受损。因此物业管理公司应把收费问题放到一个恰当的位置,掌握适当尺度,既能实现一定的利润,维持生计,又要搞好管理服务,提高管理服务水平,实现社会效益和环境效益的统一。实现一定的利润是提高管理服务水平的基础和前提,提高管理服务水平,注重社会效益和环境效益,又能够促进利润的实现。所以注重经济、社会和环境效益的综合平衡,是加强物业管理公司资金筹措管理的指导思想。

(2) 不违反国家和地方政府的有关规定

物业管理公司为业主和使用人提供不同的服务项目,其收费标准是不同的。有些服务项目是物业管理公司与业主和使用人面议洽谈而定;有些服务项目,其收费标准要按国家和地方政府的有关规定执行,受国家和地方政府的有关政策法规的制约,不能违反国家和地方政府的有关规定。

(3) 优质优价,兼顾各方利益

一方面物业管理的收费标准要受到业主和使用人收入水平高低的制约,另一方面也要服从优质优价的原则。这就是说,一方面要根据业主和使用人的收入水平高低来确定收费标准,收费标准过高,业主和使用人承受不了,收费管理也不容易取得业主和使用人的支持;反之,收费标准过低,则物业管理公司赔本服务,也违背市场规律。应根据业主和使用人的需求和物业管理公司提供的服务标准来收费,提供的服务档次越高,则收费标准越高,如一般特约服务比公共服务收费高,对收益性物业的服务要比非收益性物业服务的收费标准高。

(4) 公平原则

物业管理公司对不同用户收取的共用公共设施的收费标准应该显示公平性,如对大厦内不同业主和使用人收取的共用设施(如电梯、楼梯等)管理费,应该有所区别,在底层的业主和使用人使用电梯和楼梯的机会几乎没有,因此大厦底层的住户缴纳的管理费用应该较少。

9.1.3.2 确定收费项目,明确收费标准

管理好物业管理公司的资金筹措,要根据不同物业的不同管理要求确定收费项目,做好费用的估计,并明确其使用范围,正确处理好收费标准与管理服务水平的关系。为了适应社会主义市场经济发展的需要,实现公平竞争,按质论价,不同的物业管理水平可制定不同的收费标准。收费标准的确定可采取以下几种途径:

(1) 政府部门审定

物业管理中最基本、最重要的收费项目和标准,是由房地产主管部门会同物价部门审定,通过颁发法规或文件予以公布实施的。可有政府指定价和政府指导价这两种形式。如维修基金、住户缴纳的物业服务费、开发建设单位缴纳的质量保证金等重要项目,由房管部门提出标准,提交物价局核定后执行。有些特约项目等委托服务的收费,如代管车辆、代管房屋、土木工程维修装饰等,也可由物价部门规定指导价。

(2) 会同业主商定

物业管理是一种契约管理,是由业主委托的一种契约行为,因而有的收费标准不必由政府制定,可由物业管理公司将预算、收费的项目与标准,提交业主管理委员会讨论、审核,经表决通过后确定。此时,物业管理公司应及时拟订一份物业管理标准的审议会议决议,一同印发给每一位业主,从通过之日起按这一标准执行。

(3) 委托双方议定

对于专项和特约服务的收费,如接送小孩、代订送牛奶、洗衣烫衣、代订书报杂志等项目,凡物价部门已有规定的,按规定实行;暂未规定的可由委托方与受托方双方议定。根据服务要求、不同的管理服务水平,确定不同的收费标准,由委托的业主和使用人和受委托的物业管理公司双方自行商议决定。

第二节 物业管理资金的使用与管理

物业管理公司要对物业进行有效管理和经营,满足业主的要求,就必须投入活劳动和物化劳动,就要使用资金。物业管理资金使用的好坏和使用效率的高低,直接关系到物业管理水平的高低。因此,物业管理资金的使用与管理是物业管理中极其重要的一环,也关系到物业管理公司能否实现利润目标。

9.2.1 物业管理资金使用的原则与特点

9.2.1.1 物业管理资金的使用原则

多层次、多渠道筹措到的物业管理资金,必须合理地使用,最大限度地提高资金使用效益。使用时应遵循以下原则:

(1) 为业主服务原则

为业主服务是物业管理的本质和宗旨。物业管理的资金使用也应体现这一本质和宗旨。因此,物业管理资金的使用应接受业主委员会的监督、检查。

(2) 合理使用原则

物业管理资金来源不多,数量有限,在使用时一定要贯彻合理使用原则,做到事前预算,事后核算,精打细算,合理使用,用在管理的"刀刃"上,使物业管理资金都发挥效益。

(3) 合理收益原则

物业管理公司是自主经营、自负盈亏、自我发展的经济实体,其经营管理活动以赢利为目的。在资金使用时,应贯彻合理收益原则,尽可能降低管理的成本,节约管理费用,保证实现合理利润、合理收益。

9.2.1.2 物业管理资金的使用特点

(1) 物业管理周期决定物业管理资金使用的周期性

任何一项物业都具有由新到旧,最后更新的生命周期,因此对物业的管理也有周期性,即具有起步、成长、成熟、衰退直至消亡的生命周期。住宅的生命周期一般是60~70年,物业管理周期也是60~70年,物业管理资金的使用也在这之间从少到多变化。对物业管理公司而言,分析所承接的每一项物业处于生命周期中哪个阶段很重要,因为对处于不同生命周期阶段的物业,就要有不同的管理方法和策略,而且其资金的使用量也不同。应根据情况灵活调剂使用,达到最佳使用效果。如果物业管理公司承接的是一项刚刚建成的新建物业,物业管理的重点是熟悉和了解物业性能及其业主和使用人、建立一支高效的管理队伍、制定有针对性的物业管理规章制度，并逐一宣传、落实和不断改进等。因此在此阶段，需要投入和垫付的是一定量的物业管理资金。随着时间的推移，物业管理公司对此物业已经完全熟悉和掌握，与业主和使用人也相处融洽，各种特约服务也随之开展了起来，物业各种功能的发挥都很正常，而且各项物业经营管理费的收取工作也已纳入正轨，这时对此物业的管理重点是日常养护，物业管理所需投入和垫付的资金便大大减少。接着，这项新的物业逐步步入成熟期，其内外部的一些零部件可能开始出现不能正常运作的状况，这时此物业的管理重点在于检修，物业管理所需要的资金也开始增加，但这一阶段维修的间隔期较长。最后，这项物业开始步入衰退期，其内外部的各种零部件需要大修或更新，这时物业管理的重点是大修和更新，大修更新的间隔期比前一阶段短得多，并呈越来越短的趋势，这时，需要垫付的物业管理资金量达到最大。由此可见，物业管理资金使用的特点是由物业管理的周期性决定的，不同阶段的物业管理重点明显不同。物业的生命周期或长或短，物业管理周期也随之变化，管理资金的使用也跟着变化。物业管理的资金使用量与物业管理周期的关系如图9.1所示。

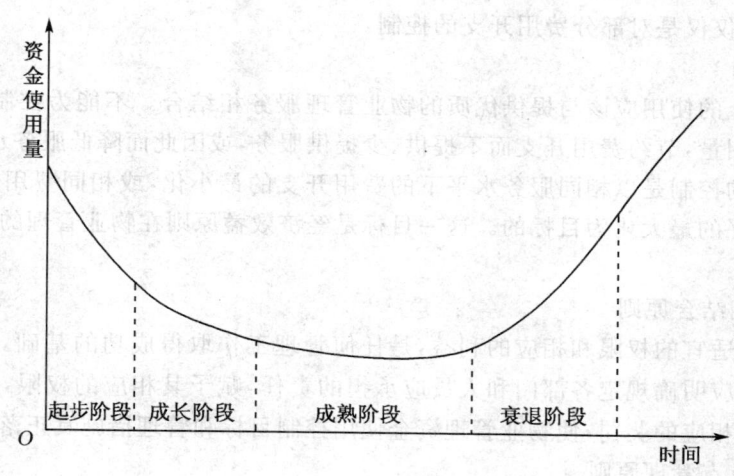

图 9.1　物业管理周期与物业管理资金使用特点

（2）物业管理资金使用周期性特点决定了物业管理资金使用的灵活性

由于物业生命周期不同，物业管理的重点也不同，从而使物业管理资金的使用量、使用重点和方式也不同。每一家物业管理公司一般都同时承接着不同的物业，即处于不同生命周期的物业，有新建的，也有建成好几年的和步入"中年"与"老年"的物业；这些物业需要垫付的管理资金各不相同，有的多，有的少，而物业管理公司在这些物业上取得的物业管理营业收入却并没有因生命周期的不同而少收或多收，而是平均收取的。因此物业管理公司就可以在各物业上灵活地调剂使用，既达到控制资金使用的目的，又可以最大限度地利用资金，达到最佳的资金使用效果。而要达到这些效果，物业管理公司就要针对不同物业生命周期的不同，制定各物业管理资金的使用预算，汇总后就可以得到每年、每月所需要的全部管理资金，对暂时不用的多余资金，物业管理公司可以用于无风险的投资。这样只要严格执行，对超出预算的部分进行细致分析，找到原因，不断根据新情况、新变化改进预算，就可以控制物业管理资金的使用。

9.2.2 物业管理资金使用的控制与考核

控制物业管理资金的使用有助于降低物业管理服务的耗费,实现以较少的人力、物力来提供相同的物业管理服务,或者以相同的人力、物力来提供更多更好的物业管理服务,从而为物业管理公司树立良好的形象。

9.2.2.1 物业管理资金使用控制的原则
尽管各物业管理公司对资金使用的控制各具特色,但一般而言,都要遵循以下原则:
(1) 全面控制原则

全面控制原则是指全员和全过程相统一的控制。具体来说是指物业管理公司的资金使用控制既要充分调动全体职工的积极性,又要贯穿于物业管理服务的每一个环节。因为每一位员工都与物业管理服务过程中发生的费用开支有关;资金使用的控制是贯穿于物业管理服务费用形成的全过程,而不仅仅是对部分费用开支的控制。

(2) 效益原则

物业管理资金的使用应该与提供优质的物业管理服务相结合。不能为控制而控制,即不能为减少资金的使用量,节约费用开支而不提供、少提供服务,或因此而降低服务水准。换言之,物业管理资金使用的控制是以相同服务水平下的费用开支的最小化,或相同费用开支水平下的服务数量和质量水平的最大化为目标。这一目标是经济效益原则在物业管理的资金费用开支控制中的具体体现。

(3) 责权利相结合原则

明确的职责、适宜的权限和相应的利益,是任何管理工作取得成功的基础。为此,物业管理资金使用控制中,应明确规定各部门和人员应承担的责任,赋予其相应的权限,并通过考核其责任履行情况,予以相应的奖罚,使物业管理资金使用控制目标和管理措施真正落实到实处。

(4) 例外与重点管理原则

例外与重点管理原则是指在全面控制的基础上,对那些重要的、不正常的、不符合常规的关键性费用开支(例外情况)进行重点控制。其中例外情况的常用判定标准为金额的大小、持续时间的长短以及是否可控等。实务中,这一原则主要应用于资金使用的日常控制中。

9.2.2.2 物业管理资金使用控制管理的要求
(1) 严格区分不同性质的支出,遵守资金使用开支范围的规定

物业管理公司的管理服务工作多种多样,既有日常的维修维护管理、清洁管理、绿化管理、安全管理等,又有大修更新管理,还有代理租赁买卖管理等,由此而发生的成本费用开支也是多方面的。这些费用开支的性质不同,用途也有差别,有的属于物业服务开支,用于各种日常的维护和管理;有的是属于维修基金的开支范围,用于物业的大修和更新;有的属于委托代理的费用开支,用于业主委托代理的各项业务的实际支出。为此,应当明确其各自的界限,分别加以管理,严格遵守成本费用开支范围的规定,以维护业主的利益。

(2) 将降低成本费用开支与提供优质服务紧密结合

优质的物业管理服务并非一定要以巨额的资金使用成本为代价,而应是物业管理服务数量及质量与资金使用支出水平的比较。物业管理资金使用的费用开支高,并不表示物业管理服务水平和质量就一定高。降低物业管理资金的使用成本开支,不能以减少提供优质服务为代价,更不能为降低物业管理服务水准寻找借口。降低物业管理的成本费用开支,提供优质服务是实现物业管理目标的根本途径,特别是在物业管理资金来源不丰富、数量有限的情况下,一定要在保证不降低服务项目和服务水平的基础上来努力降低成本费用开支,使每一分钱都能发挥效益,即实现成本费用的最合理使用。

（3）建立成本费用开支分级分口管理责任制

物业管理资金的使用控制涉及物业管理公司的各个部门和全体员工。为调动降低费用开支的积极性,有必要建立健全资金使用开支的费用管理责任制,分清各部门和各岗位的资金使用的成本费用管理责任,为降低成本费用创造良好的制度环境。

9.2.2.3 物业管理资金使用控制的类型

物业管理公司资金使用控制可按不同的标准进行分类。

（1）按控制的时间分

物业管理公司资金使用控制按其时间特征,可分为事先控制、事中控制和事后控制。

① 事先控制。事先控制是在资金使用发生之前,对影响资金使用的有关因素进行规划,并建立健全资金使用的管理控制制度,以达到防患于未然的目的。

② 事中控制。事中控制是对物业管理资金使用开支的范围、过程所进行的日常控制,以消除或减少实际耗费与预定目标之间的差异。

③ 事后控制。事后控制是对物业管理资金的实际使用耗费进行的事后分析,总结经验教训,以提高资金使用的管理控制水平。物业管理资金使用控制是一个不断循环的过程,就本质而言,事后控制实际上是下一个循环中事先控制的组成部分。

（2）按控制的机制分

物业管理资金的使用控制常常有不同的机制,据此可以将其分为前馈性控制、防护性控制和反馈性控制三大类。

① 前馈性控制。前馈性控制是运用控制论中的前馈性控制原理,在资金使用耗费发生之前所进行的控制,如对各种资金开支使用的必要性进行分析,确定最佳的支出水平（即实现物业最大化增值的支出水平）等。

② 防护性控制。防护性控制是指通过指定相关的规章制度,制约不必要的开支耗费,防止不利的超支发生,如建立资金使用开支的审批制度等。

前馈性控制和防护性控制都属于事先控制。

③ 反馈性控制。反馈性控制是指利用反馈性控制原理对物业管理资金进行的日常或事后控制,其重点在于及时了解资金使用耗费开支的情况,针对发生偏差的具体原因,采取相应措施,确保总费用不超过预定目标。

9.2.2.4 物业管理公司资金使用控制的组织管理体系

为了对物业管理的资金使用进行有效的控制,物业管理公司需要实行分级分口管理责任制,建立资金使用控制的组织体系,即建立以责任中心为基本控制单元的组织体系。在这一组织体系中,物业管理公司通常将各部门确定为不同类型的责任中心,根据其各自的工作内容,将资金使用费用开支的预算分解为各个责任中心的费用开支预算(即责任预算),并据此进行资金使用费用开支的分析考核。

(1) 责任中心

责任中心是指在物业管理公司中有一定的管理权限,并承担相应经济责任的内部单位。理论上,一个责任中心的确定必须同时具有以下条件:第一有承担经济责任的主体——责任者;第二有确定经济责任的对象——资金运动;第三有考核经济责任的基本标准——管理服务业绩;第四具有承担经济责任的基本条件——职责和权限。可见所有责任中心都是责权利紧密结合的责任实体。

根据物业管理公司的业务活动的特点以及各责任实体的权限,责任中心一般分为成本中心和费用中心两类。

① 成本中心。成本中心是指仅对所发生成本负责的责任中心。在物业管理公司内,凡直接参与提供物业管理服务的部门,都可以设置为成本中心。这些成本中心通常只发生成本费用,而不会直接形成收入。或者说成本中心就是以控制管理服务成本为主的责任中心。

② 费用中心。费用中心是指仅对费用发生额负责的责任中心。在物业管理公司内,凡不直接参与提供物业管理服务的部门,通常设置为费用中心,即费用中心是以控制经营费用为主的责任中心。

只要有费用开支发生的地方,就可以设立成本(费用)中心。在物业管理公司,成本(费用)中心仅对可控成本(费用)负责,责任中心当期发生的可控成本(费用)之和就是其责任成本(费用)。一般而言,可控成本(费用)应同时具备如下条件:第一,责任单位能够通过一定方式了解将要发生的成本(费用);第二,责任中心能对发生的成本(费用)计量;第三,责任中心自身的行为能对成本(费用)水平产生重要的影响。

(2) 责任中心的业绩考评

在物业管理公司,由于物业管理资金使用控制是通过各成本(费用)责任中心对责任成本(费用)负责而落实的,因此考核其资金使用控制就是考核成本费用控制业绩。一般考核指标为成本(费用)降低额和成本费用降低率:

$$成本(费用)降低额 = 预算成本(费用) - 实际成本(费用)$$

$$成本(费用)降低率 = 成本费用降低额 / 预算成本(费用) \times 100\%$$

为实现物业保值增值的目标,各责任中心一方面需降低成本费用,另一方面应努力提高管理服务质量和水平。为此对责任中心进行业绩考核时,同时还要考核其服务质量和水平。主要的考核指标有定性和定量指标,定量考核指标有物业完好率、维修及时率、安全事故率、环境绿化率、卫生保洁率、环境综合效益率、业主满意率、物业保值增值率等。其中物业保值增值率是最具综合性的服务质量评价指标,其具体计算方法是:

$$物业保值增值率 = (期末物业总值 / 期初物业总值) \times 100\%$$

9.2.2.5 物业管理公司资金使用的控制程序

控制物业管理资金的使用,就是指物业管理公司既要保证物业管理服务中的资金需要,又要

使这些管理服务资金在一定时期不闲置和浪费,一般由以下步骤组成:

(1) 确定资金使用的标准和重点

资金使用的控制标准或目标,是对物业管理各项费用支出规定的数量界限,是对物业管理资金使用进行控制和考评的直接依据。现实中常用的控制标准是预算,即对所有的管理服务开支进行严格的计算预测。因此首先就要决定所管的各项物业处于哪个生命周期阶段,从而决定物业管理资金的使用重点,为制定预算方案和使用计划做好准备。

(2) 制定预算方案

制定预算方案就是对管理服务的所有费用开支进行科学的计算预测,对管理服务中的各项费用支出和资源消耗规定数量界限,这是控制物业管理资金使用的核心。制定预算方案必须根据不同类型、性质、对象的物业的过去记录和经验,及对未来费用开支的预测来决定。因为不同类型、性质、对象的物业,对管理服务的开支范围和要求有所不同,如新旧物业对资金的需求量就不同,住宅与公寓别墅在各方面也不同,商厦与办公楼就更不同了。有了切实可行的预算方案,物业管理公司在资金的使用上就有了标准,就能进一步制定出使用计划,从而可以将资金的使用量控制在预算范围内。当某项费用开支超出预算时,就会引起物业管理人员的注意,通过分析原因,就可以了解到究竟是物业管理的内容增加引起的费用增加,还是物价上涨引起的费用增加,或是浪费引起的,以及不可预见因素引起的等,从而可以及时纠正,将资金使用控制在预算范围内。

(3) 制定使用计划

由于物业管理公司接管的物业类型繁多,有住宅、办公楼还有商厦等,而且接管的物业也有新有旧,处于不同的生命周期阶段,从而造成各物业的管理资金使用的重点不同,资金的需求量也不同。因此为了更好地反映资金需求量在时间上的差异,既保证物业管理资金的需要,又提高管理资金的利用效率,不致造成闲置浪费,就有必要在预算的基础上,制定出接管的各物业每月甚至每周的资金使用计划,在财务上作出合理的安排,使物业管理公司的管理者对每年每月将使用的管理资金做到心中有数,为物业管理资金的调剂使用创造条件。

(4) 优选管理方案

物业管理资金在具体的使用中,要面临各种管理方案的决策。究竟使用哪种管理方案,就要基于物业管理资金使用预测提供的资料和其他有关资料,依据管理资金使用计划的标准,满足技术上先进、经济上合理的要求,从多个与物业管理资金使用支出有关的方案中,选择最优的方案。

(5) 设立专用账户

要落实资金使用的标准和计划,加强资金使用的控制,就要设立各种资金使用的专用账户,进行日常核算,编制报表,作好财务记录,及时提供物业管理资金使用的信息,使物业管理公司内部人员全面掌握资金使用去向,并通过相应的控制手段,对物业管理费用开支形成的全过程进行具体的监督,及时发现失去控制的有关项目的内容,保证控制目标的实现。这样做除了可以更好地接受物业管理公司内部的监控外,还可以接受国家综合管理部门和全国物业管理协会的监督指导,也能更好地接受业主和住户的监督检查,从而形成从内到外、从上到下的控制链。

(6) 财务分析考核

物业管理资金使用的分析和考核,是以物业管理资金使用的日常核算提供的资料及其他有关资料为基础,运用一定的标准进行比较分析,揭示发生超支的根源。超支分为有利超支和不利超支。有利超支是指由于承担的物业管理任务超计划增加而使费用开支超出了预算,不利超支是指物业管理任务并没有超计划,但费用开支却超过了预算。对不利超支要明确责任,对有利超支应总结经验,并以此为基础定期对资金使用预算的执行结果进行评价,实施奖罚措施。通过分析与考核,针对造成不利超支的原因,由相关部门和成员提出降低物业管理费用开支的新措施,并予以贯彻落实。这样不仅可以为以后科学地制定资金使用预算和计划提供依据,还能有助于提高职工对控制资金使用的认识,从而为资金使用控制创造良好的环境。

9.2.2.6 物业管理公司资金使用控制的方法

通过物业管理资金使用的具体控制方法,来落实物业管理资金使用预算,是物业管理工作能正常进行的重要保证。虽然各物业管理公司的具体方法各种各样,但实践经验证明凭证控制和制度控制的有机结合是较为有效的方法。

(1) 严格执行预算控制

严格预算执行的具体方法是根据物业管理资金使用预算计划或责任预算,为各部门设立记载资金使用耗费指标的费用手册。每发生一笔费用,就根据有关凭证核减相应指标,并随时结出指标结存额,即采用费用手册形式,对资金使用耗费实行总额控制。这一凭证控制方法能使责任部门随时了解各项费用开支的数额及指标余额,如发现支出过多,可及时查明原因,采取措施节约开支。

(2) 建立健全费用开支审批制度

资金使用耗费需要经过一定的审批手续,这也有助于控制成本费用水平。物业管理公司应结合国家有关的法律法规,并根据各项费用的开支特点,制定自身的费用开支审批制度,明确各项费用的审批部门和审批权限。正常的费用开支由责任部门归口审批,而重大支出、预算外支出则由物业管理公司最高管理层乃至业主委员会和业主大会审批通过。

(3) 建立健全费用报销制度

对于每一笔费用开支的报销,都应通过审核原始凭证进行控制。一般而言,审核的重点是凭证的真实性——内容是否真实;合理性——是否符合资金使用开支范围和标准;完整性——有无预算指标,手续是否齐全等。经过审核确认无误后,方能予以报销。手续不全的要补办手续;违反资金使用制度规定的,不予报销。

9.2.3 物业服务费的使用与管理

9.2.3.1 物业服务费的使用范围

物业服务费是指物业管理公司按照物业服务合同的约定,对房屋及配套的设施设备和相关场地进行维修、养护、管理,维护相关区域内的环境卫生和秩序,向业主所收取的费用。主要可使用在以下几个方面:

(1) 管理服务人员的工资、社会保险和按规定提取的福利费等

管理服务人员的工资、社会保险和按规定提取的福利费等包括物业管理公司为聘用日常管理人员和维修工人而发放的工资、工资性津贴、交纳社会保险和福利支出等。

(2) 物业共用部位、共用设施设备的日常运行、维护费用

物业共用部位、共用设施设备的日常运行、维护费用包括公共照明系统、抽送风电机、给排水设备系统、供配电设备系统、消防系统、公共建筑道路和电梯、中央空调、非有线电视公开提供的电视设备系统等的日常运行、维修费用。

(3) 物业管理区域清洁卫生费用

物业管理区域清洁卫生费用是指为保持物业环境卫生清洁而发生的费用，包括支付给清洁工人的工资、津贴、制服费和垃圾桶、垃圾袋购置费，清洁机械费（如大中型清洁机械、大楼幕墙清洁设备、打蜡抛光机和日常清洁工器具费等）和清洁工作所需的其他费用。

(4) 物业管理区域绿化养护费用

物业管理区域绿化养护费用是指物业管理公司为护花种草美化环境而发生的各项费用支出，包括绿化用的材料费、工具器具费、绿化种植再造费、绿化养护工人工资、奖金、津贴，绿化用水费等。

(5) 物业管理区域秩序维护费用

物业管理区域秩序维护费用是指物业管理公司为维护所辖区域范围内的日常公共秩序，排除干扰，保持安静，保证安全而进行保卫警戒所发生的费用。包括支付给保安人员的工资、津贴、福利支出，保卫系统设备的日常维护费、耗用电费及保卫工器具（如警棍、电池、手电筒等）费，或者缴纳给专业保安公司的费用。

(6) 办公费用

办公费用是指物业管理公司管理部门管理行政人员的工资、办公用的文具、纸张、账表、印刷、邮电、书报、会议、水电、烧水集体取暖用煤费、差旅交通费、公共关系费、广告费等开支。

(7) 物业管理公司固定资产折旧

物业管理公司固定资产折旧是指对物业管理公司固定资产的折旧所给予的补偿。

(8) 物业共用部位、共用设施设备及公众责任保险费用

物业共用部位、共用设施设备及公众责任保险费用是指物业管理公司为物业投保财产保险（如火险、灾害险等）和各种责任保险时所发生的支出。

(9) 经业主同意的其他费用

经业主同意的其他费用是指除上述各项费用开支以外的其他各项物业服务费用。

从上述物业服务费的使用范围中可以看出，有些费用如办公费用等是属于相对固定的费用，其总额并不随着所接管物业的数量增减而增减。但就单位建筑面积所分摊的费用来看，则随着物业管理企业所接管物业数量的变动成反比例变动，即所接管物业的数量增加，每平方米建筑面积分摊的费用随之减少。

9.2.3.2 物业服务收费的管理

(1) 政府部门对物业服务收费的管理

国务院价格主管部门会同国务院建设行政主管部门负责全国物业服务收费的监督管理工作。县级以上地方人民政府价格主管部门会同同级房地产行政主管部门负责本行政区域内物业服务收费的监督管理工作。

(2) 物业服务收费实行明码标价

物业管理公司向业主提供服务(包括按照物业服务合同约定提供物业服务以及根据业主委托提供物业服务合同约定以外的服务),应当实行明码标价,标明服务项目、收费标准等有关情况。

物业管理公司实行明码标价,应当遵循公开、公平和诚实信用的原则,遵守国家价格法律、法规、规章和政策。

物业管理公司实行明码标价应当做到价目齐全,内容真实,标示醒目,字迹清晰。

物业服务收费明码标价的内容包括:物业管理公司名称、收费对象、服务内容、服务标准、计费方式、计费起始时间、收费项目、收费标准、价格管理形式、收费依据、价格举报电话12358等。

实行政府指导价的物业服务收费应当同时标明基准收费标准、浮动幅度以及实际收费标准。

物业管理公司在其服务区域内的显著位置或收费地点,可采取公示栏、公示牌、收费表、收费清单、收费手册、多媒体终端查询等方式实行明码标价。

物业管理公司接受委托代收供水、供电、供气、供热、通讯、有线电视等有关费用的,也应当实行明码标价。物业管理公司接受委托代收上述费用的,可向委托单位收取手续费,不得向业主收取手续费等额外费用。

物业管理公司根据业主委托提供的物业服务合同约定以外的服务项目,其收费标准在双方约定后应当以适当的方式向业主进行明示。

实行明码标价的物业服务收费的标准发生变化时,物业管理企业应当在执行新标准前一个月,将所标示的相关内容进行调整,并应标示新标准开始实行的日期。

物业管理公司不得利用虚假的或者使人误解的标价内容、标价方式进行价格欺诈。不得在标价之外,收取任何未予标明的费用。

(3) 业主对物业服务收费的管理

物业管理公司应当向业主大会或者全体业主公布物业服务资金年度预决算并每年不少于一次公布物业服务资金的收支情况。

业主或者业主大会对公布的物业服务资金年度预决算和物业服务资金的收支情况提出质询时,物业管理公司应当及时答复。

物业服务收费采取酬金制方式,物业管理公司或者业主大会可以按照物业服务合同约定聘请专业机构对物业服务资金年度预决算和物业服务资金的收支情况进行审计。

利用物业共用部位、共用设施设备进行经营的,应当在征得相关业主、业主大会、物业管理企业的同意后,按照规定办理有关手续。所得收益应当主要用于补充专项维修资金,也可以按照业主大会的决定使用。

物业管理公司在物业服务中应当遵守国家的价格法律法规,严格履行物业服务合同,为业主提供质价相符的服务。

9.2.4 物业维修基金的使用与管理

9.2.4.1 维修基金的使用范围

在新建物业保修期满后和公有房屋出售后,为确保房产物业的共用部位、共用设施和设备的完好和正常运转，必须要保证能够对其进行定期检查、大修和更新，定期更换一些零部件，这些都需要费用开支。这些费用开支就是维修基金的运用内容。由于房产物业的价值巨大，它的维修更新工程的费用也颇为可观，包括的内容也是复杂多样的。归纳起来，其使用范围主要包括以下几项：

（1）人工费

人工费是指物业的维修更新工程中施工工人、技术人员等的工资、奖金、津贴、保险和劳保用品费等。

（2）设备、零部件和材料购置费

设备、零部件和材料购置费是指在维修更新物业的过程中，需要更换的设备、零部件购置费和维修更新工程中使用的各种材料费。

（3）机械使用费

机械使用费是指维修更新工程中使用各类机械的费用，包括各类机械驾驶员的工资津贴和福利费，机械用的燃料动力费、材料费、折旧修理费、替换工具部件费、运输装卸费、辅助设施费等。

（4）水、电、煤气费

水、电、煤气费是指维修或更新工程中耗用的水、电、煤气费支出。

（5）管理费

管理费是指为组织和管理维修或更新工程所发生的各项费用，包括办公费、交通费和其他费用。

从上述维修基金的构成内容可以看出，维修或更新工程中发生的费用复杂而多样，物业管理公司要加强核算，严格遵守储备基金开支范围。对哪些费用属于维修基金开支范围，哪些费用不属于维修基金开支范围，要作严格统一的划分规定，不能允许不属于大修范围的日常维修养护费和应由产权人自理的室内维修费挤占维修基金，以保证维修基金能够专款专用，满足物业正常的大修更新的需要。这也是正确计算和管理物业储备基金的前提。

需要指出的是，若物业管理公司将大修更新工程交由专业施工队伍承包完成，维修基金的使用内容只有一项，即支付给专业施工队伍的大修更新工程承包费。

9.2.4.2 维修基金的管理

维修基金应当在银行专户存储，专款专用。维修基金明细户一般按单幢住宅设置。为了保证维修基金的安全，维修基金闲置时，除可用于购买国债或者用于法律、法规规定的其他用途外，严禁挪作他用。

维修基金自存入维修基金专户之日起按规定计息。维修基金利息净收益转作维修滚存使用和管理。

在业主办理房屋权属证书时，商品住房销售单位应当将代收的维修基金移交给当地房地产行政主管部门代管。

业主委员会成立后，经业主委员会同意，房地产行政主管部门将维修基金移交给物业管理公司代管。物业管理公司代管的维修基金，应当定期接受业主委员会的检查与监督。

业主委员会成立前，维修基金的使用由售房单位或售房单位委托的管理单位提出使用计划，经当地房地产行政主管部门审核后划拨。业主委员会成立后,维修基金的使用由物业管理公司提出年度使用计划,经业主委员会审定后实施。

维修基金不敷使用时,经当地房地产行政主管部门或业主委员会研究决定,按业主占有的住宅建筑面积比例向业主续筹。

物业管理企业发生变换时,代管的维修基金账目经业主委员会审核无误后,应当办理账户转移手续。账户转移手续应当自双方签字盖章之日起十日内送当地房地产行政主管部门和业主委员会备案。

业主转让房屋所有权时,结余维修基金不予退还,随房屋所有权同时过户。

因房屋拆迁或者其他原因造成住房灭失的,维修基金代管单位应当将维修基金账面余额按业主个人缴交比例退还给业主。

各级房地产行政主管部门和财政部门负责指导、协调、监督维修基金的管理与使用。

业主或使用人、物业管理公司、开发建设单位之间就维修基金发生纠纷的,当事人可以通过协商、协调解决,协商、协调不成的,可以依法向仲裁机构申请仲裁,或者向人民法院起诉。

9.2.4.3 维修基金的管理方法

(1) 制定储备基金的留存计划

在计算维修基金留存计划时,首先要列出经批准的可动用维修基金进行大修或更新的公共设备设施项目;其次要计算出每一项目需要大修或更新的周期,如一台水泵可能用5年或更长时间就要更新,一幢大厦每3年需要大修一次等;再次计算出所需的大修或更新资金量;最后确定每年每月应计提留存补足的大修或更新的维修基金,以便在年末为下一年的大修或更新存有足够的资金。

由于货币具有时间价值和通货膨胀的原因,在计算维修基金的年度预算时,必须考虑通货膨胀率和银行存款利率,以正确编制维修基金的留存预算。

房产物业公共部位和共用设备设施的维修基金年度预提额 $= P \times (1+i)^n \times \dfrac{r}{(1+r)^n - 1}$

式中,P——物业公共部位和共用设备设施的更新价值或大修费用;

i——年通货膨胀率;

r——利息率;

n——公共部位或共用设备设施的大修或更新周期;

$\dfrac{r}{(1+r)^n - 1}$——偿债基金系数。

例如,现在某物业管理公司要对所管辖的物业中的一台水泵进行更新,更新这台水泵需要50 000元,预计再次更新前可以使用15年。如果预计未来5年的年通货膨胀率均为5%,年利息率均为8%,则今后每年应为这台水泵预提留存的更新维修基金为:

$$50\,000 \times (1+5\%)^{15} \times \dfrac{8\%}{(1+8\%)^{15} - 1} = 3\,825.18(元/年)$$

每月应为这台水泵预提更新资金为:

$$\dfrac{3\,825.18}{12} = 318.76(元/月)$$

预提留存的年度大修基金也是同样计算。例如,某物业管理公司要为所接管的物业中的房屋的公共部位和水泵的大修预提资金,经预测,房屋大修费为 80 元/m²,水泵的大修费为 1 000 元/台,现这家物业管理公司接管的房屋建筑面积是 13 024m²,水泵 1 台,房屋每 15 年大修一次,水泵每 2 年大修一次,若当年的通货膨胀率为 5%,年利息率为 8%,则每年要为房屋和水泵预提的大修资金为:

$$80 \times 13\,024 \times (1+5\%)^{15} \times \frac{8\%}{(1+8\%)^{15}-1} + 1\,000 \times (1+5\%)^2 \times \frac{8\%}{(1+8\%)^2-1} = 8\,011.62 (元/年)$$

每月预提大修资金为:

$$\frac{8\,011.62}{12} = 667.64 (元/月)$$

需要指出的是,由于年通货膨胀率和年利息率随着时间的转移会有变动的趋势,因此,在计算确定的大修和更新维修基金的预算时,应采取谨慎原则,以保证留出一笔更实际的金额,足以支付大修和更新费用。

此外,由于物业管理公司每年每月都可能接管新的物业,因此,在确定维修基金留存预算计划时,应及时将新接受的委托管理的物业考虑进去,这样才能真正反映实际管理的物业应留存的维修基金预算总额。

(2) 制定维修基金的使用计划

在多种公共部位和共用设备设施等个体经济寿命将要终止,需要大修或更新时,就要使用留存的维修基金。为了高效地使用留存的维修基金,为了使留存的储备基金能够增值运作,也为了保证年度月度维修更新的资金需要,就必须要在正确计算公共设备设施的最佳更新时间后,确定最佳更新方案,明确在计划年度月度大修更新需要的资金,正确编制出储备基金的使用计划。

有了维修基金的使用计划,物业管理公司的经营管理者就可以事前控制公共部位和共用设备设施的大修更新资金的使用,提高预见性,克服盲目性,就能够事前处理和解决大修更新资金需要与资金供应可能之间的矛盾,从而可保证物业大修和更新的顺利进行,保证物业的保值和增值。这是积极管理维修基金的有效方法。因为制定维修基金的使用计划就等于确定了各时期大修更新资金的需要量,物业管理公司可以一方面设法筹足基金,另一方面又可事先制定成本降低计划,寻找挖掘降低维修更新成本的途径,积极采取措施,改善经营管理,提高资金的利用效率,以便以最低限度的维修基金,满足大修更新工程的需要。这是完全可能做到的,因为虽然维修更新需要一定的人力、物力,如工人、设备材料和结构件等,但这些个量不是绝对不变的,如果事前物业管理公司能够合理组织,选择最优的更新方案,并通过事先分析,制定降低成本,提高劳动生产率的措施,就可以做到少花钱,多办事,从而在一定程度上可解决目前物业管理公司普遍存在的维修基金的需要与资金供应不足的矛盾。

在编制维修基金使用计划前,首先要正确计算物业的大修更新预算成本,它包括大修更新期间的人工费、机械使用费、材料设备费和其他直接费、间接费。其次,要比照大修更新工程进度,确定各年各月的用款计划。这是由大修更新工程的生产特点所决定的。与一般工业企业生产过程不同,大修更新工程的前期费用往往要超出后期很多。每一大修更新工程其前期费用所需的资金往往比较多,随着工程进度的加快,设备材料使用量逐步减少,其所需的资金也逐步减少。因此在制定维修基金计划时要根据工程进度,合理安排,正确计算编制出每年每月的用款计划。

案例　物业管理资金的筹集与使用

物业管理公司从秋到春对物业的冷水机组进行检修、除垢,对冷却塔进行清洗,对冷却水进行防溢与加药处理等,这一系列项目的实施确实花了一笔钱,也用了一些工,这些钱是从维修基金中开支的。物业管理公司认为这样做可以使夏天的空调运行状况和效果明显地好于以前,支出的费用将换来机组的可靠运转、效率的提高、状况的改善和调节用工的节省,计算下来实际上是节省开支,因此是能够得到业主的理解和支持的,于是该物业管理公司就按此方案开始实施。

请评价物业公司的上述做法。

复习思考题

1. 物业管理的资金来源有哪些?
2. 物业管理公司在筹措资金时要注意哪些问题?
3. 试述物业服务成本或者物业服务支出的构成。
4. 物业管理资金的使用应遵循什么原则?
5. 物业管理资金的使用特点是由什么决定的?
6. 物业服务费的管理要求是什么?
7. 物业管理公司如何管理和使用维修基金?
8. 你所在的小区如何收取物业服务费,有维修基金吗?

第十章 物业租赁管理

第一节 物业租赁概述

物业租赁是物业交易或房地产交易中的一项主要活动,是房地产市场的一个组成部分,也是物业管理者的业务之一。许多经营性物业的业主将物业的租赁责任委托给管理者,有的业主甚至将租赁业务的好坏作为衡量物业管理者的最重要的标准。这是因为,首先对一个经营性物业来说,收益是首要考虑因素;其次,物业管理者所承担的其他责任也是主要围绕增加收益这个目标,并在这个目标上体现出其他责任履行的好坏。为了做好这一项工作,物业管理者必须了解和掌握有关物业租赁的概念、相关法律规定、租约的制定和管理等。

10.1.1 物业租赁的含义

物业租赁是指房屋产权人作为出租人将其房屋出租给承租人使用,承租人向出租人支付租金的行为。有关这个定义说明如下:

(1) 房屋出租人必须是房屋产权所有人。这个产权所有人可以是自然人,也可以是法人;可以是产权人自己,也可以是共有人(包括共同共有和按份共有);可以是产权所有人自己,也可以是产权所有人的委托代理人,或按照法定程序的指定代管人。

(2) 转租不等于出租,转租人也不等于出租人。转租人受制于出租人,没有出租人的同意转租现象就不存在,转租人也就不存在。因此转租只能是附属于出租的非独立活动。

(3) 出租不仅将房屋让与承租人居住或从事经营活动,也包括利用自有房屋以联营、承包经营、入股经营或合作经营等名义出租或转租房产。这一条是将所有符合房屋租赁法律特征的一切行为都包括在内,防止逃避租赁管理、偷逃税收的现象发生。

(4) 房屋租赁关系不因所有权的转移而终止。在房屋租赁有效期内,出租房屋的所有权发生转移不影响原租赁合同的执行,新房屋所有权人必须承担原房屋所有权人在租赁合同中确定的义务,尊重承租人的合法利益。用一句简短的话来说,即是"买卖不破租赁"。

(5) 房屋租赁关系是一种经济要式契约关系。房屋租赁关系是一种经济契约关系,它体现契约双方有偿,互利互惠的关系。同时由于房屋租赁的特殊性,双方租赁契约又必须是要式合同,而且是法定要式合同。我国法律规定,租赁合同必须采取书面形式,并依法登记。

(6) 我国法律规定。有下列情形之一的房屋不得出租:

① 未依法取得房屋所有权证的;
② 司法机关和行政机关依法裁定、决定查封或者以其他形式限制房地产权利的;
③ 共有房屋未取得共有人同意的;
④ 权属有争议的;

⑤ 属于违法建筑的；
⑥ 不符合安全标准的；
⑦ 已抵押，未经抵押权人同意的；
⑧ 不符合公安、环保、卫生等主管部门有关规定的；
⑨ 有关法律、法规规定禁止出租等其他情况。

10.1.2 物业租赁的分类

根据不同的分类标准，物业租赁可作如下分类：
(1) 根据租赁房屋的性质分
根据租赁房屋的性质不同可分为公房租赁和私房租赁，也可分为保障性、福利性租赁和市场性租赁。公房租赁又可分为房管部门管的直管公房租赁和企事业单位自管的系统公房租赁。
(2) 根据租赁房屋的用途分
根据租赁房屋的用途不同，可分为居住物业、商业物业、办公楼及工业物业等的租赁。
(3) 按照房屋的租赁期限分
按照房屋的租赁期限不同，又可分为定期租赁、不定期租赁和阶段式租赁。
① 定期租赁。物业定期租赁是物业管理中最常见的租赁形式。它包含确切的起租日期和结束日期，租期可以短到一个星期，也可以长到年。当期限届满，租约自动失效而不需要预先声明，租用者必须把产权交还给物业所有者。定期租赁不因所有者或租赁者死亡而失去法律效力，即所有权益的归属形式不变。
因为固定期限租赁有确切的终止日，因此如果业主希望通知租户租约期满搬迁，租约上必须注明截止日期。
② 自动延期租赁。自动延期租赁又称周期性租赁，除非租约一方提出要中止合约，否则将自动续约。租约按周、月、年的周期延续，中止通知应与周期对应。租约中止的提前时间可以是一个月到六个月不等。该形式的租赁行为不因租约一方的身故而失效。
自动延期租赁可由双方根据协议达成，也可依法建立。当物业所有者与租赁者之间，在本期租赁期限到期时以相似的租赁条件自动延续时，协议就达成了。许多居住租约既包含定期租赁又包括延期租赁。一般开始于定期租赁(半年或一年)，然后转为周期性租赁。
周期性租赁是租用者按租赁手续所规定的期限已经到期，或租约中未指明租赁期限，租赁者依旧按原来的方式占用物业，并照常按期缴纳租金的租赁行为。在这种情况下，实际上租金的缴纳周期就自动延续到下一期限，即如果租金是按月缴纳的，则延期是按月进行的。从物业管理者的权益角度考虑，自动延期的延长期限最好是在最初的租约中明确地规定下来，如按月自动延续等。
③ 意愿租赁。意愿租赁就是给租户以时期不确定的物业租用权，意愿租赁的延续依赖于双方的意愿。意愿租赁可以未经提前通知而随意中止，但一般的做法是提前以书面形式提出中止租赁。与定期租赁不同的是，意愿租赁关系在双方中的一方死去时自动中止。
(4) 按照租金的计算和支付方式分
按照租金的计算和支付方式不同可以分成毛租、纯租以及百分比租约。
① 毛租。在毛租的情况下，承租户支付固定的租金，而业主支付所有有关物业的费用，包括房地

产税和其他有关物业的税收、保险费和维修费等。至于水电费等公共事业费,则由租赁双方协商,可由承租户支付,也可由业主支付。毛租约经常用于公寓的出租,也有用于办公楼的租赁的。

② 纯租。纯租也称净租,一般用于较长租期的租约。纯租主要指承租户除了支付租金以外,还要承担其他的费用。在理论上,存在3种纯租约:单纯租约、双纯租约和三纯租约。其主要区别是:单纯租约的承租户只支付租金、水电费、房产税和其他的税收,双纯租约的承租户除此以外,还要支付保险费,三纯租约的承租户在双纯的基础上,还要加上维修费。在三纯租约的情况下,承租户承担了物业的所有有关费用。由于目前物业的用途越来越专业化,三纯租约的使用越来越广泛。特别是工业物业的租赁一般都采用三纯租约的形式。

③ 百分比租约。百分比租约,有时称作超额租约,是用于零售商业物业的出租租约。百分比租约租金的支付一般是基于年度来计算的。它要求承租者在支付一个固定额度的基础租金的基础上,加上承租户总收入超过事先确定的最低销售额部分的一个百分比。例如,一个百分比租约可能要求承租户每月交基础租金1 200元。再加上年经营收入超过36万元的差额部分的4%。在这个租约的条件下,一个年总经营收入为72万元的承租户需要支付的固定租金以外的费用为(720 000-360 000)×4%=14 400(元),14 400÷12=1 200(元),等于每月需多交1 200元。

大型购物中心或超市常常采用百分比租约。大型购物中心或超市的物业管理者要举办许多特别的展览,最大范围地吸引潜在的购物者。如常列入不同计划的新车、帆船或模型等展览来吸引顾客,使人们一旦为看展览而进入购物中心或超市时,就会进入租户的商铺购物,这就构成了一个双赢的局面。

百分比租约的确定没有固定的模式,这取决于物业的性质、地点、承租者生意的类型以及总的经济气候。百分比租金的计算还可以采取固定百分比和变动百分比两种方式。变动百分比是租赁双方商定的百分比随销售额超额的数量的增加而减少,以达到鼓励承租户提高经营水平、扩大销售的目的,使租赁双方都获得相应的好处。

(5) 按承租人的国籍分

按承租人的国籍不同将租赁分为国内租赁和涉外租赁。

10.1.3 租赁登记与纳税

10.1.3.1 租赁登记

根据我国法律规定,房屋租赁需登记备案。其具体要求如下:

(1) 房屋租赁当事人应当在租赁合同签订后30日内,到市县人民政府房地产管理部门办理登记备案手续。

(2) 登记备案时,除提交已签订的租赁合同以外,租赁当事人还应分别交验下列证件:

① 出租人应提交的证件:出租房屋的房地产权证或房屋所有权证和土地使用权证;出租人的身份证明;共有房屋的共有人同意出租的证明或委托书;委托代理出租时,房屋所有人委托代理出租的证明。

② 承租人需提交的证明:境内个人的身份证或户籍证明;境内单位(包括"三资"企业)的工商注册登记证明;境外人士的回乡证明;境外单位的经公证或认证的合法资格证明(法律、法规另

有规定的除外）。

(3) 房屋租赁登记申请经市、县人民政府房地产管理部门审查合格后，颁发《房屋租赁证》；审核不合格，则由房地产管理部门将租赁合同和有关证件退还当事人。

(4) 房屋出租持有关文件至当地税务机关依法纳税。

(5) 租赁登记的法律责任：

① 不按期申报、领取《房屋租赁证》的，责令其补办手续，并可处以罚款；

② 伪造、涂改《房屋租赁证》的，注销其证书，并可处以罚款；

③ 未经出租人同意和未办理登记备案，擅自转租房屋的，其租赁行为无效，没收其非法所得，并可处以罚款。

10.1.3.2 租赁税收

房屋租赁一般要涉及印花税、营业税、城建税、教育费附加、房产税、所得税和土地使用税等税收，分别介绍如下：

(1) 印花税

租赁双方所持的房屋租赁合同，应按合同所载金额的 0.1%，一次性贴足印花税票。

(2) 营业税、城建税和教育费附加（两税一费）

凡从事房地产租赁的单位和个人，以其应税收入为营业税征税对象，税率为 5%。城建税是以营业税税额为计税依据，一般规定，纳税人所在地在市区内的，税率为 7%；纳税人所在地在县城、建制镇、工矿区的，税率为 5%；纳税人所在地在农村的，税率为 1%。教育费附加是以营业税为计税依据，税率为 3%。

(3) 房产税

房产税计税方法有两种。一种是依房产原值扣除 10%～30% 后的余值为计税依据，税率为 1.2%；另一种是房产出租的，以房产租金收入作计税依据，税率为 12%。

(4) 所得税

所得税分两种：企业所得税和个人所得税。企业所得税的计税依据是经营企业的年实现利润净值，税率为 33%；个人所得税的计税依据是租金所得扣除免征额的余额（免征额现为租金额 4 000 元以下的为减除费用 800 元，4 000 元以上的扣除 20% 费用，然后就其余额纳税）。

(5) 土地使用税

私房业主出租私有房屋，应按所在地的地段等级适用的税额，交纳土地使用税。

第二节 物业租赁合同

10.2.1 物业租赁合同的构成要件和租赁双方的权利、义务

10.2.1.1 物业租赁合同的构成要件

物业租赁，当事人应当签订书面租赁合同，租赁合同应当具备以下条款：

(1) 当事人姓名(名称)及住所
(2) 房屋的坐落、面积、装修及设施状况
(3) 租赁用途
(4) 租赁期限
(5) 租金及交付方式
(6) 房屋修缮责任
(7) 转租约定
(8) 变更和解除合同的条件
(9) 违约责任
(10) 当事人约定的其他条款

10.2.1.2 租赁双方的权利和义务

(1) 出租人的权利和义务

① 出租人的权利：
- 有按期收取租金的权利。
- 有监督合理使用房屋的权利。这包括对改建装修、转租的否决权,合法使用的监督权及必要的进入权。
- 有依法收回出租房屋的权利。有三种情况可依法收回,一是租赁期满；二是对不定期租约要收回自住时,需提前通知并要安排好承租人的搬迁；三是承租人违约时。承租人违约违法情况在前面的章节已有叙述,这里要明确指出的是欠租6个月以上,公有住宅无正当理由闲置6个月以上的,都符合收回房屋的条件。

② 出租人的义务：
- 保障承租人合法使用。
- 根据合同对房屋设备维修。
- 保证租户不受干扰。
- 有依靠租户管理房屋,接受租户监督,不断改进工作的义务。

(2) 承租人的权利和义务

① 承租人的权利：
- 有按约使用所租房屋的权利。
- 有要求保障安全居住的权利。
- 出租房屋出售时有优先购买权。
- 有对房屋管理状况监督和建议权。
- 在出租人同意的情况下,有转租获利的权利。

② 承租人的义务：
- 有按期交纳租金的义务。
- 有按约定用途使用房屋,不得私自转租、转让他人的义务。
- 有维护原有房屋的义务。
- 有遵守国家政府有关法规和物业管理规定的义务。

10.2.2 物业租赁合同的主要内容

物业租赁合同的主要内容包括：

(1) 当事人姓名(名称)及住所

物业租赁合同既是合同又是房地产权益的转让证书。它必须包括租赁双方的姓名并且有承租户和业主或业主授权代表签名。如果租赁当事人是一个组织或公司，则必须有该组织或公司的名称并有该组织或公司的被授权人员签名并盖上组织或公司的章。当事人的住所也是租约的必要要素之一，因为除非当事人有书面改变住所的通知，这样在涉及以时间判断违约责任时就可以有一个客观的评判标准。法律判定租赁当事人之间的有关通知的送达都以租约上的地址为准。

(2) 房屋的坐落、面积、装修及设施状况

① 如果物业的出租包括了土地，则在租约中必须有精确的法律描述。如果出租的物业只是一幢大楼的一个部分，则只需提供大楼的地址及房间号码。

② 对于商业铺面，除了地址、号码的描述以外还必须有对承租户使用的描述，除此以外还要有一张表示铺面位置的平面图附在租约后。

③ 一个租约的物业描述中可能需要规定对出租空间的间隔、装饰、设施方面的要求以及费用的分担方法。有时这些具体的要求会使租约显得冗长和复杂，这样租赁双方可另立一个补充合同作为正式合同的有效附件。

(3) 租赁用途

租赁用途也是租约中的一个重要条款。例如在办公楼和工业物业租约中非常流行的一条限制性条款，限制承租户使用房子"只能用于一般租约规定的用途，而不能用于其他目的"。住宅的租约也可以包含限制性条款，如限制住在此租赁物业中的人数。这些限制条款的用词必须清楚和不含糊。因为法院是根据限制条款的含义来解决争端的，如果没有书面的限制性条款，承租户可以将房子用于任何合法的用途。对于多用户大楼来说，限制房屋用途的另一方法是制定"大楼管理规则"，它规定了更为详细的处理日常事务的方法，如承租户如何使用公共场所、停车场和大楼的运营时间。这些规则是为了保护物业的良好状态、维护物业的声誉和安全以及促进所有承租户的和睦协调关系而设计的。

(4) 租赁期限

① 租约期限的表达应该完整、明确，在说明整个期限长度的同时，写明开始和终止日期。例如：租期年从2006年6月1日起至2036年5月31日止。

② 在租约期限的条款中常常涉及续租的优先权条款。此条款给予承租户在规定的条件下，有权续约一段时间。优先权条款一般都规定了承租户提前通知的时间要求，也确定了通知的形式、递送方式、通知接受人、续约的期限以及租金多少等。

③ 在某些租约的租赁期限条款中还常常包含有允许承租户在支付罚金后可提前中止租约的内容。有的租约中还有在租约期限到期后给予承租户优先购买该物业的选择权。

(5) 租金及交付方式

① 租金支付的时间、数量、支付地点及收款人在租约中必须明确规定。

② 有的租约规定了租赁保证金,作为承租户期满拒迁房屋、延付房租、损坏房屋给业主带来损失的保证。保证金一般为1至3个月的房租,例如深圳市规定3个月。

③ 在租金及支付方式条款中必须加入一条"允许业主在必要时调整租金的条款"。这是一条极有价值的条款。租金率的调整条款有以下3种方式:

- 逐步上升条款。这个条款规定了经过某个规定时间后租金可有一个规定的增长。例如,一个长期租约可能要求前两年每月支付3 000元,第3年起每月支付4 000元,最后两年每月支付5 000元。逐步上升条款经常用于商业用户,目的是帮助新的生意或新的专业人员在事业上的起步。

- 指数条款。这个条款的特征是将租金的调整与某种指数结合起来。最经常被使用的是物价指数。例如租约中可以确定:"现在每月租金1 000元,以后每年的月租金的变化要与物价指数的增长率相同"。除了物价指数以外,其他如工资水平、税率、公用事业费率以及物业的总的经营成本都可以作为租金调整的控制指数。

- 重新估价法。这种租金调整的方法是在双方同意的某个约定的时间,按出租房屋重新估价的租金值来调整原有的租金值。也就是租赁双方同意接受"市场租金"。但这种估价必须由独立的估价师来进行。

(6) 房屋的修缮责任

从前面对物业租赁合同种类的讨论中,可以知道,只有三纯租约租户才承担维修费用。大多数居住和商业物业甚至一些工业物业的租约都要求业主负责所有使物业适合标准使用的必要修理,所谓的标准就是当地政府规定的建筑规范及其他规定。我国的《城市房屋租赁管理办法》中规定:"出租住宅用房的自然损坏或合同约定由出租人修缮的,由出租人负责修理","租用房屋从事生产、经营活动的,修缮责任由双方当事人在租赁合同中约定"。从这一规定中可以看出,为了避免不必要的纠纷,租赁双方必须在租赁合同中明确列出各自的修缮责任。在这里要注意以下几点:

① 修缮责任包括两个方面,一是修缮的范围,或修缮的内容,即哪些内容是出租人负责修理,哪些是承租人自己负责修理。例如承租人由于自己生活和工作的特殊需要,超过当地建筑规范所规定的标准安置的设备设施及用具,应由承租人自己修理。第二是修缮费用的承担,即每一次修缮费用谁来承担。一般来说,谁负责修缮谁就承担相应的费用,但有时会出现不一致的情况。

② 由于过失损坏的物业,由过失责任人负责。

③ 修缮责任要与租金作平衡。即修缮责任范围的大小,承担费用的多少是和租金的高低相关的。

④ 物业管理者在合法的前提下,应该起草一个尽可能免除那些超出其控制能力的提供维修和服务的责任。

⑤ 租约中应说明,如果物业被出售,业主的责任在出售之日结束,除了承担将保证金归还承租方或转移给新的业主的责任以外,其他责任均由新的业主承担。

(7) 转租约定

我国《城市房屋租赁管理方法》规定:"承租人在租赁期限内,征得出租人同意,可以将承租房屋的部分或全部转租给他人","房屋转租,应当订立转租合同。转租合同必须经原出租人书面同意"。尽管允许转租会给业主带来物业易于出租的好处,但也可能由于被转租方(最终承租方)财务及经营状况的不良导致出租方租金损失的风险和不必要的法律纠纷。因此一般来说,大多数租约中都明确规定禁止承租方未经业主书面同意转租房屋。

(8) 变更和解除合同的条件

《城市房屋租赁管理方法》中规定"有下列情形之一的,房屋租赁当事人可以变更或者解除租赁合同"。

① 符合法律规定或者合同约定可以变更合同或解除合同条款的。

② 不可抗力致使租赁合同不能继续履行的。

③ 当事人协商一致的。

(9) 违约责任

① 承租方的主要违约行为有:

- 将承租的房屋擅自转租。
- 将承租的房屋擅自转让、转借他人或擅自调换使用的。
- 将承租房屋擅自拆改结构或改变用途的。
- 拖欠租金。
- 利用承租房屋进行违法活动的。
- 故意损坏承租房屋的。
- 租约终止后非法占有房屋的。
- 其他违反双方规定的内容。

② 承租方违约时,出租方可采取的措施。在合约中可规定,一旦承租方违约,出租方可采取以下的措施:

- 出租方在合约规定的时间内向承租方发出书面通知,说明违反合约的性质,要求出租方作出确实的努力,在合理的时间内去改正违约行为以免出租方采取终止租约的行为。
- 如果承租方的违约可以用修缮或替换损坏的部分来解决,而承租方在合理的时间内未作这些修缮或替换,业主或其物业管理者可以进入房子并且完成必要的工作,并将工程实际的合理费用清单交给承租方,加在下一次租金上一并收取。
- 承租方违约给出租方造成损失的,由承租方赔偿。
- 如果承租方选择终止合约的,上述的修理费和赔偿金可从保证金中扣除。保证金不够的,承租方在接到账单时需马上支付。
- 出租方有权通过法律诉讼的途径来纠正承租方的违约行为。

③ 出租方的主要违约行为有:

- 不能保障承租方合法使用房屋。如出租方的房屋有产权纠纷;在正常使用范围和期限内,出租方干预承租方使用或毁约等。
- 不能保证承租方在租约规定的时间实际占有。一般来说影响承租方实际占有的情况有 3 种,一是前承租方因种种原因还没有搬走;二是前承租方虽然人走了,但东西还没有搬走,甚至还有废弃物没有清除;三是出租方对租赁房屋没有整修或整修未完成,因而没达到租约规定或国家有关法规规定的标准。这 3 种情况都使承租户不能实际占有,都是违约行为。但有时业主或物业管理者为了避免违约而引起法律纠纷,可以在合约中规定这样的条款——"如果承租方在租约规定的开始日期不能获得实际占有,这不能算是损害,也不影响租约的有效性和其他条款,除了出租方将放弃租金至承租方能获得实际占有为止。"以此来保护业主或物业管理者的利益。

- 不能提供基本服务。由于出租方不能或不能完全提供基本的服务,在法律上会出现"推定驱逐"或"部分驱逐"的情况。"推定驱逐"是指出租方在提供基本服务方面的失职,造成承租方不能正常的生活或营业而必须离开另行择居。"推定驱逐"的例子包括不能提供当地通常提供的热和水,不修理已不能使用的房子等实质性的错误而使房子不能为承租方使用。"推定驱逐"为大多数国家的法律认定为终止租约、收回房子或赔偿的基础。"部分驱逐"是指承租方没有搬出房子,但已不能按照租约规定的条件使用全部租用的房子。

④ 出租方违约时承租方可采取的措施:

- 发出书面通知,要求出租方在合理的时间内改正错误。
- 在合理的时间过后,出租方未能改正,承租方可以自行采取适当的措施以获得所需要的必要服务,并可从应支付的租金中扣除因此产生的费用。
- 承租户也可能拒付租金,直到违约情况被纠正。
- 对于出租方违约的,承租方可索取违约金,给承租方带来损失的,应由出租方负赔偿责任。
- 承租方可通过法律诉讼来纠正出租方的违约行为。

(10) 当事人约定的其他条款

租赁合约中,当事人可根据各自的情况和要求以及市场的情况商定某些条款。这些条款包括:

① 税收与保险费的分担。当今各国越来越多的租约中包括一个"税收分担"的条款。这个条款要求承租方除了支付租金外,还要按一定的比例分担任何税收的增加(如房地产税)。很显然这种税收分担条款对出租方的投资是极有价值的保护。保险费的分担也与此类似。

② 租户的改建。通常,大多数租户的改建被认为是定着物,是物业的一部分。在租赁结束时改建就作为物业不可分割部分归出租方所有。为了避免日后的麻烦,租约中可规定:

- 承租户的改建必须经出租方书面同意。
- 必须明确改建后新增部分的归属。
- 必须明确改建费用的承担。一般来说改建费用由承租方承担,但有时出租方对那些有利于提高自身物业价值的高档改建也会同意承担部分费用。在这方面出租方或物业管理者要尽可能将改建认定为承租方本身的需要,从而避免承担相应的费用。

③ 用于生意的定着物处理。一个商业或工业的承租户可以有权设置用于生意的定着物,如招牌、灯箱等。一般将这些与生意联系在一起的定着物看作承租方的财产,可以在租约结束前或结束时移走,但是建筑要恢复到租户搬进来时的状况。条款的用词在允许承租方移走生意定着物时是很关键的。一些租约规定物业必须恢复到"租户搬进来的情况",而另一些却要求恢复到"这个租约开始的情况"。这些词语上的微小差别可能对出租方有很大的影响。如对经过几个续约期情况的长期租户来说,承租户在第一个租约期安置了固定物,然后在第三个租约期内移走了。如按恢复到"这个租约开始的状况",承租户被要求修复的仅是第三个租期内所作的改动,而第一、第二个租期内作的改动就可以不包括在内,此时出租方(业主)就须自己承担这些修复

费用。

④ 保证金。一般租约要列出保证金的数量和种类以及在什么条件下补充。保证金的使用方法以及保证金利息的归属,各地规定不同,物业管理者应注意当地有关保证金的规定。

下面是中国消费者协会制定的《房屋租赁合同范本》,以供参考:

房屋租赁合同范本

本合同当事人出租方(以下简称甲方)_____;承租方(以下简称乙方)_____;根据《中华人民共和国合同法》及相关法律法规的规定,甲、乙双方在平等、自愿的基础上,就甲方将房屋出租给乙方使用,乙方承租甲方房屋事宜,为明确双方权利义务,经协商一致,订立本合同。

第一条　甲方保证所出租的房屋符合国家对租赁房屋的有关规定。

第二条　房屋的坐落、面积、装修、设施情况

1. 甲方出租给乙方的房屋位于(省、市)(区、县);门牌号为_____。

2. 出租房屋面积共_____平方米(建筑面积/使用面积/套内面积)。

3. 该房屋现有装修及设施、设备情况详见合同附件。该附件作为甲方按照本合同约定交付乙方使用和乙方在本合同租赁期满交还该房屋时的验收依据。

第三条　甲方应提供房产证(或具有出租权的有效证明)、身份证明(营业执照)等文件,乙方应提供身份证明文件。双方验证后可复印对方文件备存。所有复印件仅供本次租赁使用。

第四条　租赁期限、用途

1. 该房屋租赁期共____个月。自____年____月____日起至____年____月____日止。

2. 乙方向甲方承诺,租赁该房屋仅作为_____使用。

3. 租赁期满,甲方有权收回出租房屋,乙方应如期交还。乙方如要求续租,则必须在租赁期满____个月之前书面通知甲方,经甲方同意后,重新签订租赁合同。

第五条　租金及支付方式

1. 该房屋每月租金为_____元(大写____万____仟____佰____拾____元整)。租金总额为_____元(大写____万____仟____佰____拾____元整)。

2. 房屋租金支付方式如下:_____,甲方收款后应提供给乙方有效的收款凭证。

第六条　租赁期间相关费用及税金

1. 甲方应承担的费用:

(1) 租赁期间,房屋和土地的产权税由甲方依法交纳。如果发生政府有关部门征收本合同中未列出项目但与该房屋有关的费用,应由甲方负担。

(2) _____。

2. 乙方交纳以下费用:

(1) _____。

(2) _____。

乙方应按时交纳自行负担的费用。甲方不得擅自增加本合同未明确由乙方交纳的

费用。

第七条　房屋修缮与使用

1. 在租赁期内，甲方应保证出租房屋的使用安全。该房屋及所属设施的维修责任除双方在本合同及补充条款中约定外，均由甲方负责（乙方使用不当除外）。甲方提出进行维修须提前____日书面通知乙方，乙方应积极协助配合。乙方向甲方提出维修请求后，甲方应及时提供维修服务。对乙方的装修装饰部分甲方不负有修缮的义务。

2. 乙方应合理使用其所承租的房屋及其附属设施。如因使用不当造成房屋及设施损坏的，乙方应立即负责修复或经济赔偿。乙方如改变房屋的内部结构、装修或设置对房屋结构有影响的设备，设计规模、范围、工艺、用料等方案均须事先征得甲方的书面同意后方可施工。租赁期满后或因乙方责任导致退租的，除双方另有约定外，甲方有权选择以下权利中的一种：

（1）依附于房屋的装修归甲方所有。
（2）要求乙方恢复原状。
（3）向乙方收取恢复工程实际发生的费用。

第八条　房屋的转让与转租

1. 租赁期间，甲方有权依照法定程序转让该出租的房屋，转让后，本合同对新的房屋所有人和乙方继续有效。

2. 未经甲方同意，乙方不得转租、转借承租房屋。

3. 甲方出售房屋，须在____个月前书面通知乙方，在同等条件下，乙方有优先购买权。

第九条　合同的变更、解除与终止

1. 双方可以协商变更或终止本合同。

2. 甲方有以下行为之一的，乙方有权解除合同：
（1）不能提供房屋或所提供房屋不符合约定条件，严重影响居住。
（2）甲方未尽房屋修缮义务，严重影响居住的。

3. 房屋租赁期间，乙方有下列行为之一，甲方有权解除合同，收回出租房屋；
（1）未经甲方书面同意，转租、转借承租房屋。
（2）未经甲方书面同意，拆改变动房屋结构。
（3）损坏承租房屋，在甲方提出的合理期限内仍未修复的。
（4）未经甲方书面同意，改变本合同约定的房屋租赁用途。
（5）利用承租房屋存放危险物品或进行违法活动。
（6）逾期未交纳按约定应当由乙方交纳的各项费用，已经给甲方造成严重损害的。
（7）拖欠房租累计____个月以上。

4. 租赁期满前，乙方要继续租赁的，应当在租赁期满____个月前书面通知甲方。如甲方在租期届满后仍要对外出租的，在同等条件下，乙方享有优先承租权。

5. 租赁期满合同自然终止。

6. 因不可抗力因素导致合同无法履行的，合同终止。

第十条　房屋交付及收回的验收

1. 甲方应保证租赁房屋本身及附属设施、设备处于能够正常使用状态。

2. 验收时双方共同参与，如对装修、器物等硬件设施设备有异议应当场提出。当场难以检测判断的,应于____日内向对方主张。

3. 乙方应于房屋租赁期满后,将承租房屋及附属设施、设备交还甲方。

4. 乙方交还甲方房屋应当保持房屋及设施、设备的完好状态,不得留存物品或影响房屋的正常使用。对未经同意留存的物品,甲方有权处置。

第十一条 甲方违约责任处理规定

1. 甲方因不能提供本合同约定的房屋而解除合同的,应支付乙方本合同租金总额____%的违约金。甲方除应按约定支付违约金外,还应对超出违约金以外的损失进行赔偿。

2. 如乙方要求甲方继续履行合同的,甲方每逾期交房一日,则每日应向乙方支付日租金____倍的滞纳金。甲方还应承担因逾期交付给乙方造成的损失。

3. 由于甲方怠于履行维修义务或情况紧急,乙方组织维修的,甲方应支付乙方费用或折抵租金,但乙方应提供有效凭证。

4. 甲方违反本合同约定,提前收回房屋的,应按照合同总租金的____%向乙方支付违约金,若支付的违约金不足弥补乙方损失的,甲方还应该承担赔偿责任。

5. 甲方因房屋权属瑕疵或非法出租房屋而导致本合同无效时,甲方应赔偿乙方损失。

第十二条 乙方违约责任

1. 租赁期间,乙方有下列行为之一的,甲方有权终止合同,收回该房屋,乙方应按照合同总租金的____%向甲方支付违约金。若支付的违约金不足弥补甲方损失的,乙方还应负责赔偿直至达到弥补全部损失为止。

(1) 未经甲方书面同意,将房屋转租、转借给他人使用的。

(2) 未经甲方书面同意,拆改变动房屋结构或损坏房屋的。

(3) 改变本合同规定的租赁用途或利用该房屋进行违法活动的。

(4) 拖欠房租累计____个月以上的。

2. 在租赁期内,乙方逾期交纳本合同约定应由乙方负担的费用,每逾期一天,则应按上述费用总额的____%支付甲方滞纳金。

3. 在租赁期内,乙方未经甲方同意,中途擅自退租的,乙方应该按合同总租金____%的额度向甲方支付违约金。若支付的违约金不足弥补甲方损失的,乙方还应承担赔偿责任。

4. 乙方如逾期支付租金,每逾期一日,则乙方须按日租金的____倍支付滞纳金。

5. 租赁期满,乙方应如期交还该房屋。乙方逾期归还,则每逾期一日应向甲方支付原日租金____倍的滞纳金。乙方还应承担因逾期归还给甲方造成的损失。

第十三条 免责条件

1. 因不可抗力原因致使本合同不能继续履行或造成的损失,甲、乙双方互不承担责任。

2. 因国家政策需要拆除或改造已租赁的房屋,使甲、乙双方造成损失的,互不承担责任。

3. 因上述原因而终止合同的,租金按照实际使用时间计算,不足整月的按天数计算,多退少补。

4. 不可抗力系指"不能预见、不能避免并不能克服的客观情况"。

第十四条 本合同未尽事宜,经甲、乙双方协商一致,可订立补充条款。补充条款及附件均为本合同组成部分,与本合同具有同等法律效力。

第十五条 争议解决

本合同项下发生的争议,由双方当事人协商或申请调解;协商或调解解决不成的,按下列第____种方式解决(以下两种方式只能选择一种):

1. 提请仲裁委员会仲裁。
2. 依法向有管辖权的人民法院提起诉讼。

第十六条 其他约定事项

1. _____
2. _____

第十七条 本合同自双方签(章)后生效。

第十八条 本合同及附件一式____份,由甲、乙双方各执____份。具有同等法律效力。

甲方:_____ 乙方:_____
身份证号(或营业执照号)_____ 身份证号:_____
电话:_____ 电话:_____
传真:_____ 传真:_____
地址:_____ 地址:_____
邮政编码:_____ 邮政编码:_____
房产证号:_____
房地产经纪机构资质证书号码:_____
签约代表:_____ 签约代表:_____
签约日期:____年____月____日 签约日期:____年____月____日
签约地点:_____ 签约地点:_____

设施、设备清单____本;《设施清单》为_____(甲方)同_____(乙方)所签订的编号为_____房屋租赁合同的附件。

甲方向乙方提供以下设施、设备:

一、燃气管道[ ]煤气罐[ ]
二、暖气管道[ ]
三、热水管道[ ]
四、燃气热水器[ ]型号:_____;电热水器[ ]型号:_____
五、空调[ ]型号及数量:_____
六、家具[ ]型号及数量:_____
七、电器[ ]型号及数量:_____
八、水表现数:_____;电表现数:_____;燃气表现数:_____;
九、装修状况:_____
十、其他设施、设备:_____

甲方:_____ 乙方:_____
签约日期:____年____月____日
签约地点:_____

第三节 物业租赁管理的程序

10.3.1 物业租赁市场分析

10.3.1.1 物理特征的影响

物业具有某种物理特征的使用寿命是有限的。随着其物理特征的使用价值衰退,物业就将失去当其为新物业时的吸引力。在竞争态势中,估计这种在所难免的引力衰减的程度,是预测物业未来产租能力的关键因素。人们常从楼宇的功效和物业寿命两个物理角度评价物理特征对物业的影响。

(1) 功效的改变

物业落伍于目前的可接受标准、缺乏提供服务能力等因素,意味着空置率的提高和租金的降低。在竞争态势中,诸如功能不完善、设计陈旧或工程装备衰减等现象称为功效过时。这样的例子俯拾皆是。制造工艺、交通和储存技术的更新等,使得原来准备用于某种活动用途的物业过时。现代工业技术趋于使用一层楼的制造车间,这一变化导致了许多老式的多层建筑车间过时,诸如天花板高度不够,没有足够承载力的地板,两堵承重墙的跨度不够等,都是功效过时的例子。

(2) 物理寿命的改变

物业寿命是衡量一幢建筑的生产力能维持多久的指标。设计完善程度、目前状况等是衡量一幢建筑物的物理寿命的基础。要判断一幢建筑物的内部缺陷可以通过比较使用期大致相同的建筑物的外观来判断。同样,要判断一幢建筑物的未来老化的速度,也可以通过比较使用期大致相同的建筑物来进行。恰当地评价物理寿命,需要有关建筑设计和施工技术的知识。

10.3.1.2 区位因素的影响

影响物业租金的主要因素就是影响潜在租户对物业需求程度的区位。区位是租户对经济和社会需要的反映。区位偏好的变化也改变了市区建筑和区位价值。物理特征或多或少可以以人的意志为转变,而区位因素一般是不能改变的。区位经济和社会趋势对于物业租赁有很大的影响力。

重要的区位因素包括街区的经济和社会地位、与周围社会经济活动的关联程度,以及它与相关替代品相比所具有的区位优势。这些关键区位因素的变化方向和变化速率都对物业的租赁价格产生影响。

区位的相对需求度是影响物业产租能力大小的主导因素,但区位因素是会随时间的改变而改变的。那些在物理特征和区位特征上存在某些缺陷的物业,对物业空间需求变化的敏感性尤为明显。

10.3.1.3 区位关联变化的影响

生活方式的改变、处于变化中的商业模式乃至科技进步,都对区位产生关联作用,也会使这种关联发生新的变化。例如,生活空间由市区转向郊区,街区和购物中心之间交通工具的便利,二者互相作用,大大降低了郊区的居住区和市中心的商务区之间的传统联系方式,使得位处市区外围但与市中心交通联系比较方便的区位价值得到增加,同时家庭冰箱与速冻食品的便利,会降低购物频率,从而会大大弱化以快速、方便见长的杂货店和饭店的租赁需求,而电视的普及也会大大降低对娱乐设施的租赁需求。交通方式的改变还降低了靠近道路、轨道交通两侧和工业区区位的相对价值。

由于主要运输系统的现代化或更新换代,运输成本将出现惊人的改变。现代的例子包括:高速公路的重新布线、铁路的关闭以及停车设施的添置和停车费用的改变等,这些改变也许会造成原有相互关联的地区失去区位优势,从而降低附近工作或购物地区的物业的区位价值。如在以前无法通行的运河上新建一座桥梁,或者修建一条封闭的高速公路,对一些原来有竞争性区位优势的物业来讲,会破坏它们原来在提供通行便利方面的优势,并削弱了它们与某些地区空间关联性方面的相对优势,从而降低了其物业的产租能力。

10.3.1.4　物业供给的影响

商品或服务的需求度、相对稀缺性和互补产品或服务的价格,会影响其交换价值。因此同类出租物业的供给变动是影响物业租赁价格的重要因素。

替代性物业的可得性和成本对物业租赁价格的影响很大。替代性物业的可得性和成本主要表现在所在区域内近期可得的建房数量和位置、建筑工程贷款基金的可得性和可能成本等。这表示既有的租赁物业不仅要投其主要租户所好,亦需要挖掘潜在租户,增加既有租户才能维持现有的租赁价格。

物业管理公司要能够预测供给变化带来的租金的变化。当某租赁市场的某区域内的总空置率显著低于一般主导水平时,我们可以预测在当前价格下,会产生"额外需求"。短期内,该市场区域内的一般租金预计会上升,直至建立新的平衡。

当空置率明显高于以往水平,说明当前的需求不足,难以维持原来的租金增长率。当一般的物价水平比流行的租金率的增长更快时,实际的(即价格调整以后的)租金率会下降。

由于现实生活中价格具有黏滞性,一般业主预测未来有更好的机会时就不愿意降低租金。降价多数情况下隐含在租赁协议中,大意者无法察觉。可以通过仔细调查以判断市场租金是否确实低于目前协议租金率,因为事实上存在大量的协议租金,这类协议以额外装修费、免费泊车或减免租户的公共空间租金等形式存在。

10.3.1.5　物业独特性的影响

除了竞争空间的可得性和价格问题,未来租金价格还取决于物业具有的相对社会地位。具有独特魅力的物业可以要求溢价的租金。物业的独特性会弱化租户对价格差异的敏感。独特性表现在独一无二的建筑造型、高质量的结构、豪华设备或其他因素,这些对潜在租户来说,都会产生难以抗拒的诱惑力。

当然,物理的独特性不如租户在对物业的感知中形成的独特性重要。造型、质量和功能等特征都能被竞争对手模仿。而存在于租户印象中的感知意象,对各物业而言却是独一无二的,各细分市场对物业的这种感应能自觉产生。仅因某种名声,业主就可坚持溢价租金。成功营造的独一无二的物业需求意象,形成了独特区位的垄断优势。这类物业在与其他出租市场中的物业竞争中,更能立于不败之地。如上海古北新区的租赁物业就能凭借这一地区在租户心中的意象而使租金居高不下,虽然其物理特征和区位便利条件并不比它周围的物业高出许多,然而它却能够产生额外的租金。原因就在于租户对该位置具有独特的地址知觉,这种现象在经济学上称为垄断因素,而营销学上称为产品的独特性。

如果物业区位不同的差异并不太大,而若干稍有差异的区位所提供的服务各不相同,则潜在租户通常会根据相对占用成本和相对使用效益,来选择理想区位和替代品的物业。

10.3.2 物业租赁具体步骤

10.3.2.1 捕捉潜在租户

(1) 通过广告捕捉

要挖掘和寻找到最好的潜在租户,物业管理者就必须使用广告。广告有多种形式,如做标志牌、在报纸期刊上做广告或通过广播电视,或用信函、宣传手册、传单和网址,或通过赞助体育比赛、戏剧、音乐会等做广告。问题是物业管理者如何能够用最少的广告成本开支找到最多的潜在租户。由于住宅、工业和商业物业都有着不同的潜在客户群,所以做广告时要考虑到潜在租户的类型。

① 捕捉不同类物业的潜在租户适用的广告形式。对工业物业的潜在租户,可通过放置在工业区的主要干道上的大型广告牌或通过工业经纪人来寻找;商业物业的潜在租户,可通过靠近写字楼或就在写字楼上竖立广告牌或在大型橱窗里和城市报纸的特定版面上频繁登广告等方法寻找;而一个潜在的家庭租户有租赁需求时,往往通过邻居或朋友,也有通过看报纸来寻找的,因此居住物业的租赁客户可通过在物业上悬挂广告牌或报纸刊登广告来寻找。

② 捕捉不同类型物业的潜在租户适用的广告类型。出色的广告在人们的脑海里会留下深刻印象,这样的广告主要通过强调物业的优点和服务来吸引潜在租户的注意,一般在具体内容后就有物业位置、有效日期、参观时间和联系方式等。

a. 标志牌。物业的类型不同,潜在租户不同,通过标志牌寻找潜在租户的效果也不同。如大型的工业、商业物业就经常使用户外广告牌,来吸引潜在租户;大型住宅或办公楼宇就应在内部设立一个小接待室便于吸引潜在租户前来观察与查询;而小型的住宅或办公楼就可以将物业类型和联系人、有效日期、参观时间和联系方式放在待租物业或待租物业隔壁的显著位置上。

b. 报纸期刊广告。在精心选择的非地区性报纸期刊上做广告可以吸引到一系列有能力的潜在租户。如果吸引工业或商业方面的潜在租户,则可以将陈列广告刊登在财经版面上,当然也可以放在其他版面上。而要吸引住宅类的潜在租户则要在房地产报纸上做较大版面的广告。

c. 广播电视广告。尽管广播电视的听众和观众较多,但这些广告的费用高,而且这些听众和观众都是没有经过选择的,这些人多并不意味着潜在租户多。所以这个方法的效果是有限的。

(2) 建立租售中心"捕捉"潜在租户

对于大型综合住宅和商业物业来说,有必要建立一个组织健全、有专业人员的租售中心。租售中心的装修和家具应有吸引力,以使潜在租户看到完成后物业的情况。由于建立租售中心的费用昂贵,因此是否建立取决于租赁的物业数量、希望出租的时间、租赁者期望的租赁额和竞争者的情况等。期望中的租金越高,租售中心的效用就越大。因为使用合适的租售中心会增加潜在租户的询问率,从而提高出租的可能性。当市场需求强劲时,一般不需要精心布置这样的租售中心。

10.3.2.2 租户资格审查

不管是居住、商业还是工业租户,租户资格的审查程序基本是一样的。

(1) 潜在租户的登记

每一个前来咨询或参观物业的潜在租户都要填写一份租户登记表。

(2) 潜在租户的身份证明

核对居住或商业物业租赁者的身份证明很重要,尤其是零售性的商业物业,如混合租赁的零售购物中心。因为在商业物业中租户做何种生意是很重要的,它关系到与其他租户能否协调。如有些租户就要求在同一个购物中心对有竞争性的租户进行限制。

(3) 租赁经历

由于经常改变租户的花费较高,再加上一般家庭或公司频繁地更换租赁场所的原因大多是陷入了经济困境,因此业主或物业管理者为少冒风险,就会了解潜在租户的过去租赁历史,尽量寻找租赁史稳定可靠的、租赁期较长的租户。对于有改造物业要求的租户,其以往租赁是否稳定则更为重要。

如果潜在租户有多个,物业管理者或业主在选择时,往往不会考虑那些规模业务迅速膨胀的公司。因为假使现有的物业对这些租户目前来说正合适的话,那么过不了一两年就会显得太小而不能再租用,当然这得排除业主有富余的物业可以提供的情况。

(4) 资信状况

业主或物业管理者可以从租户以往的拖欠记录中了解潜在租户的资信状况。一般地说,以往总是拖延不按期付款的租户多数还是不会改变的,而以往总是稳定地按期付款的租户则总会保证信用。因此对那些有拖欠赖账史的潜在租户可不予考虑,当然如果仅有偶尔拖欠记录的,则应请对方亲自对此作出解释,并加以判断。物业管理者可通过调查得到所需要的潜在租户的以往信用资料。

10.3.2.3 租约条款谈判

在潜在租户对物业感兴趣并且其资质也符合业主的条件,具体的谈判过程就开始了。谈判的目标就是要签署租赁双方都满意的、公平合理的租约,物业管理公司往往要监控谈判的全过程。

(1) 控制签约进程

要使谈判有所进展,物业管理者就要有能够驾驭谈判局面、控制签约进程的能力。物业管理者要设法避免业主与租户的冲突和租赁业务无果而终的情况发生。物业管理者可通过不让业主和租户过早接触等方法,来规避可能出现的冲突。一般的技巧是当谈判快要结束准备签约时,再让双方见面。成功的物业管理者总是在开始谈判前拟订谈判策略,使业主不至于太早进入面对面的谈判中。

(2) 租价与折扣的谈判

在租金上作出让步，无疑是最具吸引力的，但也是最具负面影响的让步。虽然任何租价折扣，都不是业主或物业管理者情愿作出的，但在竞争激烈的物业租赁市场不得不这么做。因此任何时候物业管理者都要分析租价折扣的利弊得失，在保证物业的一定租金水平上才能考虑给予租户短期的租金减免优惠。一般租金上的让步只能在市场状况最坏的时候做出。

租金折扣一般是对个别租户做出的，但这类消息会传播得很快，因此一旦对个别租户妥协后，其他租户也会纷纷提出同样的要求，这样最终会导致租赁效益的降低，甚至造成严重的损失。因此在谈判中物业管理者要坚持最起码的租金水平。如果物业管理者发现物业的实际价值在整个租期内因租金的降低而发生损失，这时的租赁市场又是低迷的，提升租价的可能性不大，那么最好的做法是让物业空着，留待市场好转，租价合适时再租。因为长期以低廉价格出租物业，会使租金收入与物业的日常营运开支相抵后所剩无几甚至无利可图或收支倒挂，这是比物业空置还要糟糕的事。

① 办公物业的租价折扣。在办公物业出租中经常采用分级定价的方法，基本标准租金以每平方米计算，在高层办公楼中标准租金一般随楼层的增高而增加，因为楼层越高越安静，而每一层处于视野好的一面的单元，其租价就要比其他的单元贵一些。

② 居住物业的租价折扣。居住物业的租价也采用分级定价，使所有的单元在价格和价值上取得平衡。如一幢无电梯的六层公寓楼，顶层单元的月租费可能就要比楼下同样单元的月租费便宜些；同样一幢高层住宅楼，高层视野广、风景优美的单元肯定要比底层包围在群楼中间的单元的租价贵。

(3) 扩张优先权的谈判

所谓扩张优先权是指答应某个客户在将来某个时间有权优先租用邻近空间的权利。这种优先权在住宅中较少见，但对于那些成长中的工商企业来说是一项很有价值的让步。一般来说，空置率越低的物业就尽量避免给予扩张优先权的让步。

(4) 非竞争租户约束的谈判

这个条款是保证租户在这个物业内有独家经营某一行业的特权。这个条款在零售商业物业的租赁中很多见。一般来说，如果非竞争租户的约束在其不损害业主利益或客户打算支付额外费用作为补偿的情况下，这样的让步是可以做出的。但这个条款如果排斥对物业有价值的租户时就不能答应，特别是大型的购物中心，它本身就需要许多经营同类商品的类似小商铺来刺激营业和鼓励竞争，从而吸引大量的客流，因此更不能采用非竞争租户约束条款。

10.3.2.4 租期的确定

在租户更迭时，业主为寻找新租户要花费广告支出；对新租户的资格审查也要花费成本；谈判也要花时间和费用；而每次租户搬出搬进都要对物业进行清理、重装修和修整等花费，所有这些都要增加业主的租赁成本，减少租赁收益。因此一般有经济头脑的业主都愿意签一份长一些的租约。当然如果业主在长期租约中没有逐渐提高租金的条款（如随物价指数而变动等），在长期租约上也会有一些损失。

(1) 居住物业的租期

对居住物业，如果租金随时间推移而增长，租期才会超过一年，否则一般不超过一年。当然也有例外,如对新建或新改造的物业,业主为提升物业的声望,就会对那些资信好、经济地位坚实的租户签订两三年的租约,因为这些人的租用会提高物业在租户及邻里间的声望。

(2) 办公、商用和工业物业的租期

办公、商用物业则不同于居住物业,其租期最短也在5~10年间,而工业厂房租期则要高达10~25年或更长。业主一般在长期租约中要加入租金随时间而增加的条款。由于商用物业往往有专为租户进行改造的费用,因此对商用物业,物业管理者要尽量寻求较长的租期,以期能完全收回改造费用。在长期租约中,若以百分比租金方式出租,物业管理者一般都要求有保底租金,当然对那些声誉很高的大型商业企业租户可以例外。

在租期结束时,给予续租也是一种优惠,有较高声誉或经营业绩好的工商业户往往能够得到续期的优惠。其他租户要续期则往往有附加条件,如提高租金等。

在租赁市场空置率高的情况下,租户有时在谈判中会提出在租用到预定的时间后可退租的条款;而在经济不景气的时候,租户会提出在租用达到一定时间后根据经营情况减少租用量的条款。在特殊时期,业主在谈判中可以同意上述条件而不附带任何惩罚条件,但对未收回的为适应其租用要求而改造的费用,则要求租户退租时补交齐。

10.3.2.5 关于改造租房的谈判

新租户在入住前,一般总会提出这样或那样的改造或改进物业的要求。改造费用一般通过租金的形式收回。但物业管理者要向租户申明的是,所有超标改造装修费用或由租户自负,或由业主提供并在租金中收回。但在市场疲软或租户需要的时候,标准内的定期重装修或设备更新可以在租约中考虑由业主负担。

(1) 居住物业的改造装修要求

租户对居住物业的要求一般局限在物业的装饰上,如重新粉刷、重换窗帘、更新地毯等。有些新建住宅的业主让租户自己设计挑选装饰,并把这作为优惠条件。旧的住宅是否重新装饰由当时的租赁市场状况和租赁双方的急需程度决定。住宅在重新出租前一般都要重新粉刷油漆一遍,但当市场紧俏或租户急于入住时,如果租户愿意,可以由业主提供材料,租户自行完成,物业管理者要注意把这些口头协议记录下来以免造成误解。

(2) 工商物业的改造要求

工商物业的租赁谈判中,在物业管理者对物业改造的条款作出妥协前,不仅要考虑改造对物业的影响,还要考虑由此而增加的业主负担。一般谈判的结果是用其他条款来交换,以避免给业主带来损失。物业管理者要给租户一个可以改造的上限,允许租户在此范围内确定标准。

工商物业在出租前一般都必须经过相当大的改造以满足租户经营的特殊需要。改造项目和所需费用及费用如何分配必须在租赁契约中写明。一般新的工商物业业主在建造物业时,会根据建筑标准预留一定的出口、灯具、窗户等,这些费用一般都归业主承担。但超出这些标准的任何设备设施,如附加的楼梯、空间分隔、门、喷淋系统等的费用应由租户负担。

如果业主无法满足租户要求的豪华昂贵的装修改造,业主可以直接给租户按每平方米计算的补贴。但物业管理者要监督租户的装修过程,使其按约完成。在租约中还要明确租户的任何改造都是物业不可分割的一部分,租户对其没有所有权。

租户经营的性质决定了租户对改造的要求,如保险公司通常就采用原有的建筑设备设施的标准;而律师事务所则因业务原因,需要单人的办公间和豪华的装饰,这往往会超过原有设备设施的标准;医疗机构对设备设施的要求则可能更高。

10.3.2.6 签约

经过租户鉴别,确定符合要求的客户后,再通过租赁双方的谈判和协商,如果租约的全部价值与让步所带来的损失相比是值得的,则租赁双方就可以签约了。签约时,一般要预收租金和保证金,并且发给大楼管理原则,进一步明确双方的权利和义务。

10.3.2.7 核查物业

租约签订就意味着租赁业务的开始。在租赁伊始,物业管理者应陪同租赁人核查物业,检查所租物业是否符合租赁条款中的条件,如果租赁双方都同时认可物业的状况,就应请租赁人办理接受物业的签字手续。

10.3.2.8 收缴租金

在租赁开始时,物业管理者对租金缴纳的时间地点和滞纳金制度都要非常明确。一般来说,无论是办公、商业还是工业与居住物业,提前收取租金是通行的标准。物业管理者在签订租约之初,就要友好而严肃地向租户解释交费要求和罚款制度,要求其熟悉交费管理程序和有关规定。为方便租户,物业管理者要建立一个可行的收缴租金系统。

10.3.2.9 续签租约

续签租约对业主和物业管理者都是有好处的,因为对再装修以及更换其他设施的要求旧租户不像新租户那样多,另外业主也节省了寻找新租户的费用。租户是否续约主要取决于对物业管理者的满意程度和新契约的条款内容。因此新契约的条款作如何的改变是很关键的。

考虑新契约条款是否改变的因素一是初次租赁谈判中未考虑的因素,如租户以往是否准时缴纳租金等,二是市场经济的情况。通常改变租赁条款的内容主要集中在租赁期限、维修更改再装修的程度和租金水平上。

10.3.2.10 租赁中止

(1) 物业检查

无论哪一方提出结束租赁,物业管理者都必须在租户搬出之后与其一起检查物业。当房屋被清空后,物业管理者应在检查时确定下一次搬迁前哪些地方需要重新粉刷,记下物业的实际情况和需要的维修量及何时可列入维修计划等,并计算出安全与清洁方面应扣除的押金。

(2) 归还押金

当归还给租户押金时,物业管理者要说明押金扣除了哪些方面及其数额。如扣除了安全押金,就要说明安全押金的用途并归还未支出部分。如果物业管理者未按租赁协议动用了部分押金,那么他必须向租户逐条说明其使用情况。如果租户不能接受,物业管理公司必须承担相应的责任。

案例 物业租赁管理

一日,天成物业内一租住户想要搬出一部分家具。他千方百计联系此时正在国外的业主,但就是联系不上。按照管理规定,租住户搬出家具,必须有业主的书面许可证,而没有业主的书面许可,物业管理公司不予放行。急于搬出家具的租户万般无奈,找到物业管理公司领导,恳请给以特殊照顾。物业管理公司的领导考虑,若简单放行,恐怕损害业主的利益;若拒不放行,又会使住户感到不便,处于两难境地。

你认为物业管理公司该怎么办?你如何看待物业管理规章制度使用中的原则性与灵活性?

复习思考题

1. 简述租约的含义及法律特征。
2. 按计租方式的不同,租约可分成哪几类?
3. 房屋的修缮责任应注意什么?
4. 简述租赁双方的权利和义务。
5. 鉴别客户包括哪些内容?
6. 简述毛租、净租和百分比租约的区别。
7. 物业管理公司在续租与终止租约时要注意哪些问题?

第十一章 物业管理信息系统

第一节 物业管理信息系统概述

11.1.1 物业管理信息系统的定义及构成

11.1.1.1 物业管理信息系统的定义

物业管理信息系统是指物业管理中由人和计算机等组成的,专门用于物业信息的收集、传递、存储、加工、维护和使用的系统。它能及时反映物业及物业管理的运行状况,并具有预测、控制和辅助决策的功能,帮助物业管理公司实现其规划目标。

11.1.1.2 物业管理信息系统的构成

一个物业管理信息系统通常包括硬件设备、软件资源、数据库、远程通讯设备及人员等,现分述如下。

(1) 硬件设备

硬件设备是指基于计算机的物业管理信息系统中进行输入、处理、储存和输出的物理设备。它包括主存储器、中央处理器、辅助存储器以及输入输出设备。

(2) 软件资源

软件资源是指控制计算机工作的程序集合,又称软件包。软件主要可以分成两大类:系统软件和应用软件。系统软件是指硬件和应用软件之间进行交互的集合,它包括了操作系统和实用软件。操作系统是一系列控制计算机硬件以支持用户计算需要程序的集合。常见的操作系统有 Windows、UNIX 等;实用软件是指用于合并排序数据库、跟踪计算机运行轨迹以及其他重要任务的程序。常见的有压缩软件、防病毒软件等。应用软件是指用于帮助人们解决应用问题,完成某些特定内容的程序的集合。它又可分成通用软件和专用软件两类。通用软件适用面广,各类用户都可以应用;专用软件只是为某类客户或某个特定客户的使用而特别开发的软件。常见的应用软件有 Word、Excel 等。

(3) 数据库

数据库是指机械化的、可共享的、形式化定义的和集中控制的数据集合。数据库不可能孤立存在,它必然与其他部件一同构成数据库系统。通常数据库系统包括以下部分:数据库、应用程序、数据库管理系统、计算机系统和人员。数据库通常采用三种通用模型:层次、网状和关系型模型。数据库是通过数据库管理系统来进行管理。数据库管理系统主要有四种功能:存储和检索数据、提供用户视图、创建和修改数据库、操纵数据和生成报表。

(4) 远程通讯设备

远程通讯设备是指用于通信信号的电子传输设备,目前主要指计算机网络。通过计算机网络,可以使用电子函件、电子文档资料分发、远程办公、电话会议、视频会议、电子数据交换等。计算机网络的应用,缩小了时间和空间的距离,使物业管理企业的经营方式和管理理念发生深远的变化。计算机网络分成局域网和广域网(因特网),物业管理企业可以共享分布在组织内的硬件、程序和数据库,使得地理位置分散的部门可以迅速交流信息,协同工作,从而降低成本,改善组织效率,形成新的组织形式和企业战略。

(5) 人员

人员是物业管理信息系统建立与运行中最为关键的因素,包括系统人员和各种系统用户。信息系统人员是指所有设计、运行、维护、管理计算机信息系统的技术人员,系统用户是指所有使用物业管理信息系统的人员,如各级管理人员等。他们对信息系统的了解程度将决定物业管理信息系统的使用效果。

11.1.2 物业管理信息系统的作用

(1) 有效储存管理物业档案资料

物业的档案资料种类繁多、数量巨大,既不便于保存,又难于查询,同时占用空间大,容易丢失。利用计算机多媒体甚至虚拟现实技术,可以将有关物业管理的声、像、图、文字形象完整地保存在计算机内,不仅可大大减少存储空间,而且还会使得查找、修改、复制、传输等工作变得非常方便快捷。

(2) 高效低成本处理日常事务

通过管理信息系统,使得物业管理的一些事物性工作得以高效低成本地处理。例如,全方位的快速查询可以减少重复劳动和劳动强度;自动计算各项费用,实现财务电算化,减少了工作差错和负担;自动控制各项费用的收缴,提高收费效率,加强资金的回收速度;有效地实现数据统一管理和数据共享,使企业的办事效率更高,同时节约大量的人力和物力。

(3) 加强企业内部和企业与外界及客户的联系

通过计算机网络技术,可以实现信息共享和高速交换。物业管理企业可以根据工作的需要,与金融机构、公用事业单位联网,这将给收费工作带来极大的方便;利用局域网,企业可以通过多种形式进行内部的信息沟通,表扬先进、发现问题、听取员工的意见和建议,甚至可以进行远程的岗位培训等;通过与物业管理小区联网,使得业主或用户的意见、要求以及物业管理企业的管理计划、措施和要求能得到及时的交流,从而增进与客户的良好关系及客户对物业管理工作的理解和支持。

(4) 扩大企业经营服务的范围和能力

物业管理工作是一种与终端客户距离最近的服务性行业。由于人们生活水平的提高以及生活节奏的加快,人们需要形式多样、层次高低不同的服务。物业管理企业完全可以利用自己的优势地位,向社会各界进行招商,建立门类众多的信息服务平台,既满足了客户的需求,又提升了企业的形象,同时又扩大了企业的经营范围,获得一定的经营收入。

(5) 提高企业的决策能力

物业管理信息系统可以综合处理各类信息,其快速、自动、强大的统计汇总功能和报表打印功能,使得各项数据的统计汇总、分析报表一应俱全,有关管理人员可以随时查阅最新的详尽情况,并以此作为决策依据;同时,决策支持系统、专家系统可以辅助管理人员进行分析模拟,实现科学化决策。

11.1.3 物业管理信息系统的模块组成

由于物业管理公司的规模、管理对象、管理内容、组织结构设置不同,因而相应的管理信息系统也是不同的。但大体上可以分成两大部分:物业管理公司内部管理信息子系统和基层管理处信息管理子系统。

11.1.3.1 物业管理公司内部管理信息子系统

物业管理公司内部信息管理子系统可以分成7个部分:
(1) 办公室。包括:工作计划管理、公司文档管理、人事管理、财产管理、车辆管理。
(2) 管理部。包括:楼宇验收、保安管理、环卫管理、绿化管理、消防管理。
(3) 经营部。包括:招投标管理、租赁管理、多种经营管理。
(4) 工程部。包括:工程设备管理、设备运行管理、维修工程管理、仓库管理、报修中心管理。
(5) 财务部。包括:固定资产、工资管理、账务管理、报表生成。
(6) 总经理。包括:可随时查询各管理处和各职能部门情况、与各部门及员工的信息沟通。
(7) 系统维护。包括:系统权限管理、代码维护系统、帮助系统、安全定义、数据备份、数据导入。

11.1.3.2 基层管理处信息管理子系统

住宅小区管理信息子系统可以分成:管理区概况、日常事务、房产管理、住户管理和绿化环卫等,现分述如下:
(1) 管理区概况。包括:管理区图文介绍、设备设施资料、管理制度、岗位责任制。
(2) 日常事务。包括:治安管理、消防管理、设备运行管理、车辆管理、行政事务。
(3) 房产管理。包括:维修管理、装修管理、投诉违章管理。
(4) 住户管理。包括:住户资料、管理费收取、水电费收取、租金收取。
(5) 绿化环卫。包括:绿化工程、绿化手册、环卫工作计划、环卫劳动组织。

第二节 物业管理信息系统的开发

11.2.1 物业管理信息系统开发的基本条件

(1) 领导重视

企业最高领导的重视是能否成功建设管理信息系统的关键。管理信息系统的开发时间长、投资大、涉及面广,将关系到组织机构的调整、人员的培训、资金的筹措甚至管理方法或流程的改变。这些重大问题的决策,没有最高领导的重视甚至参与,是不可能解决的。

(2) 管理人员的积极参与

管理人员是系统将来的操作者、使用者,也是系统开发不可缺少的参与者。系统开发的技术人员通常对企业的实际流程不清楚,需要管理人员介绍管理流程并提出功能要求。因此管理人员对系统开发的态度,将直接影响到系统开发的效率和效果,也将影响将来的使用效果和生命力。

(3) 企业须有一定的管理基础

管理信息系统并不能简单地理解为传统的管理加计算机,事实上它是用计算机技术、信息技术来反映和改善企业管理的科学的管理系统。因此,只有企业本身具有合理的管理体制、完善的规章制度、程序化的管理方式、规范化的管理标准及准确的原始数据,才能有效地开发管理信息系统。因此,企业必须首先要整顿管理秩序,建立科学的管理制度、程序及标准,为信息系统的建设打好基础。

(4) 具备一定的人力财力

系统开发需要一支高水平的开发队伍,他们包括系统分析员、程序设计员、操作员、信息控制员以及硬件维修人员等。如果企业没有这样的人才,可以委托外面的专业单位进行开发。系统的开发需要建造机房、购买设备和软件、支付开发设计费用等,系统投入运行后,还需要支付各种运行费用,因此,需要企业提供足够的资金保证。

11.2.2 物业管理信息系统开发的方式和方法

11.2.2.1 物业管理信息系统的开发方式

物业管理信息系统的开发方式有如下几种,它们有各自的特点和适应性,供物业管理公司根据自己的情况选择。

(1) 公司自行开发

这种方式适合规模大、业务繁重或具有某些特殊系统要求的物业管理公司。它要求企业内部拥有较强的技术力量。其特点是开发时间较长,成本较高,但系统专用性强,易于维护。

(2) 委托软件公司开发

这种方式适合于企业内部缺乏必需的技术人员的各种物业管理公司。它具有开发时间短,对物业管理公司技术力量要求不高,系统实用性高,成本较低等优点,但缺点是需要慎重选择软件公司,且系统改进和维护工作较难进行。

(3) 与大学或科研单位合作开发

这种方式适合企业内部具有一定技术力量的物业管理公司。它具有结合双方的优势,开发的系统具有质量高、适应性强、成本低、易于维护等特点。而且开发的同时可以培养一支企业内部的技术队伍。

(4) 购买软件进行二次开发

这种方式通常适合一些中小物业管理公司。他们可以直接从市场上购买现有的应用软件包,然后根据本公司的特定需要进行二次开发,这种方式具有时间短,成本低等优点,但也带来维护困难等问题。

11.2.2.2 物业管理信息系统的开发方法
在具备必要的条件之后,选择合适的开发方法也至关重要。下面介绍几种最常用的方法。

(1) 结构化系统开发方法

结构化系统开发的基本思想是:采用结构化的方法,严格划分工作阶段,面向用户,采用标准化、规范化的图表工具。它将整个系统作为研究对象,明确系统的目标、系统的边界、系统的功能,将系统分成子系统、子系统分成若干模块,从全局把握、优化系统的结构设计。这种方法的优点是开发的系统性、工作阶段的程序性以及重视客户的需求。缺点是该方法的运用假设用户的需求在调查阶段全部可以确定,而且在开发过程中基本保持不变,这种假设在当今的环境中是很难做到的。其次,设计者需花费大量的时间进行调查和图表及说明书的设计,开发周期较长。

(2) 原型法

原型法的基本思想是:在初步了解用户需求的基础上,构造一个初步的模型——原型,开发人员通过原型,提炼用户的需求,提出修改方案,再去修改原型,经反复提炼与修改,直至得到最后的系统。原型法的优点是:适合于用户需要不能完全确定时的开发;可以缩短开发周期;开发的系统更能满足用户的需求。其局限性是:适合较小系统的开发,大系统的开发实现必须进行结构化分析,然后分成小系统开发;必须要有一个功能强大的软件作支撑。

(3) 面向对象的开发方法

面向对象的开发方法的基本思想是:认为客观世界是由各种各样的对象及其相互关系组成的,在开发过程中首先认识应用领域的各种对象和它们之间的相互关系,根据共性进行分类,在分类的基础上定义具有个性化的各种对象、对象具有属性和与之相关联的事件、方法。各种对象通过事件和方法相互联系、相互作用,构成应用系统。这种以对象为中心的分析问题、解决问题的过程与人们认识世界的过程基本一致,用这种方法可以更准确地描述现实世界。这种方法的优点是:减少系统开发的复杂性,缩短了开发周期;由于系统由各种类的对象组装而成的,决定了系统的可重用性和可维护性好;系统易于改进;可以维持较长的寿命。其局限性在于:如果没有自上而下的总体规划,直接自下而上可能会造成系统结构的不合理。

(4) 购买软件包

系统的开发还有一种方法是直接从市场上购买实用的软件包,进行修改应用。这种方法的优点是:开发周期短、可靠性强、技术服务好、开发成本低。其缺点是:软件包较适合企业中的一些通用的信息需求,难于满足用户的全部需求。

11.2.3 物业管理信息系统开发的步骤

物业管理信息系统的开发大致要经过系统规划、系统分析、系统设计及系统实施等阶段。

11.2.3.1 系统规划

(1) 系统规划的目标

系统规划是信息系统开发的第一步,也是关键一步。因为信息系统的开发是一个长期过程,如果开发前对公司长期和短期目标未进行规划,则可能导致系统开发实施后无法适应新情况下公司的需求。另外信息系统的开发涉及公司的管理制度、管理方法、人事安排和业务处理等方方面面,各用户的需要随着部门性质不同而不同,这也要求通过整体规划实现各部门目标的协调统一。最后物业管理信息系统的开发需要人力资源、财力资源、计算机硬件资源的配套,这也需要进行规划,以确保系统开发各阶段能顺利进行。

因此系统规划的目标是根据企业需求和现有的基础条件,制定出一个与企业发展相适应的、先进实用的、以计算机系统为基础的管理信息系统总体规划方案。系统规划要站在战略的高度,把企业作为一个有机的整体,全面考虑企业所处的环境、企业本身的潜力、企业具备的条件和企业发展的需要,规划出企业在一定时期所需建立的信息系统的蓝图。

(2) 系统规划的内容

① 提出开发要求。用户基于不同的考虑,提出开发信息系统的要求,这些要求是比较粗略的、定性的,如"提高管理效率"等。

② 系统初步调查。调查现行系统存在的主要问题和用户提出的目标要求及可能取得的收益,调查不必很深入,只要对现行系统作一个概括的描述。

③ 现行系统和用户需求分析。现行系统分析主要着重系统结构划分的合理性、业务流程的科学性、数据的准确性和收集处理的方便性。特别要分析现行系统存在的主要问题和管理的薄弱环节以及产生这些问题的原因和解决办法。同时,需通过各种方法了解各个管理层次的确切需求,以确定系统的目标、范围、功能和技术性能。

④ 提出初步设想。在调查的基础上,根据实际情况,提出初步设想,包括新系统的目标、范围、功能、结构、系统配置以及初步的实施方案。

⑤ 可行性研究。分析系统开发的必要性,从经济、技术和管理等方面分析新系统开发的可能性。

11.2.3.2 系统分析

(1) 系统分析的目的

系统分析阶段是系统开发的一个重要环节,其目的是要建立新系统的逻辑模型,即从逻辑上规定新系统应具有的功能,而不涉及具体的物理实现方法,也就是解决系统是"干什么",而不是"怎么干"的问题。

目前国内外广泛使用的是结构化系统分析方法,它的基本思想是从上到下的分解方法,把一个复杂的系统,逐级地分解成尽可能独立的子系统、模块和子模块等。

(2) 系统分析的任务和步骤

① 系统分析阶段的任务。包括:了解用户在系统功能、性能等方面的要求及用户在硬件配置、开发周期、处理方式等方面的意向与打算;完成系统分析报告,其核心内容是描述新系统的逻辑模型。

② 系统分析的步骤。包括:详细调查、系统分析、新系统逻辑模型设计、编写系统分析报告。

11.2.3.3 系统设计

系统设计又称物理设计,是根据新系统的逻辑模型来构建物理模型,即根据新系统的逻辑功能要求,结合实际条件,进行总体设计和详细设计,解决"怎么做"的问题。

(1) 系统设计的目标

系统设计的目标就是系统物理模型的衡量标准。一般来说,一个高质量的信息系统,必须符合以下标准:

① 可靠性。指系统的抗干扰及正常工作能力,如检查和纠错能力、保密性、抗病毒能力及故障排除后的系统恢复能力等。

② 高效率性。指系统运行应达到一定的效率,包括处理能力、处理速度和响应时间等指标。

③ 可维护性。可维护性是指对系统进行改正、提高及适应环境变化的方便程度。它主要取决于系统的可读性、可修改性和可扩充性。

④ 友好性。友好性是指系统操作使用方便、灵活、简单、易被用户所接受和使用的能力。

(2) 系统设计的内容

① 总体设计。也称概要设计,主要包括:划分子系统和功能模块、绘制系统结构图、物理配置方案设计、优化总体设计方案并进行评估。

② 详细设计。也称细节设计,主要包括:代码设计、数据存储设计、输入输出设计、处理过程设计、编写系统设计说明书以及提交系统设计报告。

11.2.3.4 系统实施

在系统设计报告得到批准以后,物业管理信息系统的开发就进入了实施阶段。这个阶段主要的工作内容为:系统实施的准备工作、程序设计与系统调试、系统转换。

(1) 系统实施的准备工作

由于系统实施牵涉大量复杂而烦琐的工作,将投入大量的人力和物力,因此,在系统实施以前,必须切实做好准备工作,才能保证系统实施有条不紊地进行。这些工作包括:制定具体的实施计划,明确实施的方法、步骤、时间安排、费用安排以及实施工作的监控;购买和安装计算机网络系统;人员的培训等。

(2) 程序设计与系统调试

① 程序设计是指将系统设计中有关模块的详细描述和处理过程转换成计算机程序。一个程序质量的好坏,其评价指标为:可维护性、可靠性、可理解性以及高效率。程序设计中,通常使用的一种方法是结构化程序设计方法,这与系统分析和系统设计阶段的结构化分析是一脉相承的。

② 系统调试也称系统测试,它的目的是为了及时发现程序和系统中的错误并加以纠正。系统调试包括三个层次的工作:模块调试(单调)、子系统调试(分调)和系统调试(总调)。

(3) 系统转换

系统转换是指用计算机化的新系统替代手工系统的过程。系统转换包括大量的工作,如数据文件转换、人员调度、设备更换、组织机构调整、文档资料的移交等。系统转换的方式有三种:直接转换法、平行转换法和分阶段转换法。

(4) 系统的运行、维护与评价

为了保证新系统的正常运行、充分发挥新系统的效益,必须加强系统的运行管理和维护。系统的运行管理主要包括系统安全与质量管理。安全管理主要是保护信息系统不受自然因素或人为因素破坏以及防止发生未经授权非法操作数据的情况。质量管理主要是防止设计错误、管理不善而导致信息失真或处理错误等情况。

系统的维护管理主要是为了适应环境的变化,在其生命周期中,对它的功能作出适当的修改或调整工作。其主要内容包括：程序维护、数据文件的维护、代码的维护以及硬件设备的维护。

系统的评价是指系统在投入运行一段时间之后,对新系统的运行情况作的一次全面的评估。其目的主要是：通过评价,判断其是否达到系统设计预期目标、用户对系统的满意程度、经济效益以及对系统可靠性的评价。

案例　建立物业管理信息系统

佳启物业管理有限责任公司在发展中决定引入更现代化的管理手段,引进物业管理信息系统。

请你在当地寻找能够提供物业管理信息系统的公司,向他们咨询,给佳启物业管理有限责任公司的物业管理信息系统引进工作提供一些建议。

复习思考题

1. 简述物业管理信息系统的定义及构成。
2. 物业管理信息系统的作用是什么？
3. 物业管理信息系统由哪些模块组成？
4. 物业管理信息系统开发需要具备哪些基本条件？
5. 物业管理信息系统的开发方式有几种？
6. 物业管理信息系统开发步骤分哪几步？
7. 物业管理信息系统设计的目标是什么？
8. 简述物业管理信息系统规划的内容。

第十二章 物业保险

第一节 物业风险管理

12.1.1 物业管理风险分析

12.1.1.1 市场风险(经济风险)
(1) 盲目扩张带来的风险

管理规模的扩张是物业管理公司发展的基本方式,也是企业风险的主要来源。实践证明,大多数风险都是在承接新项目时就已经存在了。但是一些物业管理企业缺少风险意识,常常在未做深入研究的情况下就轻率作出承接的决定,结果当物业管理公司接管物业以后,发现物业的实际情况与预先掌握的情况出入很大,收取的物业服务费不能满足实际开支的需要,物业管理公司必须不断垫入资金才能保持管理正常运转,从而跌入"陷阱",造成公司很大的损失。这种项目通常存在的问题有:居民缴纳物业服务费的意识差,物业设备能耗严重、质量差,开发建设单位与业主纠纷不清,物业服务费过低等。像这样由于企业盲目扩张规模落入"陷阱"的事件已不在少数,而且一旦落入陷阱,要退出来并不是那么容易,除了可能要承担违约的经济责任外,还可能由于市场机制的不充分,相当程度还保留着的政府干预,而使企业进退两难。

(2) 不了解经济规律带来的风险

有些物业管理公司由于缺乏对市场经济规律的认识,不能动态地、长远地、发展地看问题,为了一时的利益,签订了带有不良条款的租赁合同,给自己带来了极大的经济风险。

(3) 恶性低价竞争带来的风险

有些物业管理公司为了承接楼盘,不惜一切代价甚至明知道入不敷出,也参与恶性竞争。结果,不是导致企业严重亏损,就是不得不降低服务标准、减少服务项目。而不管哪一种情况出现,都将导致物业管理委托人的不满而最终导致该物业管理公司出局。

12.1.1.2 法律风险
(1) 业主委员会行为不规范带来的风险

由于业主委员会成员素质不一,又缺少培训和教育,加上法律对业主委员会的权利和义务缺乏明确细致的规定,所以容易出现随意"炒"物业管理公司现象,给物业管理公司带来很大的损失。物业管理公司在新接一个楼盘的初期投入很大,如果被随意解聘,将给物业管理公司在经济上和管理上带来很大损失。

(2) 物业管理公司权限不清带来的风险

物业管理公司的权限来源于两方面：一方面是政府的法律法规的授予，另一方面是物业管理委托合同的约定。物业管理公司如果对这些权限不了解，没有行使这些权限或超越这些权限，都将给自己带来风险。例如，对于小区居民的违章搭建，物业管理公司进行拆除，就有可能违法，因为物业管理公司没有执法权。另外，物业管理公司在签订委托合同或租赁合同时，没在合同中给自己设置"进入权"条款，即在某种特定情况下，物业管理公司有权进入业主、使用人或承租户所占有的物业。那么就有可能出现需要进入的时候不能进入、不能进入却进入的情况，物业管理公司就有可能面临违法或使物业得不到及时的保护而受损的两难境地。例如，某物业内水管漏水，业主一时联系不上，如果物业管理委托合同没有规定"进入权"，物业管理公司擅自把门打开而进入，就有可能面临业主的起诉；又如，在工业厂房出租的合同中，未规定物业管理企业的"进入权"，就有可能不能及时发现承租企业违反消防规定或造成结构荷载超重的隐患，给物业以至物业管理公司带来风险。

12.1.1.3 财产风险

财产风险是物业管理公司面临的众多风险之一。其中最经常发生的是"火灾风险"、"被盗风险"。物业管理公司如果缺乏严格的保安及消防管理制度和措施，火灾或盗窃的情况就有可能发生，使企业财产受损。

12.1.1.4 责任风险

物业管理公司从事的是一种受托管理，因此对物业管理公司来说，他们面临最多的风险是责任风险。如"财产保管责任风险"、"雨天大厅行人滑倒受伤"、"小区健身场地、器材伤人事故"、"维修施工致人受伤、致物受损"事故，这样的事情引起法律纠纷而导致物业管理公司承担赔偿责任的事情已经屡见不鲜了。还有刑事伤害事件也会给物业管理公司带来法律纠纷或赔偿责任。

12.1.1.5 人身风险

物业管理公司在人身伤害方面的风险也不少见。如：
（1）由于物业管理的劳务特性引起的风险，如大楼清洗粉刷引起的工人跌落伤亡事故。
（2）配电设备、电梯、高压锅炉维修保养中引起的人身伤害事故。
（3）工作特性的风险。物业的固定性带来物业管理的分散性，从而带来的交通事故的风险等。

12.1.2 风险的原因分析及对策

12.1.2.1 物业管理风险原因分析

物业管理公司面临如此之多的风险，究其原因不外乎有以下几点：
（1）缺乏风险意识
企业缺乏风险意识本身是一种最大的风险。没有风险意识，就失去了警惕，本来可以发现和避免的风险也无法规避。

(2) 物业管理法律法规不健全

物业管理的法规长期以来滞后于物业管理发展的实践,即使已出台了全国性的物业管理条例,但是缺乏细化,特别是物业管理双方当事人的权利义务方面缺乏细化,结果使许多问题缺乏明确的法律依据,物业管理公司的风险并未降低。

(3) 物业管理从业人员素质不高

物业管理是一个新兴的行业,也是一个发展速度极快的行业,大量人员都是来自于其他行业的转岗人员,总体素质不高,缺乏经济、技术、法律方面的知识和经验,难以应付物业管理中复杂多变的情况,从而带来了风险。

(4) 政府执法缺乏时效性

政府对物业管理中发生的问题不能及时反应,如一个拆除违章建筑的纠纷可能需要3~6个月的时间进行行政处理,这无疑等于解除了物业管理公司的管理权,使得违章现象由于得不到及时处置而泛滥。同时又可能由于政府对管理费收取的一些不恰当的规定,给物业管理公司带来风险。

(5) 物业管理合同中不恰当的承诺

多数企业在订立物业管理合同时,不重视保护自身应有的权益,不仔细研究合同免责条款的约定,不注意风险的规避。有的企业为了争一点市场份额,在接管项目前,作出不发生汽车丢失、不发生人身安全事故、不发生重大刑事案件等承诺,这都给物业管理企业带来了极大的风险。

(6) 物业公司缺乏保险意识

物业管理公司缺乏保险意识,也是风险产生的原因之一。物业管理公司没有重视企业的风险管理,没有将一些风险大、会对物业管理公司或业主带来难以承受的损失的风险适时适度地进行保险,从而一旦这样的风险事故发生,就会给物业管理公司以致命的打击。

12.1.2.2 物业管理公司风险管理对策

针对以上分析,物业管理公司可以采取的风险管理对策简述如下:
(1) 提高风险意识。
(2) 掌握法律法规。
(3) 掌握经济规律,避免经济风险。
(4) 谨慎承诺,避免合同风险。
(5) 完善管理、防范各类安全事故。
(6) 提高保险意识,适当转移风险。

第二节 物业管理公司的保险决策

12.2.1 物业管理所涉及的主要保险类型

保险的种类很多,但物业管理工作中经常涉及的主要有以下三类:财产保险、公共场所责任保险和雇主责任保险。

12.2.1.1 财产保险

物业管理中涉及的财产保险主要是物业的火灾保险。

(1) 火灾保险

火灾保险是财产保险的一种,它是对因火灾及保险单中列明的各种自然灾害和意外事故所引起的财产损失给予经济保障的保险。传统的火灾保险仅承保三种危险:即火灾、闪电、爆炸,其余保险如地震、洪水、空中飞行物坠落等均视为火灾保险的附加险。而我国现行的企业财产保险、家庭财产保险、涉外财产保险实际上是由火灾保险及其附加险组成的财产综合险。

① 火灾保险的承保范围。火灾保险对因火灾、闪电、爆炸所造成的保险标的物的损失负赔偿责任。除非经保险人同意并缔结特别合约,对下列财产的损失,火灾保险合同不予承保:寄托或寄售的货物;金银珠宝、古玩、古画、艺术珍品、电脑资料等;票据、现金、邮票等有价证券以及图册、文件、枪支弹药、爆炸物品等。

② 火灾保险的除外责任。火灾保险的除外责任包括:保险标的自身变化、自身发热或烘焙所致的损失;由于地震、飓风、洪水、冰雹等自然灾害以及战争、暴乱、罢工等政治风险所造成的损失;直接或间接由于核反应、核子辐射和放射性污染所带来的损失;投保人的故意行为或重大过失所造成的损失。

③ 火灾保险的保险金额和赔偿计算。固定财产的保险金额可以按照账面原值或原值加成数确定,也可以按重置重建价值确定。固定资产的保险价值是指出险时的重置价值。保险标的发生保险责任范围内的损失,按以下方式计算赔偿金额:

• 全部损失。保险金额等于或高于保险价值时,其赔偿金额以不超过保险价值为限;保险金额低于保险价值时,按保险金额赔偿。

• 部分损失。按账面原值投保的财产保险金额等于或高于保险价值时,其赔偿金额按实际损失计算,保险金额低于保险价值时,其赔偿金额按保险金额与保险价值比例计算;如果是按账面价值加成数,或按重建重置价值投保的财产,则按实际损失计算赔偿金额。

• 多项财产。如果保险单所载财产不是一项时,应分项计算,其中每项固定财产的赔偿额分别不得超过其投保时确定的保险金额。

④ 火灾保险的费率。火灾保险费率的计算方法有分类法和表定法两种:

• 分类费率:即将性质相同的危险进行归类,对每类危险给以确定的费率。没有特殊明显的因素存在,通常不做调整。我国按建筑物占有性质分为工业险、仓储险和普通险三类,其中又分为六级工业险、五级仓储险及五级普通险。

• 表定费率:即在以上分类费率的基础上,按各种危险因素的大小进行调整而形成的费率。表定费率调整所考虑的因素有:用途,指建筑物使用的目的;位置,指建筑物因周围环境被延烧的可能性;构造,主要指建筑物的材料,也考虑建筑物的大小及形式;防护,指消防设备及消防人员的配备。

(2) 物业火灾保险的投保范围

物业火灾保险投保的范围有两种:一种是建筑结构火灾保险,另一种是建筑物内部物件火灾保险。也可以说成是不动产火灾保险和动产火灾保险。对于这两种情况,物业管理者应作不同的考虑。

① 建筑结构火灾保险。建筑结构火险通常包括建筑物的外墙、地基、梁柱、室内固定间隔、公共设施和设备等。考虑购买建筑结构火险时,物业管理者要作这样的决策:是选择购买整座建筑的结构火险,还是只购买公共部位的结构火险。具体决策原则是:如果管理合同已有明确规定,则遵守管理合同的规定;如果管理合同没有约定,则物业管理者就可以根据实际的财政状况进行综合考虑。因为整座大楼的结构火灾保险与公共部位的火灾保险,在投保范围上有很大的不同,因而其保险费也有相当大的差别。值得注意的是,如果物业管理者决定只购买公共部位的火灾保险,则必须同时通知该座建筑物内的所有业主,让他们知道这个决定。因为他们有权知道这个重大的决定,从而为他们各自的专有部分作出投保与否的决策。

② 建筑物内部物品的火灾保险。由于物业内物品在遭受火灾时所受到的损失程度和几率都较高,所以其保金也较高。除非物业管理者负责管理的建筑物为单一业主所拥有,并清楚地知道物业内物品的数量和价值,否则是很难掌握各单位所存放物品的数量并作出准确的估价来投保的。因此物业管理者通常不会为物业内的物品购买保险。

③ 物业的综合险。除了保火灾险外,通常对物业的其他风险,如地震、飓风、洪水、自动灭火系统漏水、破坏、爆炸、空中运行物体坠落、水箱满溢或水管爆裂所引起的损失也进行保险。一般说来对这些风险的保险结合火险一起购买一个物业(财产)的综合险为好。

12.2.1.2 雇主责任保险

雇主责任保险,又称劳工保险。这个险种是为了配合改革开放,引进外资,保障三资企业、外国驻华机构所雇用人员的经济利益而开办的一种责任保险。随着我国劳动就业和福利制度改革的深入,这一险种将有很大的发展前途。

(1) 责任范围

凡投保人所雇用的员工(包括短期工、临时工、季节工和徒工)在保险有效期内,在受雇用过程中,从事保险合同所载明的、与投保人的业务有关的工作时,遭受意外而致受伤、死亡或者与业务有关的职业性疾病所致伤残或死亡,投保人根据雇佣合同,须负医药费及经济赔偿责任,包括应支付的诉讼费用。

(2) 除外责任

除外责任的范围包括:战争、类似战争的行为、叛乱、罢工、暴动或由于核子辐射所致的被雇人员伤残、死亡或疾病;被雇人员由于疾病、传染病、分娩、流产以及因这些疾病而实行内外科手术治疗所致的伤残或死亡;由于被雇人员自伤、自杀、犯罪行为、酗酒及无证驾驶各种机动车辆所致的伤残或死亡;投保人的故意行为或重大过失;投保人对其承包商雇用的员工的责任。

(3) 赔偿额度

① 死亡。最高赔偿额度按保险合同规定办理。

② 伤残。永久丧失全部工作能力,按保险合同规定的最高赔偿额度给付;永久丧失部分工作能力,根据受伤的部位和程度,参照《雇主责任赔偿金额表》的比率乘以最高赔偿额给付;暂时丧失工作能力5天以上者,经医生证明,按该雇员的工资给付。

③ 说明。保险人对上述各项总的赔偿金额,最高不超过保险合同规定的赔偿限额;雇员的月工资是按事故发生之日或经医生发现疾病之日该雇员的前12个月的平均工资,不足12个月的按实际月数平均。

(4) 保险费的计算

雇主责任保险采用预收保险费制。在订立保险合同时,根据投保人的估计,在保险合同有效期内各雇员工资(包括奖金、津贴等)总额,乘以不同雇员的使用费率来计算,并在保险合同到期1月内,凭投保人提供的各雇员实际工资总额的证明,对保险费进行调整,预付保险费多退少补。

(5) 雇主责任保险的扩展责任

① 附加医药费保险。这是保险人应投保人的要求扩展承保投保人的雇员在保险期限内因患病所需的医疗费用,包括医疗、药品、手术和住院费用。除另有约定以外,一般只限于在中国境内的医院或诊疗所治疗,并凭其出具的单证赔付。医疗费的最高赔偿金额,不论一次或多次赔偿,每人累计以不超过保险合同所确定的保险金额为限。

② 附加第三者责任险。雇主责任保险可扩大承保对雇员在保险合同有效期内,从事保险合同所载明的与投保人业务有关工作时,由于意外或疏忽,造成第三者人身伤亡或财产损失,以及所引起的对第三者的抚恤、医疗费和赔偿费用,依法应由被保险人赔付的金额,保险人负责赔偿。

12.2.1.3 公众责任保险

公众责任保险,又称普通责任险。主要承保各种团体及个人在固定场所从事生产、经营等活动,以及日常生活中由于意外事故而造成他人人身伤害或财产损失、依法应由投保人所承担的各种经济赔偿责任。它是一种无形财产保险,它承保的是投保人的损害赔偿责任,是没有实际标的的。

(1) 保险责任

公众责任保险承保的是被保险人在保险期限内,在保险地点发生的,依法应由被保险人承担的,由于被保险人的侵权行为造成的对第三者的民事赔偿责任。保险人承担的公众责任保险赔偿责任包括被保险人应付给受害方的赔偿金和有关费用。这里要注意的是:

① 保险人在任何情况下均不承担任何刑事责任。

② 被保险人依法应承担对第三者人身伤害的经济赔偿范围仅指受害人身体上的伤残、疾病、死亡,不包括受害人的精神伤害。

③ 公众责任保险直接保障的对象是被保险人,受害人无权直接向保险人索赔。

④ 有关费用是指被保险人因侵权行为而应付受害人的法律诉讼费及经保险人事先同意的被保险人自己支付的费用。

(2) 除外责任

公众责任保险的除外责任可以分成3方面:

① 绝对除外责任。公众责任保险的绝对除外责任除了一般所共有的除外责任,如被保险人的故意行为、战争及政治动乱、人力不可抗拒的自然原因外,有其特定的内容。如任何与被保险人一起居住的亲属引起的损害事故;由于震动、移动或减弱支撑引起的任何土地、财产或房屋的损害责任等。

② 公众责任不能保,但其他保险可承保的除外责任。如为被保险人服务的雇员受到的伤害,被保险人及雇佣人员或其代理人所拥有、照管、控制的财产,被保险人所有或以其名义使用的各种机动车辆、飞机、船舶等引起的损害事故等。

③ 可以附加承保的除外责任。如公众场所的归被保险人占有或以其名义使用的电梯、起重

机或其他升降机导致的损害事故,一般公众责任险不予承保,但可在基本保险单上扩展加保。

(3) 保险费率及保险费的计算

① 保险费率。没有固定的保险费率,而是视每一被保险人的风险情况逐笔议定费率。

② 保险费的计算是按赔偿限额选择适用的费率计算的。一般分3种:
- 有累计赔偿限额的:保险费＝累计赔偿限额×适用的费率;
- 无累计赔偿限额的:保险费＝每次事故赔偿限额×适用费率;
- 其他,如按经营场所面积计算:保险费＝场地占有面积×单位面积保险费。

(4) 赔偿限额与免赔额

① 赔偿限额是公众责任保险人承担经济赔偿责任的最高限额。由于公众责任险承保了人身伤害和财产损失两种情况,因此赔偿限额的计算有几种不同的方法:
- 规定每次事故的混合限额,无分项限额、无累计限额;
- 规定每次事故的人身事故和财产损失的分项限额,再规定保险期内累计赔偿限额;
- 规定每次事故赔偿限额,不分项,再规定整个保险期内累计赔偿限额。

② 免赔额是保险人的免责限度。公众责任保险对他人财产损失一般规定了每次事故的免赔额,即无论受害人财产损失程度如何,保险人不负责免赔额以内的赔偿,免赔额以内的部分由被保险人自己承担。

③ 法律费用的承担。如果被保险人承担的对第三者的赔偿金超过了赔偿限额,则法律费用按以下公式分摊:保险人应摊费用＝全部法律费用×赔偿限额÷被保险人应付赔偿额。

12.2.2 投保决策及保险公司的选择

购买保险可以转移风险,并且可以获得保险机构在降低风险方面的有效服务。但是为了获得上述好处,物业管理者及业主必须支付一定的保险费,从而加大了管理开支或业主的负担。因此,正确地进行投保决策就显得极为重要。

12.2.2.1 投保决策过程

物业管理者为了能正确地投保,必须遵循一定的决策步骤,以获得降低风险和增加成本之间的最佳平衡。其基本步骤如下:

(1) 详细调查

物业管理者必须了解在其管辖的范围内存在哪些风险因素。为此就必须对所有的建筑、道路、设施、设备以及各种物业管理工作,特别是维修领域进行彻底的调查,并进行分类登记。

(2) 确定所需的保险

在调查登记的情况下,对各种风险按照前述的风险管理的方法来进行分类。也就是确定哪些风险是可以避免的,哪些风险是可以忍受而保留的,哪些风险是可以采取种种措施进行预防和抑制的,只有对上述三种方法都不能解决的风险,并且潜在的损失将超出业主或物业管理者能够或愿意承担的风险才确定购买保险。但需指出的是,还有一些保险是不管投保人愿意与否都非买不可的,这带有强制性质,如机动车辆的第三者责任险。

(3) 保险费和保险金的确定

保险金和保险费的确定是根据风险带来的损失程度以及物业管理者或业主的财务预算状况来确定的。因此保险金过多或不足都会对投保人不利。保险金过多，则投保人平时的开支增加；保险金不足，则一旦风险发生，投保人得不到足够的补偿。在这方面要注意保险的几个特点：一是保险价值一般是以重建、重置成本计算，不考虑市场价值，因此在投保时应注意重建、重置价值，并且在续保时根据当时的重建重置成本进行调整；二是赔偿额一般是根据保险金的比例来赔偿的；三是多重保险不会得到多重赔偿，因为保险的原则是保障损失，而不是借意外事件来牟利。

（4）选择信誉良好的保险公司

（5）分析保险条款

保单的条款与投保双方今后的权利义务关系极大，对此，物业管理者或通过代理人要仔细分析各项条款，比较各种不同保险公司的同一类保单的各种条款的优劣，尽可能地为自己争得更多的利益，选择最有利于自己的条款。

12.2.2.2 保险公司的选择

目前我国保险公司已有很多家，而且随着国民经济进一步发展，保险公司或保险机构会越来越多，因此如何选择保险公司是一个重大的问题。一般来说，选择的标准有以下几条：

（1）保险公司的实力

保险公司的实力是考虑的首要因素。因为对投保人来说，重要的是一旦发生损失，保险人能否得到足额的补偿。

（2）工作效率与服务态度

工作效率与服务态度是选择保险公司时的次要考虑因素。通常保险人能提供的服务有：帮助投询；协助投保人采取损失预防和减轻的技术措施；及时合理要求；对保险合同的各项条款给以咨询。对物业管理来说，保险直接影响到物业管理者的工作进度和声誉。例如电梯受火灾而保险公司未能及时派员来鉴定损失情况，则电梯的修复工作就不能及时进行；又如损失，如保险公司的人员在处理过程中态度恶劣，也会引起业主和使用人对物业管理公司的不满，进而影响物业管理公司的声誉。

（3）保险成本

保险成本一般是投保人支付的保险费。如果在前两个标准类似的情况下，则保险成本就成了选择保险公司的关键。很显然，在计算比较保险成本时，由于保险合同的有效期限不同，因此必须考虑货币的时间价值因素。

12.2.2.3 保险顾问和保险经纪人

由于风险的识别及管理、保险合同的内容、投保额的计算、索赔涉及大量的专业知识，为了避免太多的麻烦，同时能提高投保的成本效益的情况下，物业管理公司可借助保险顾问或保险经纪人的帮助。保险顾问或保险经纪人的优点是有较深的专业知识，能帮助设计合适的保险计划和选择合适的保险公司。又由于保险顾问同时代表着许多投保人，因此在争取合理保费时要比单独的投保人处于更有利的地位。

案例　物业保险

一日夜里,市区突降暴雨,佳启物业管理有限责任公司虽然事先有所准备,但由于雨量非常大,给物业部分建筑和设备造成了损害,许多业主家中也受到了不同程度的损失。物业公司此前并未购买保险,损失只得自己承担。

请就此作以评论。

复习思考题

1. 物业管理企业面临的一些主要风险有哪些?
2. 物业管理企业面临的经济风险有哪些?
3. 物业管理企业面临的法律风险有哪些?
4. 物业管理中风险产生原因有哪些?
5. 物业管理企业风险管理对策有哪些?
6. 物业管理企业如何进行投保决策及保险公司的选择?

第十三章　不同类型物业的管理

第一节　居住物业的管理

13.1.1　居住物业的含义及分类

13.1.1.1　居住物业的含义
居住物业也称为住宅物业,它包括私人拥有以及政府和机构拥有的所有的住宅,是我国传统意义上的公有住宅和私有住宅的统称,它满足人们遮风避雨的基本需要,是人们赖以生存的空间和必要的条件,是人们最重要的生活资料,同时也是专业化物业管理的最大市场。

13.1.1.2　居住物业的分类
居住物业按照不同的标准有不同的分类。
（1）按住户多少分
① 独门独院型。独门独院型的居住物业主要是指别墅,这类建筑通常带有面积大小不等的花园。市场上既有联体式的别墅,又有独立式的别墅。但别墅的建造一般都是成片的。独门独院的别墅尽管维护费用要比多住户的公寓住宅少,但其所花的管理时间并不少,因此对物业管理公司来说,最好是管理一片别墅群。

有些平房建筑也是独门独院型的,如农村的一些平房。
② 多住户型。多住户住宅通常是指多层或高层、拥有多家住户的建筑。多住户住宅通常又可分为以下几种：
　• 平房住宅。平房住宅的建筑形式往往是以若干房间组成的,如我国北方的"三合院"、"四合院",同一院落居住着多户人家。
　• 无电梯多层住宅。无电梯多层住宅通常在城市或郊区相对集中的住宅区内,这类住宅通常在八层以下,管理没有多层有电梯的建筑复杂,收取的物业管理费通常也是比较低的。
　• 有电梯住宅。有电梯住宅多为中高层建筑,一般有面积大、住户多、居住人口集中和设备设施复杂、专业化程度高等特点。这类建筑大多在六层以上。
　• 智能化住宅。智能化住宅就是指人们通过促使建筑物的结构、系统、服务、管理四个要素之间的相互联系达到最佳,而提供的一个投资合理、高效率运作及舒适、方便的环境。通常包括了通讯自动化、楼宇自动化、管理自动化、消防保安自动化和办公自动化系统的应用。各个自动化系统的使用都是为了提高住宅大楼的层次,使整幢物业达到能灵活地调整人员和设备的安排,为人们提供各种形式的通讯联系,同时处理不同的信息。智能化大楼能够节约能源和管理成本,提供安全舒适的居住环境。

- 公寓式宾馆住宅。这些建筑的设备设施往往是先进的,一般也是处在城市的黄金地段。这类住宅的物业管理强调的是宾馆式的服务,从 24 小时的中央空调和冷热水供应,到房间打扫清洁、衣服洗涤熨烫和保安等服务都是宾馆级的,当然物业管理的收费也较高,它们往往受到高收入、追求舒适家庭的欢迎。

(2) 按投资建造者分

① 直管型住房。直管型住房又称单位自管住房,指我国住房制度改革以前,由住户所在的单位投资建造分配给职工居住的物业,其所有权归住户所在的单位所有。由于长期以来我国单位自管公房一直沿用政府统包、统管的计划体制和不讲核算的运算体制,致使直管公房大多具有房龄老、设施差又破损严重和住户不成套使用的特点。目前我国的直管住房的管理实行由单位委托物业管理公司管理的方式。目前有很多住户已经从单位处以成本优惠价购买了所居住的物业,成了售后住宅。

② 协作共管型住房。协作共管型住房是指我国住房制度改革以前,一些单位联合出资建造的、分配给职工居住的物业,其所有权归各单位所有,由各单位共同管理,是多用户型的物业。这类物业的使用者在所住的物业中往往拥有既得利益。尽管零售、办公和工业物业也常使用协作型建造方式,但更多的协作共管型物业体现在居住物业上。从物业管理角度讲协作共管型物业与普通的多用户型物业有很多的共同点,其基本区别主要是其所有权不同,从而引起权利义务和维修责任的很大不同。但随着我国住房制度的改革,很多协作共管型的住宅也已经销售给了原有的住户,成为售后住宅。

③ 经济适用住房。经济适用住房就是指面向低收入家庭的,由政府支持建造的用于住房解困的物业,这类住宅的管理一般收费低,更多体现的是社会效益。这类住宅也可以实行业主租户自营式物业管理,也就是居住小区的物业管理,既不由房地产开发公司、也不专门聘请物业管理公司负责,而是由楼房业主或租户自己负责管理。

13.1.2 住宅小区的管理

居住物业的管理,主要是住宅小区的管理。既是指新建的住宅小区的整个区域的管理,也是指老新村和老城区住宅的管理。既包括了普通商品房住宅小区的管理,也包括高档商品住宅以至别墅住宅区的管理。我国的住宅小区的管理经历了一个逐步发展的过程。2004 年中国物业管理协会制定了《普通住宅小区物业管理服务等级标准(试行)》,对提高我国住宅小区的物业管理水平,起到了强大的推动作用。

13.1.2.1 住宅小区的特点
(1) 住宅结构具有整体性和系统性

住宅小区的地上建筑和地下设施是一个不可分割的整体,地下各种管道设施,如上下水、煤气、热力、电缆等组成一个"网络体系",居住小区内各类房屋建筑、房屋设备、地上、地下、室内、室外是一个庞大的不可分割的动态大系统。即使同一幢楼房,尽管有若干个使用单位且使用性质和产权都不同,但房屋建筑结构是相连的、无法分割的,各种地上地下公用设施如供电、供暖、供气、上下水管道等,又是紧密连接的系统,贯穿于各家各户更是无法分割。因此,一个系统或一个部位出现了问题,就会影响住宅的全面运作和使用。这一特点就要求居住小区必须实行统一管理。

(2) 住宅小区具有建设集中统一化和功能多样化的特点

随着城市建设发展和居住水平的提高,原先分散的、功能单一的传统方式的住宅小区,正在向集中化、综合化、现代化方向发展。现在的住宅小区,以居住为主体,配有商业、服务业、银行、邮电、办公、文教卫生等用房,而且为使小区内各种住宅、配套设施、公共设施和环境绿化能够相互协调,有机结合,都是统一规划,集中综合开发建设的。住宅小区的这种建设统一化和功能多样化特点,就要求住宅小区管理既要实行统一管理,又要开展多样化服务。

(3) 住宅小区具有产权多样化的特点

随着住房体制改革和住房商品化的逐步实现,房屋住宅的产权结构发生了重大变化。一个小区或一幢住宅楼房的产权有可能是属于国家的,也可能是属于集体的,还有可能是属于众多的个人所有的。产权多元化格局在今后相当长时期都会存在,这是居住小区突出的特点。这一特点给小区管理带来了复杂性。

(4) 住宅小区具有社会化的特点

住宅小区建设的集中化、综合化、现代化的实现,加上小区的功能多样化和产权多样化,这些都使住宅小区成为一个"微型社会"。一方面住宅小区的许多公用设施、绿化等,都是为全小区服务的,已全部"社会化";另一方面由于产权多样化,居住人口十分复杂,各行各业人员都有,产生社会化现象。住宅小区的社会化也给小区管理带来了较为复杂的问题。

13.1.2.2 住宅小区管理的特点

(1) 综合性

住宅小区管理服务的内容是一揽子的综合事务,既有房屋及房屋设备的管理,又有环境的维护管理,还有委托性管理服务和经营性管理服务。虽然各专项工作可以分包出去,但依然要有统一的综合管理。

(2) 专业性

住宅小区的管理既要有专门的机构,又需要具有专业技术和专项技能的工作人员,如小区环境绿化、卫生等的维护管理。住宅小区管理的各专项工作如环境绿化、安全保卫等可以分包给各专业公司去做,这也体现了小区管理的专业性特点。

(3) 经营性

住宅小区管理实行有偿服务是小区管理经营性的最集中体现。随着住宅市场的商品化,以及二、三级住宅市场的发展,住宅小区管理必然会涉及住宅的出售、出租、代售、代租等经营性服务,围绕小区居民的各种需求也要开拓出各种经营性管理服务项目。经营已成为住宅小区管理中必不可少的项目。

(4) 服务性与中介性

住宅小区居住人口集中,成分层次不一,生活需求多种多样,小区管理的一个重要方面就是提供各种服务,满足居民的需求。随着居民生活水平的提高,各种新型的服务需求项目将越来越丰富,但无论如何小区管理的各项内容归根到底是为了给小区内的业主和使用人提供各种方便生活、提高生活质量的各种服务。当然物业管理公司不可能面面俱到,擅长各种管理服务项目和内容,物业管理公司要与社会联系,寻求社会支持,因此居住小区管理的一大特点是中介作用。

13.1.2.3 住宅小区管理的指导思想

（1）服务业主

住宅小区的物业管理本身就是为了满足居民的现实和期望的需要而提供服务,这决定了小区的物业管理者必须树立服务业主的思想,为广大业主和使用人提供生活的各种便利。

（2）自治管理与专业管理相结合

住宅小区的管理离不开专业的物业管理,但由于业主是物业的所有者,依法拥有对自己物业管理的决策、监督及参与的权利和义务。专业的物业管理单位必须尊重业主的自治管理权,而业主也应该积极配合专业物业管理单位,使其发挥最大的效用。

（3）统一管理,综合服务

实行管理与服务相结合,改变传统的单纯房屋维修为对建筑物及其附属物、绿地、环卫、治安、绿化、道路实施全方位的管理,并为居民提供多方面的综合性服务。

（4）经济效益、社会效益、环境效益、心理效益相结合

住宅小区物业管理是一种企业化行为,需要讲经济效益;住宅小区是城市大环境中的小环境,是与广大居民的身心健康最为密切的环境,住宅小区物业管理的好坏,直接关系到环境效益;住宅小区管理的社会效益,主要体现在为居民提供一个安全、舒适、和睦、优美的生活空间,体现在人际关系的调节,也体现在社会安定团结的维护;心理效益是上述效益反映在居民心态中的一种主观感觉,是一种居住环境理想的境界与心理评价。如果住宅和环境的安全、舒适、优美的程度已达到或超过心理评价,居民就会有一种满足感、幸福感,甚至有享受感。因此,住宅小区的物业管理要考虑上述四方面效益的结合。

13.1.2.4 普通住宅小区物业管理服务考核标准

按照《普通住宅小区物业管理服务等级标准（试行）》的要求,住宅小区物业管理服务考核要求如下：

一　级

项目	内容与标准
（一）基本要求	1. 服务与被服务双方签订规范的物业服务合同,双方权利义务关系明确。 2. 承接项目时,对住宅小区共用部位、共用设施设备进行认真查验,验收手续齐全。 3. 管理人员、专业操作人员按照国家有关规定取得物业管理职业资格证书或者岗位证书。 4. 有完善的物业管理方案,质量管理、财务管理、档案管理等制度健全。 5. 管理服务人员统一着装、佩戴标志,行为规范,服务主动、热情。 6. 设有服务接待中心,公示 24 小时服务电话。急修半小时内、其他报修按双方约定时间到达现场,有完整的报修、维修和回访记录。 7. 根据业主需求,提供物业服务合同之外的特约服务和代办服务的,公示服务项目与收费价目。 8. 按有关规定和合同约定公布物业服务费用或者物业服务资金的收支情况。 9. 按合同约定规范使用住房专项维修资金。 10. 每年至少 1 次征询业主对物业服务的意见,满意率 80% 以上。

续表

项目	内容与标准
（二）房屋管理	1. 对房屋共用部位进行日常管理和维修养护，检修记录和保养记录齐全。 2. 根据房屋实际使用年限，定期检查房屋共用部位的使用状况，需要维修，属于小修范围的，及时组织修复；属于大、中修范围的，及时编制维修计划和住房专项维修资金使用计划，向业主大会或者业主委员会提出报告与建议，根据业主大会的决定，组织维修。 3. 每日巡查1次小区房屋单元门、楼梯通道以及其他共用部位的门窗、玻璃等，做好巡查记录，并及时维修养护。 4. 按照住宅装饰装修管理有关规定和业主公约（业主临时公约）要求，建立完善的住宅装饰装修管理制度。装修前，依规定审核业主（使用人）的装修方案，告知装修人有关装饰装修的禁止行为和注意事项。每日巡查1次装修施工现场，发现影响房屋外观、危及房屋结构安全及拆改共用管线等损害公共利益现象的，及时劝阻并报告业主委员会和有关主管部门。 5. 对违反规划私搭乱建和擅自改变房屋用途的行为及时劝阻，并报告业主委员会和有关主管部门。 6. 小区主出入口设有小区平面示意图，主要路口设有路标。各组团、栋及单元（门）、户和公共配套设施、场地有明显标志。
（三）共用设施设备维修养护	1. 对共用设施设备进行日常管理和维修养护（依法应由专业部门负责的除外）。 2. 建立共用设施设备档案（设备台账），设施设备的运行、检查、维修、保养等记录齐全。 3. 设施设备标志齐全、规范，责任人明确；操作维护人员严格执行设施设备操作规程及保养规范；设施设备运行正常。 4. 对共用设施设备定期组织巡查，做好巡查记录，需要维修，属于小修范围的，及时组织修复；属于大、中修范围或者需要更新改造的，及时编制维修、更新改造计划和住房专项维修资金使用计划，向业主大会或业主委员会提出报告与建议，根据业主大会的决定，组织维修或者更新改造。 5. 载人电梯24小时正常运行。 6. 消防设施设备完好，可随时启用；消防通道畅通。 7. 设备房保持整洁、通风，无跑、冒、滴、漏和鼠害现象。 8. 小区道路平整，主要道路及停车场交通标志齐全、规范。 9. 路灯、楼道灯完好率不低于95%。 10. 容易危及人身安全的设施设备有明显警示标志和防范措施；对可能发生的各种突发设备故障有应急方案。
（四）协助维护公共秩序	1. 小区主出入口24小时站岗值勤。 2. 对重点区域、重点部位每1小时至少巡查1次；配有安全监控设施的，实施24小时监控。 3. 对进出小区的车辆实施证、卡管理，引导车辆有序通行、停放。 4. 对进出小区的装修、家政等劳务人员实行临时出入证管理。 5. 对火灾、治安、公共卫生等突发事件有应急预案，事发时及时报告业主委员会和有关部门，并协助采取相应措施。

续表

项目	内容与标准
（五）保洁服务	1. 高层按层、多层按幢设置垃圾桶，每日清运2次。垃圾袋装化，保持垃圾桶清洁、无异味。 2. 合理设置果壳箱或者垃圾桶，每日清运2次。 3. 小区道路、广场、停车场、绿地等每日清扫2次；电梯厅、楼道每日清扫2次，每周拖洗1次；一层共用大厅每日拖洗1次；楼梯扶手每日擦洗1次；共用部位玻璃每周清洁1次；路灯、楼道灯每月清洁1次；及时清除道路积水、积雪。 4. 共用雨、污水管道每年疏通1次；雨、污水井每月检查1次，视检查情况及时清掏；化粪池每月检查1次，每半年清掏1次，发现异常及时清掏。 5. 二次供水水箱按规定清洗，定时巡查，水质符合卫生要求。 6. 根据当地实际情况定期进行消毒和灭虫除害。
（六）绿化养护管理	1. 有专业人员实施绿化养护管理。 2. 草坪生长良好，及时修剪和补栽补种，无杂草、杂物。 3. 花卉、绿篱、树木应根据其品种和生长情况，及时修剪整形，保持观赏效果。 4. 定期组织浇灌、施肥和松土，做好防涝、防冻。 5. 定期喷洒药物，预防病虫害。

二 级

项目	内容与标准
（一）基本要求	1. 服务与被服务双方签订规范的物业服务合同，双方权利义务关系明确。 2. 承接项目时，对住宅小区共用部位、共用设施设备进行认真查验，验收手续齐全。 3. 管理人员、专业操作人员按照国家有关规定取得物业管理职业资格证书或者岗位证书。 4. 有完善的物业管理方案，质量管理、财务管理、档案管理等制度健全。 5. 管理服务人员统一着装、佩戴标志，行为规范，服务主动、热情。 6. 公示16小时服务电话。急修1小时内、其他报修按双方约定时间到达现场，有报修、维修和回访记录。 7. 根据业主需求，提供物业服务合同之外的特约服务和代办服务的，公示服务项目与收费价目。 8. 按有关规定和合同约定公布物业服务费用或者物业服务资金的收支情况。 9. 按合同约定规范使用住房专项维修资金。 10. 每年至少1次征询业主对物业服务的意见，满意率75%以上。

续表

项目	内容与标准
(二) 房屋管理	1. 对房屋共用部位进行日常管理和维修养护,检修记录和保养记录齐全。 2. 根据房屋实际使用年限,适时检查房屋共用部位的使用状况,需要维修,属于小修范围的,及时组织修复;属于大、中修范围的,及时编制维修计划和住房专项维修资金使用计划,向业主大会或者业主委员会提出报告与建议,根据业主大会的决定,组织维修。 3. 每3日巡查1次小区房屋单元门、楼梯通道以及其他共用部位的门窗、玻璃等,做好巡查记录,并及时维修养护。 4. 按照住宅装饰装修管理有关规定和业主公约(业主临时公约)要求,建立完善的住宅装饰装修管理制度。装修前,依规定审核业主(使用人)的装修方案,告知装修人有关装饰装修的禁止行为和注意事项。每3日巡查1次装修施工现场,发现影响房屋外观、危及房屋结构安全及拆改共用管线等损害公共利益现象的,及时劝阻并报告业主委员会和有关主管部门。 5. 对违反规划私搭乱建和擅自改变房屋用途的行为及时劝阻,并报告业主委员会和有关主管部门。 6. 小区主出入口设有小区平面示意图,各组团、栋及单元(门)、户有明显标志。
(三) 共用设施设备维修养护	1. 对共用设施设备进行日常管理和维修养护(依法应由专业部门负责的除外)。 2. 建立共用设施设备档案(设备台账),设施设备的运行、检查、维修、保养等记录齐全。 3. 设施设备标志齐全、规范,责任人明确;操作维护人员严格执行设施设备操作规程及保养规范;设施设备运行正常。 4. 对共用设施设备定期组织巡查,做好巡查记录,需要维修,属于小修范围的,及时组织修复;属于大、中修范围或者需要更新改造的,及时编制维修、更新改造计划和住房专项维修资金使用计划,向业主大会或业主委员会提出报告与建议,根据业主大会的决定,组织维修或者更新改造。 5. 载人电梯早6点至晚12点正常运行。 6. 消防设施设备完好,可随时启用;消防通道畅通。 7. 设备房保持整洁、通风,无跑、冒、滴、漏和鼠害现象。 8. 小区主要道路及停车场交通标志齐全。 9. 路灯、楼道灯完好率不低于90%。 10. 容易危及人身安全的设施设备有明显警示标志和防范措施;对可能发生的各种突发设备故障有应急方案。
(四) 协助维护公共秩序	1. 小区主出入口24小时值勤。 2. 对重点区域、重点部位每2小时至少巡查1次。 3. 对进出小区的车辆进行管理,引导车辆有序通行、停放。 4. 对进出小区的装修等劳务人员实行登记管理。 5. 对火灾、治安、公共卫生等突发事件有应急预案,事发时及时报告业主委员会和有关部门,并协助采取相应措施。

续表

项目	内容与标准
（五）保洁服务	1. 按幢设置垃圾桶，生活垃圾每天清运1次。 2. 小区道路、广场、停车场、绿地等每日清扫1次；电梯厅、楼道每日清扫1次，半月拖洗1次；楼梯扶手每周擦洗2次；共用部位玻璃每月清洁1次；路灯、楼道灯每季度清洁1次。及时清除区内主要道路积水、积雪。 3. 区内公共雨、污水管道每年疏通1次；雨、污水井每季度检查1次，并视检查情况及时清掏；化粪池每2个月检查1次，每年清掏1次，发现异常及时清掏。 4. 二次供水水箱按规定期清洗，定时巡查，水质符合卫生要求。 5. 根据当地实际情况定期进行消毒和灭虫除害。
（六）绿化养护管理	1. 有专业人员实施绿化养护管理。 2. 对草坪、花卉、绿篱、树木定期进行修剪、养护。 3. 定期清除绿地杂草、杂物。 4. 适时组织浇灌、施肥和松土，做好防涝、防冻。 5. 适时喷洒药物，预防病虫害。

三　级

项目	内容与标准
（一）基本要求	1. 服务与被服务双方签订规范的物业服务合同，双方权利义务关系明确。 2. 承接项目时，对住宅小区共用部位、共用设施设备进行认真查验，验收手续齐全。 3. 管理人员、专业操作人员按照国家有关规定取得物业管理职业资格证书或者岗位证书。 4. 有完善的物业管理方案，质量管理、财务管理、档案管理等制度健全。 5. 管理服务人员佩戴标志，行为规范，服务主动、热情。 6. 公示8小时服务电话。报修按双方约定时间到达现场，有报修、维修记录。 7. 按有关规定和合同约定公布物业服务费用或者物业服务资金的收支情况。 8. 按合同约定规范使用住房专项维修资金。 9. 每年至少1次征询业主对物业服务的意见，满意率70％以上。
（二）房屋管理	1. 对房屋共用部位进行日常管理和维修养护，检修记录和保养记录齐全。 2. 根据房屋实际使用年限，检查房屋共用部位的使用状况，需要维修，属于小修范围的，及时组织修复；属于大、中修范围的，及时编制维修计划和住房专项维修资金使用计划，向业主大会或者业主委员会提出报告与建议，根据业主大会的决定，组织维修。 3. 每周巡查1次小区房屋单元门、楼梯通道以及其他共用部位的门窗、玻璃等，定期维修养护。

续表

项 目	内容与标准
（二）房屋管理	4. 按照住宅装饰装修管理有关规定和业主公约（业主临时公约）要求，建立完善的住宅装饰装修管理制度。装修前，依规定审核业主（使用人）的装修方案，告知装修人有关装饰装修的禁止行为和注意事项。至少两次巡查装修施工现场，发现影响房屋外观、危及房屋结构安全及拆改共用管线等损害公共利益现象的，及时劝阻并报告业主委员会和有关主管部门。 5. 对违反规划私搭乱建和擅自改变房屋用途的行为及时劝阻，并报告业主委员会和有关主管部门。 6. 各组团、栋、单元（门）、户有明显标志。
（三）共用设施设备维修养护	1. 对共用设施设备进行日常管理和维修养护（依法应由专业部门负责的除外）。 2. 建立共用设施设备档案（设备台账），设施设备的运行、检修等记录齐全。 3. 操作维护人员严格执行设施设备操作规程及保养规范；设施设备运行正常。 4. 对共用设施设备定期组织巡查，做好巡查记录，需要维修，属于小修范围的，及时组织修复；属于大、中修范围或者需要更新改造的，及时编制维修、更新改造计划和住房专项维修资金使用计划，向业主大会或业主委员会提出报告与建议，根据业主大会的决定，组织维修或者更新改造。 5. 载人电梯早6点至晚12点正常运行。 6. 消防设施设备完好，可随时启用；消防通道畅通。 7. 路灯、楼道灯完好率不低于80%。 8. 容易危及人身安全的设施设备有明显警示标志和防范措施；对可能发生的各种突发设备故障有应急方案。
（四）协助维护公共秩序	1. 小区24小时值勤。 2. 对重点区域、重点部位每3小时至少巡查1次。 3. 车辆停放有序。 4. 对火灾、治安、公共卫生等突发事件有应急预案，事发时及时报告业主委员会和有关部门，并协助采取相应措施。
（五）保洁服务	1. 小区内设有垃圾收集点，生活垃圾每天清运1次。 2. 小区公共场所每日清扫1次；电梯厅、楼道每日清扫1次；共用部位玻璃每季度清洁1次；路灯、楼道灯每半年清洁1次。 3. 区内公共雨、污水管道每年疏通1次；雨、污水井每半年检查1次，并视检查情况及时清掏；化粪池每季度检查1次，每年清掏1次，发现异常及时清掏。 4. 二次供水水箱按规定清洗，水质符合卫生要求。
（六）绿化养护管理	1. 对草坪、花卉、绿篱、树木定期进行修剪、养护。 2. 定期清除绿地杂草、杂物。 3. 预防花草、树木病虫害。

第二节 商业物业的管理

商业物业主要由办公楼和零售商店两大物业类型组成。通常,它们同属于收益性物业;有出租经营、确保最高投资回报率的目标;它们的设施设备比较先进、复杂;物业中外来人流量多;有明显区别于居住物业的管理特征与要求。同样,商业物业也是专业化物业管理的一个主要市场。

13.2.1 办公楼物业的管理

13.2.1.1 办公楼的含义

办公楼是提供给人们商业经营和办公用的物业。有关办公楼,目前有不少名称,如商务楼、写字楼、综合楼等,虽然有所差异,但其主要功能是一样的:办公。办公楼的需求是引致需求,它与市场对办公楼租用者所提供的服务需求有关,如近年来市场对律师事务所、会计师事务所和金融机构等服务业的需求迅速增加,从而引起对办公物业需求的大大增加。

13.2.1.2 办公楼的分类

办公楼根据不同的标准有多种分类:

按建筑类型分,有多层建筑、花园洋房式建筑、高层建筑或是目前世界各国流行的商业园区。

按使用者的数量来分,有单用户(一个用户占用整栋物业)和多用户(一个物业由多个用户占用)办公楼。

根据用户经营的内容或行业来分,由单用途(如医疗中心、房地产交易市场、证券交易大楼等)和多用途办公楼(由多个不同的行业的经营者共同使用同一个建筑)。

根据用户的占有属性来分,有业主自用的,有出租的,有部分自用部分出租的。

按建筑的规模来分,有小型($10\,000\ m^2$ 以下)、中型($10\,000 \sim 30\,000\ m^2$)和大型($30\,000\ m^2$ 以上)。

按功能可分为单纯型(只有办公一种功能)、商住型(既有办公又有居住功能)和综合型(办公为主,同时兼有公寓、餐饮、商场、展示厅,甚至开设有舞厅、桑拿、保龄球等功能)。

按照大楼的现代化程度又可分为智能化大楼(具有高度自动化功能的大楼,一般具有"3A"或"5A"标准)和非智能化大楼。

按照办公楼的等级分,根据美国大楼业主和经理人协会(BOMA)提供的标准将办公楼分成A、B、C、D共4类。A类办公楼地段好、占有率高,相对而言是新型的,租金高且有竞争力;B类办公楼位于主要的地段,拥有较高的占有率与竞争性,按照现代化标准装修的老式楼宇或非主要地段的新式楼宇;C类办公楼是指老式、未作改善,但状况还比较好的建筑,它的占有率也比较高,但比城市的平均水平稍低,租金也是比中等稍低;D类办公楼是指房子老、条件差、租金低、占有率也低的建筑。

不同类型的办公楼对物业管理的要求不同。例如,由一家公司占用的办公楼与由许多家公司占用的办公楼在物业管理上就有所不同;即使一家公司占用的办公楼,也会因为办公楼属于用户自有或用户租用在管理上要求会有不同。自有物业的管理,很可能会设立附属的管理部门来管理,而租用的物业往往会由外聘的专业物业公司来管理。另外,多用户办公楼的用途也会给物业管理带来不同的要求。例如,证券交易中心大楼的管理要求与其他可以接纳任何用户的办公楼的要求就会不同。单一用途的办公楼管理相对多用途办公楼的管理要简单一些。办公楼宇在商业上成功与否主要取决于它的位置是否接近于主要的政府机构、社会公共设施、交通设施和其他商业服务设施等。

13.2.1.3 办公楼物业的特点
(1) 地理位置要求高

现代化的办公楼多数建在以经济、贸易、金融和信息为中心的大中城市。这些城市的经济活动频繁,交易量大,信息传输量大而快,交易成功率高,交通便捷,面谈方便等,所以吸引众多的企业在这些城市设立公司和办事处。特别是城市的中心地段,交通方便,各类商业服务设施齐全,既利于办公人员的上班,又有利于贸易的谈判和开展。

(2) 建筑档次高

现代化的办公楼大多为高档的高层建筑,不仅外部有自己独特的建筑风格,而且内部都配有先进的设施和设备,能为客户提供一个舒适的工作环境。

(3) 功能齐全

现代的办公楼能提供各种功能,如前台服务、大小会议室、酒吧、商场、餐厅、车库等,因而能为客户提供工作和生活上的方便,满足客户高效率工作的需要。

(4) 多由专业物业管理公司管理

办公楼由于其档次高,设施设备复杂,管理要求高,一般都委托专业物业管理公司进行管理。同时由于大多数办公楼是以出租为主,物业的出租经营收益的高低是物业的生命线,而出租经营收益的高低与物业管理的好坏休戚相关。因此,很多办公楼的物业管理公司有被委托代理出租的责任。对这样的物业管理公司来说,为业主获取最大的利润是其全部工作的出发点和落脚点,其所有工作都应围绕这个目标展开。

13.2.1.4 办公楼物业管理的主要内容

办公楼的物业管理内容比一般居住物业要多,要求也比较高。一般包括以下几个方面:租赁管理、前台服务、保安、消防、保洁、设备的维护和保养、绿化、商务服务、停车场管理、财务管理等。

(1) 租赁管理

租赁管理是保证办公楼经济效益的一个基本组成部分,租赁管理的好坏也是衡量物业管理水平的首要的也是终极的指标。做好租赁管理,需要物业管理公司做好市场分析、物业分析、确定最合适的租金、做好广告、研究租赁合同的条款等。

(2) 前台服务

前台服务是物业管理引入宾馆管理工作的结果。由于现代化办公大楼规模大、客户多,来往联系业务的人很多。有很多事情,如客人问讯等工作量相当大,光靠大堂指示牌和门卫难以应付众多的问讯者。因此可以将宾馆总台式服务引入办公楼管理,为客户提供一些日常事务的服务。

(3) 安全保卫

安全保卫是办公楼物业管理的另一项重要工作,它不仅涉及国家、企业与个人财产和生命的安全,还涉及大量商业机密的安全。办公楼的安全保卫工作主要包括中央监控、前后门警卫和大楼巡逻等。

(4) 消防

消防是大楼安全工作的重要内容。要做好消防工作,一定要做好以下几项工作:第一,加强领导,建立消防组织。要有专门的领导负责消防工作,并设立防火委员会,配备专职和兼职的消防人员,明确职责,接受培训和进行演练。第二,安装完备的消防设施,并进行日常的维护,使之处于完好状态。第三,建立完善的消防制度和规定,并严格贯彻执行。

(5) 物业设备管理

办公大楼各种设备的正常运转,对保证大楼的正常使用非常重要。只要某一设备出现故障,就会对承租人的工作和营业带来不利影响,也给大楼及物业管理公司的声誉造成不好的影响。

(6) 保洁管理

办公大楼内外的清洁工作对大楼的形象、物业管理公司的声誉以及大楼的租金收入都有重要的影响,因此不容忽视。办公大楼进出人员多,人员的层次相对较高,因此对物业保洁的要求就高。承租的各家公司,将办公大楼的形象也看作自己公司的形象,这都要求保洁工作达到相当高的标准。因此,保洁工作必须由专职的队伍负责,可以是本公司的保洁人员,也可以通过发包,聘请专职的保洁公司提供服务。保洁工作必须定人、定时、分区包干,对不同的部位和区域有不同的清洁标准,并要有严格的检查、考核制度。

13.2.2 零售商业物业的管理

13.2.2.1 零售商业的含义

零售商店是相对于批发商店来说的,它是直接与商品的最终用户接触,完成商品流通最后一个环节的场所。

一般来说,零售商在人口众多的地方聚集,因此市中心的商业机构多位于交通便利处,当然在大城市非交通要道处也有零售机构。

13.2.2.2 零售商业的分类

零售商店有各种类型,它可以是街区边上的小烟杂店,也可以是交通干线沿线成排的简易商店,还可以是各种规模的购物中心。购物中心是国外自20世纪六、七十年代发展起来的一种新型的商业化的房地产。它是一种出租摊位供各类商人零售或提供服务,从而获得经营收入的房地产。大型的购物中心由于其商品门类齐全,价格较便宜,购物环境好,对小型的零售商店是一个极大的挑战。从物业管理角度看,单独的小商店,通常由业主自行管理;而各类购物中心由于其规模较大以及租户的多样性使得专业化的物业管理显得非常必要。购物中心的成败,经常取决于物业管理公司在市场分析、公关、促销以及决策方面的能力。购物中心的管理是对物业管理公司管理能力的挑战。由于购物中心的管理可以反映出商业零售商店的一般特点,所以主要介绍购物中心的管理和营销特点。

13.2.2.3 购物中心的管理要点

(1) 购物中心的服务对象有业主、承租商和承租商的顾客

购物中心的物业管理与其他物业管理的不同点是:其他物业管理的服务对象只是物业的业主和使用人,而购物中心的服务对象既有业主、承租的商人,还有承租商的顾客。业主希望物业管理能以最高的租金和最大的出租率将其物业出租出去,从而给他带来最大的收益;承租商希望物业管理能带来更多的客流,从而获得更高的营业额和收益;而顾客希望得到舒适、安全、方便的购物环境。因此,物业管理必须满足这三个方面的要求。

(2) 增加承租商的营业额是物业管理的重要目标

与其他的经营型物业不同,购物中心的物业管理不仅要保持高出租率以维持自己的经营收入,而且还要关心、帮助承租的各商户,将增加各商户的营业额作为自己的重要目标。而增加各商户营业额的主要方法,就是尽可能地增加购物中心的人流。为此,物业管理要为购物中心树立形象,选择对路的商户,组成各类商户适当比例的组合,经常组织各类促销活动等。

(3) 严格管理各承租商户的装修

承租商户通常会根据自己的需要对承租的店铺进行装修,在装修中很有可能对房屋的设施、结构以及外观进行非法的改动。这样,不仅会危害物业本身,还可能影响其他承租商户的营业。因此对各承租商户的装修一定要严格管理,以确保设备设施的正常运行,使对其他商户的影响降到最低,而且保持购物中心内外的良好的形象。

(4) 严密完善的保安措施

购物中心面积大、商品多、客流量大,容易出现治安问题。因此安全保卫要坚持值班制度,并安排保安人员在场内巡逻。高档的购物中心还要安装电子监视装置,尽可能地使承租商和顾客觉得安全可靠。

(5) 消防工作是重点

大型购物中心人多、商铺多、商品多,有很多易燃物质和火源,特别是设有餐饮业的购物中心更会增加引发火灾的危险。火灾给购物中心所造成的危害要比其他物业更大。因此,在购物中心除了配备完善的消防设施以外,特别要提出的是:第一,在商场内安装广播系统,以利紧急事件发生时能指挥疏散人群;第二,在商场各处设置明显的紧急出口标志,并保证出口处始终畅通;第三,组织一支业余消防队,加强消防演练,在事故发生时能各司其职,除了灭火以外,还承担引导、指挥、帮助顾客有秩序地疏散,将灾害带来的损失降到最低程度。

(6) 方便的内外交通以及足够停车场

这是购物中心设立的必要条件。物业管理公司应尽量争取公共交通在商场前设站,也可以自备客车在公共交通站与购物中心之间接送顾客或者安排定时班车到各住宅区去接送顾客。商场内要保持交通通畅,尽可能提供电梯与自动扶梯服务。购物中心要有足够的停车场地,对自行车、助力车可以提供免费的停车管理,不要给顾客来此购物造成任何不必要的心理障碍。

（7）内外保洁工作

购物中心人多、废弃物多，对清洁卫生工作在工作量和工作难度上提出更高的要求。物业管理公司要安排专门的人员负责场内流动保洁，把垃圾杂物及时清理外运，随时保持场内清洁。购物中心外部所辖地段的保洁也很重要，要安排专门人员随时清扫，保持整洁的外观，优化购物环境。

13.2.2.4 购物中心营销管理的特点

（1）购物中心的促销

购物中心的服务对象包括了承租商户和顾客，物业管理的一个重要任务是吸引尽可能多的人流，这是购物中心的物业管理与其他物业管理的主要不同之处。因此，购物中心的物业管理公司必须重视促销工作。促销活动的形式或内容可分成三类：第一，特殊的促销活动。这种活动一般都围绕某个公众感兴趣的新闻人物或新闻事件进行，如欢迎奥运冠军、电影明星、庆祝申奥成功等。在活动期间，使购物中心的每一承租商户都参加，除了打折优惠以外，还包括一系列竞赛和趣味活动。第二，是购物中心再装修翻新促销。这种促销类似特殊的促销活动，但是其促销的重点是购物中心的重要变化以及对新承租户的介绍。第三，是日常性的促销，如换季促销、开学促销、节日促销等。促销活动由物业管理公司组织策划，经商户管理委员会同意，由物业管理公司统一实施。活动所需经费一般由各商户按商定的原则分摊。

（2）购物中心的租赁管理

物业管理公司对购物中心的租赁管理工作包括以下几个方面：

① 为承租商户提供购物中心的可行性研究。因为有些有意向的承租商户是这个行业的新手，缺乏经验，物业管理公司应向他们提供可行性研究方面的信息，便于他们作出决策。

② 大型的购物中心需要几家支柱性的承租商户，如大型超市等，这要以较优惠的租金吸引他们承租。

③ 承租商户的选配要达到最佳组合，这是购物中心的租赁管理的重要任务。

④ 为确定最佳组合，需调查分析此购物中心覆盖地区人们的需求类型及需求能力。

⑤ 确定切实可行的租金以吸引有经验的零售商。

⑥ 对有意向的承租商户的了解要比对其他物业的客户了解更详细，特别要了解他们对所从事行业的熟悉程度以及以往经验、银行信用等方面的信息。

⑦ 对于续租优先权条款的制定要特别谨慎。因为优先权条款的内容会影响租金的重审，会影响到客户的流动性。一般对大客户或支柱性的客户不要给予太大的灵活性，而对小客户可以在续租的优先权内容上给予较大的灵活性。

⑧ 租金的确定一般采用"基础租金＋百分比租金"的形式。固定的营业额、基础租金、百分比都是商户与出租人商定的。这种做法能鼓励业主和物业管理者进一步搞好工作和进一步加强投资，以给承租商户和自己带来更大的收益。

第三节 工业物业的管理

13.3.1 工业物业的含义和分类

13.3.1.1 工业物业的含义
工业物业就是指所有用于或适合于开展工业活动的场所,包括土地、建筑物及其辅助设施。工业活动涉及所有有形商品的生产、储藏及分配活动,具体讲,就是将原材料或零部件转化为成品的采购、制造、包装、仓储、分配和运输等过程。

13.3.1.2 工业物业的分类
(1) 按照物业适用性分类,工业物业可以分成普遍性、特殊性和单一性三类。

普遍性工业物业具有广泛的适用性,它可以适用于许多行业的生产及仓储等;特殊性工业物业指受某种条件限制,仅适用于某些应用范围,比如说要求带有很强绝缘、绝热性质的仓储设施;单一性工业物业只适合于某一类生产或某一类公司的物业,如电机制造,它一般无法改做他用。

(2) 按照物业所处的地理位置分类,可以分成市场主导型、资源主导型和劳动密集型三类。

市场主导型的物业主要面向私人和工业消费者,它依赖强大的消费人群,对市场的发展趋势和市场气候变化特别敏感。这种物业位置通常分布在能够较快、较经济地接触到消费者的地区。资源主导型的物业一般靠近原材料供应地,从而可节约可观的运输费用。劳动密集型的物业,特别是需要大量简单操作工人的企业,最关心的是充足的劳动力和较低的人工工资,所以这些物业一般集中在能提供大量操作人员而劳动力价格低廉的地区。

(3) 按照传统的工业分类,可以分成重工业物业、轻工业物业、工业园区和仓储物业四类。

① 重工业物业。包括炼钢,汽车制造和炼油等行业的物业。近便的交通设施和合适的原材料资源决定了这些工厂的位置,而且由于重工业物业必须设计成满足使用者的特殊需要,所以重工业物业一般是由业主自己占用和管理的。

② 轻工业物业。由于生产线和仓库规模不大,设计上没有太多的特殊要求,轻工业物业可以适用各种用途。这就刺激了房地产商投资建设一些通用厂房,供轻工业生产商租用。轻工业物业可以由业主自己管理或交给专业物业公司管理。在轻工业物业中,值得一提的是原来位于城市中心的旧大楼厂房,这些厂房在城市发展的过程中,原来的用途与城市的发展、土地的价格以及周围的环境等已大不适应。目前已有许多这样的厂房改作办公楼、商场、旅馆等各种用途,使得这些厂房的价值得到大大的提升。在我国,随着城市格局的改变,旧城区中心原来用于制造业的建筑,正在被逐步改造成用于制造、办公、居住、仓储的物业组合,这些大量的旧建筑的用途被改变并出租,为富于创造性的物业管理人员提供了独特的机会。

③ 工业园区。工业园区近 30 年来在很多国家有了很大的发展。由于城市人口大量迁离市中心、交通设施的发展和一些工业用户对宽敞办公室的需要,加上郊区的土地容易得到和价格相对便宜,使得工业园区提供一层楼的厂房、仓库、宽敞的停车场地以及优美的风景成为可能,这些

都促使了用于轻工业发展的工业园区的建立。现在流行的工业园区不像过去将办公、制造、仓储等分开，而是提供一个办公和生产的组合，或者提供一种可以根据需要作不同分割的空间，这种被称作"孵化器式"的空间是为满足成长型公司的变化需要而专门设计的。

④ 仓储物业。由于其功能相对简单，一般不需要太多的管理，所以，仓储物业通常是由业主和租用者根据租约的规定共同管理。近年来，由于建造成本的提高及土地的稀缺，世界上一些发达国家流行现代化的小型仓储设施。这些小型仓储设施除了服务于小型的工业企业以外，也有的建在商业区和居住区附近，为商业用户或居住用户服务。这些设施通常会由附近物业管理公司管理。

13.3.2 工业物业的特点

工业物业的特殊性对这类物业的管理产生很大的影响，工业物业的特点主要包括：

(1) 投资大

要建起能够满足需要的工业性厂房，一般都需要大量的投资，要占用生产性公司的大量经营资金，所以工业物业投资大的特点，决定了许多生产性公司要租赁物业而不是自己建造物业作为生产场地。

(2) 非流动性

由于每一种不同的行业对工业建筑厂房的要求各不相同，加上一些工业物业具有大规模的特点，使得工业性厂房在房地产市场中成为一种交易缓慢的商品，具有非流动性。这种非流动性也增加了投资者——业主的投资风险，因此业主对租赁者的要求会更多。

(3) 投资性物业

由于各生产企业对厂房等的地点功能有各自特殊的要求，租赁来的物业总有这方面或那方面的不适合，因此他们很希望能够自己选定一个场所来建造一个能够满足他们需要的物业，但同时为了将有限的资本投入到更需要的业务运营上去，他们就会寻找一个投资者来投资该物业，然后实施一个长远的租赁计划，这叫售后回租。这样公司就能够抽回其投资于物业的资本，把这部分资本重新投入到业务运作上，这对双方都是有利的。所以工业性房地产通常是厂商租赁者支付租金给投资者的一种投资性物业。

(4) 功能易过时

新技术革命使工业物业对技术设备的落伍特别敏感，这种落伍的威胁增加了业主(投资者)的投资风险。因此他们在做远景规划的时候，必须以审慎的态度，通过增加物业的租赁用途和降低物业的折旧费来规避和防范这类风险。但货仓或仓库是特例，它们的综合功能决定了其所受限制比较少，功能过时的危险也较小。另外，仓库租赁者往往由于业务的需要而频繁地更换场地，仓库的这种流动性也大大地降低了投资者的风险。

(5) 租赁期长

由于工业生产的期限一般都比较长，而重型机械的搬运和设备的保养又需要巨额花费，因此频繁地更换厂址是不现实，也是不合算的，所以工业物业的租赁者一般具有两个特征，一是具有较长的期限，在10~25年，甚至更长的时间；二是对于挑选合适的厂址非常重视，有时甚至是十分挑剔的。但很多工业企业主没有房地产方面的专长，加上没有时间和精力，所以他们一般都委托物业管理者为自己选择合适的租赁对象并委托其管理。

13.3.3 工业物业的管理特点

（1）生产用房的管理是工业物业管理的重点

由于各生产企业都有其特殊的行业特点，专业性很强，因此管理者要了解不同行业的有关知识，有针对性地制定具有权威性和约束力的管理规定，保证生产的正常秩序。

（2）水、电、煤气等资源的确保供应

工业物业是要保证生产的正常进行的，特别是有些企业，其产品生产的过程要求不能停顿，因此任何的断电、断水、断气都会给生产带来重大损失，因此保证水、电、煤气的正常供应应是工业物业管理工作的关键工作之一。

（3）辅助配套管理工作复杂、难度大

生产的进行需要配套部门的工作。例如门卫、餐厅、浴室等都要服务、受制于生产。同时对有毒有害、易燃易爆物品的管理运输，"三废"的排放和处理都要制定严格的管理办法和监督措施，并组织协调，积极配合生产的正常进行。

（4）物业易损耗，维修量大

由于生产的特性，生产中因重量荷载超重、化学物质腐蚀、电器电路的超负荷、运输车辆的碰撞等情况，都容易给工业物业带来破坏和损耗。因此，工业物业的维修要比其他类型的物业工作量大。

（5）保洁工作难度大

由于生产的特殊性，机器的油污，排放的废气、粉尘，原材料本身的污染性等都会给工业物业的环境清洁工作带来很大的难度。

（6）保安消防任务重

从企业产品的价值以及技术保密的角度来看，都需要加强安全防范措施。同时，作为生产企业，会使用一些危险品，如管理不善，容易发生火灾和爆炸事故，因此，物业管理公司在这方面需投入较大的精力。从制度到措施，从设备到人员，从领导到员工，全面地加强安全保卫工作，将其作为工作的重中之重。

（7）要确保物业辖内交通畅通

工业物业内部原材料的运输、半成品的搬运、成品的入库出厂等离不开畅通的交通。因此不管是哪一类工业物业，都要注重物业内部的交通管理，它包括货物的装卸管理，物品的堆放管理，车辆的停放管理，车辆的走向管理等。

（8）提供多方位的社会化服务

工业物业一般建在城郊结合部或郊区，离商业中心较远，使员工的生活有诸多不便。因此物业管理公司实施管理时，应尽量提供各类经营性服务，做好广大业主和使用人的后勤保障。

13.3.4 特殊物业的管理

托儿所、戏院、学校、政府机关、寺庙和教堂等被认为是特殊用途物业，将这些物业归结成一类是由于发生在这些物业内的活动是比较特殊的,这些特殊性决定了物业本身的设计和运作的特点。因此这些物业的管理一般由这些特殊行业或组织完成,这些管理人员必须具有专业管理技术并了解该特殊领域。

案例　封闭住宅小区的管理

天成小区实行封闭式管理,但在小区的公共场地常有乱招贴现象,而且在楼内居然还经常发生乱塞乱贴搬家、装修、送餐、美容等之类广告的现象。为此业主对物业管理公司的意见很大。

另外,物业管理公司要求保安查验所有进入小区陌生访客的有效证件,并进行登记。然而在实际操作中,有些业主带友人上楼,因碍面子、怕麻烦或其他难以公之于众的缘由,往往不愿予以配合,常常引起吵闹现象。

请你分析,遇到这类情况该如何做?

复习思考题

1. 我国的居住物业是如何分类的?
2. 住宅小区的管理特点是什么?
3. 办公楼物业的特点有哪些?
4. 购物中心的管理要点是什么?
5. 物业管理公司如何做好购物中心的租赁管理工作?
6. 工业物业可作如何分类?
7. 工业物业的特点有哪些?
8. 工业物业的管理特点有哪些?

第十四章　物业管理实施 ISO9000：2000 质量管理体系简介

第一节　ISO9000 族标准概述

14.1.1　质量管理体系标准的产生和发展

14.1.1.1　质量管理体系标准的产生

第二次世界大战期间，世界军事工业得到了迅猛的发展，一些国家在采购军事用品时，不但对产品特性提出要求，还对供应厂商提出了质量保证的要求。1959 年，美国发布了 MIL-Q-9858A《质量大纲要求》，成为世界上最早的有关质量保证方面的标准。之后，美国国防部制定和发布了一系列的对生产武器和承包商评定的质量保证标准。1971 年，借鉴军用质量保证标准的成功经验，美国标准化协会（ANSI）和美国机械师协会（ASME）分别发布了一系列有关原子能发电和压力容器生产方面的质量保证标准，使得质量保证标准从军事部门走向了民用部门。美国的成功经验在世界范围产生了极大的影响。一些工业发达国家，从 20 世纪 70 年代末以来，先后制定和发布了用于民品生产的质量管理和质量保证标准。随着世界各国经济的相互合作和交流，对供方质量体系的审核已逐渐成为国际贸易和国际合作的需求。由于各国实施的标准不一致，给国际贸易带来了障碍，质量管理和质量保证的国际化就成为当时世界各国的迫切需要。国际标准化组织（ISO）于 1979 年成立了质量管理和质量保证技术委员会（TC176），负责制定质量管理和质量保证标准，并于 1987 年发布了 ISO9000《质量管理体系和质量保证标准——选择和使用指南》、ISO9001《质量体系——设计开发、生产、安装和服务的质量保证模式》、ISO9002《质量体系——生产和安装的质量保证模式》、ISO9003《质量体系——最终检验和试验的质量保证模式》、ISO9004《质量管理和质量体系要素——指南》等 5 项标准。这些标准发布后，立即在全世界引起强烈反响，受到世界各国前所未有的重视和广泛采纳。迄今为止，已被全世界 150 多个国家和地区等同采用为国家标准，并广泛用于工业、经济和政府的管理领域。有 50 多个国家建立质量管理体系认证制度，世界各国质量管理体系审核员注册的互认和质量管理体系认证的互认制度也在广泛范围内得以建立和实施。

14.1.1.2　质量管理体系标准的发展

为了使 1987 版的 ISO9000 族系列标准更加协调和完善，ISO/TC176 质量管理和质量保证技术委员会于 1990 年决定对标准进行修订，提出了《20 世纪 90 年代国际质量标准的实施策略》（国际上统称为《2000 年展望》），其目标是"要让全世界都接受和使用 ISO9000 族标准；为提高组织的运作能力而提供有效的方法;增进国际贸易、促进全球的繁荣和发展;使任何机构和个人可以有信心从世界各地得到任何期望的产品以及将自己的产品顺利销售到世界各地"。

按照《2000年展望》提出的目标,标准分两阶段进行修改。第一阶段修改称之为"有限修改",即制定1994版的ISO9000族标准;第二阶段修改是在总体结构和技术内容上作较大的全新修改,即制定2000版的ISO9000族标准。第二阶段修改的主要任务是:"识别并理解质量保证即质量管理领域中顾客的需求,制定有效反映顾客期望的标准;支持这些标准的实施,并促进对实施效果的评价。"

2000年12月15日,ISO/TC176正式发布了新版本的ISO9000族标准,统称为2000版ISO9000族标准。该标准的修订充分考虑了1987版和1994版标准以及现有其他管理体系标准的使用经验,使质量管理体系更加适合组织的需要,更适应组织开展其商业活动的需要。2000版标准更加强调了顾客满意及监视和测量的重要性,促进了质量管理原则在各类组织中的应用,满足了使用者对标准应更通俗易懂的要求,强调了质量管理体系要求标准和指南标准的一致性。2000版ISO9000族标准反映了当今世界科学技术和经济贸易的发展状况。

14.1.1.3 物业管理公司实施ISO9000族标准的意义和作用

物业管理公司实施ISO9000族标准的意义和作用,概括起来主要有以下几个方面:

(1) 可以指导开发建设单位或业主选择质量可靠的物业管理公司管理其物业。
(2) 为企业及管理者带来更好的市场信誉。
(3) 帮助物业管理公司建立科学有效的质量体系。
(4) 促进物业管理公司提高管理水平和保持稳定的服务质量。
(5) 有利于提高企业的竞争和生存能力。
(6) 有利于提高企业的经济效益。
(7) 切实保障业主和使用人的利益。
(8) 有助于提高员工素质,实现法治管理。
(9) 在物业管理服务质量方面实现与国际管理接轨,增强企业的国际竞争能力。

14.1.2 ISO9000族标准的构成和特点

14.1.2.1 2000版ISO9000族标准的构成

国际标准化组织(ISO)于2000年12月15日,正式发布了2000版的ISO9000族标准,包括四个核心标准以及其他标准、技术报告和小册子等。四个核心标准分别是:

(1) ISO9000:2000《质量管理体系·基础和术语》

此标准表述了质量管理体系的基础知识,并确定了相关的术语。它们包括:质量管理的8项原则;建立和运行质量管理体系应遵循的12个方面的质量管理体系的基础知识;质量的术语共80个词条。

(2) ISO9001:2000《质量管理体系·要求》

此标准规定了对质量管理体系的要求,供组织需要证实其具有稳定地提供顾客要求和适用法律法规要求产品的能力时应用。组织可通过体系的有效应用,包括持续改进体系的过程及确保符合顾客与适用法规的要求,增强顾客满意度。标准应用了以过程为基础的质量管理体系模式的结构,鼓励组织在建立、实施和改进质量管理体系及提高其有效性时,采用过程方法,通过满足顾客要求增强顾客满意度。过程方法的优点是对质量管理体系中诸多单个过程之间的联系及过程的组合和相互作用进行连续的控制,以达到质量管理体系的持续改进。

(3) ISO9004:2000《质量管理体系·业绩改进指南》

此标准以八项质量管理原则为基础,帮助组织用有效和高效的方式识别并满足顾客和其他相关方的需求和期望,实现、保持和改进组织的整体业绩,从而使组织获得成功。该标准提供了超出 ISO9001 要求的指南和建议,它强调一个组织质量管理体系的设计和实施。因受各种需求、具体目标、所提供的产品、所采用的过程及组织的规模和结构的影响,无意统一质量管理体系的结构或文件。标准也应用了以过程为基础的质量管理体系模式的结构,鼓励组织在建立、实施和改进质量管理体系及提高其有效性和效率时,采用过程方法,以便满足相关方要求来提高对相关方的满意程度。标准还给出了自我评价和持续改进过程的示例,用于帮助组织寻找改进的机会;通过 5 个等级来评价组织质量管理体系的成熟程度;通过给出的持续改进方法,提高组织的业绩并使相关方受益。

(4) ISO19011:2000《质量和(或)环境管理体系审核指南》

遵循"不同管理体系可以有共同管理和审核要求"的原则,该标准对于质量管理体系和环境管理体系审核的基本原则、审核方案的管理、环境和质量管理体系审核的实施以及对环境和质量管理体系审核员的资格要求提供了指南。它适用于所有运行质量和(或)环境管理体系的组织,指导其内审和外审的管理工作。该标准在术语和内容方面,兼容了质量管理体系和环境管理体系的特点。在对审核员的基本能力及审核方案的管理中,均增加了了解及确定法律和法规的要求。

14.1.2.2 2000 版 ISO9000 族标准的特点

(1)标准可适用于所有产品的类别、不同规模和各种类型的组织,并可根据实际需要删减某些质量管理体系的要求。

(2)采用了以过程为基础的质量管理体系模式,强调了过程的联系和相互作用,逻辑性更强,相关性更好。

(3)强调了质量管理体系是组织其他管理体系的一个组成部分,便于与其他管理体系相容。

(4)更注重质量管理体系的有效性和持续改进,减少了对形成文件的程序性的强制性要求。

(5)将管理体系要求和质量管理体系业绩改进指南这两个标准,作为协调一致的标准使用。

第二节 物业管理企业实施 ISO9000:2000 质量管理体系

14.2.1 建立 ISO9001:2000 质量体系的主要步骤

物业管理公司实施 ISO9001:2000 体系标准并通过认证,既可以改善企业内部管理,又可以使服务质量得到更可靠的保证。其实施标准主要有以下7项步骤。

(1) 建立质量体系推行的组织机构

质量体系推行的组织机构主要包括：领导小组、工作小组、内部审核员和管理者代表。

① 领导小组。推行ISO9001，领导是关键，企业领导的正确决策并积极参与是管理体系顺利开展的最重要的保证。

② 工作小组。推行ISO9001有大量的事务性工作要做，企业为此应成立专门的工作小组，作为企业推行ISO9001的组织协调工作的办事核心。

③ 内审员。按ISO9001要求，企业应定期开展内部质量管理的审核工作，因此，企业应建立一支内部审核员的队伍，开展内审工作。

④ 管理者代表。按照标准的要求，企业应任命管理者代表。管理者代表应由最高管理者指定，并且是管理层成员。

(2) 选择咨询服务机构

选择合适的咨询服务机构，对质量体系的建立并获得认证至关重要。但不同的咨询服务机构，其资质、实力水平以及收费标准均有较大的差别。总的来讲，选择咨询机构的标准是：资历较深、资信良好、咨询效果佳、咨询服务时间与企业的要求相配合。

(3) 质量体系的诊断

所谓质量体系诊断，主要就是按照标准的要求检查本企业现有质量体系的状况，找出与标准的差距。

① 诊断的目的。现有质量体系与标准的符合性；识别确定对质量体系进行修改的内容。

② 诊断的依据。ISO9001:2000标准；合同；本企业的基本规定、规程；社会或行业有关法规。

③ 实施诊断的人员。咨询人员、内部审核员或第三方机构人员。

④ 实施诊断的程序。确定诊断小组；确定诊断依据和诊断对象；制定诊断计划，编制诊断工作文件；现场诊断检查；提交诊断报告。

(4) 全员培训

物业管理公司为推行ISO9001，应自始至终地开展培训工作。针对质量管理体系的建立和运行，需开展的培训工作有：

① 内部审核员的培训(应持有国家认可的内审员证)。

② 全员的ISO9000族标准基础知识培训。

③ 文件编写技能培训。

(5) 质量管理体系文件的编写

主要包括以下几项工作：

① 研讨组织的设计和职责的划分。

② 确定新体系的文件结构和清单。

③ 研究文件之间的接口。

④ 文件的编写。

⑤ 对文件的讨论和检查。

⑥ 文件的签批、印制和发放。

(6) 试运行

主要包括以下几项工作：

① 体系交底。体系交底即使全体员工了解质量体系文件及运作的特别要求。交底工作按照组织机构特点分层次、分内容进行。

② 试运行前的培训、宣传。

③ 体系运行前的配套工作。是指计量、合格供方的评定，制订一些标牌、记录卡、标签、印章等体系运作中所需的基本保证以及其他有关的配套工作。

④ 试运行。试运行的目的是补充和完善一些基础工作、修改体系文件、积累运行证据以及制订并执行专门的滚动式内部审核计划，及时纠正各种不合格。

⑤ 内审。在试运行中，至少应该安排一次内部质量审核、一次管理评审。为了减少认证一次通过可能的风险，在由第三方正式审核以前，可以由内部组织一次模拟审核或请已确定的认证机构进行预审。

(7) 外审

① 认证机构的选择。对认证机构的选择，企业应考虑以下因素：顾客的要求、企业所在的地区、认证机构的认证范围和有效性、认证费用。

② 认证注册后应做的工作。体系的保持和提高、做好向认证机构的通报工作、接受监督审查、定期缴纳认证注册费用、到期重新申请。

14.2.2 物业管理公司质量手册的编写

14.2.2.1 质量手册的含义及作用

(1) 质量手册的含义

质量手册是阐明一个组织的质量方针，并描述其质量体系的文件。质量手册规定质量体系的基本结构，是实施和保持质量体系应长期遵循的文件。质量手册至少应包含组织的质量方针、对所采用的质量体系标准的全部适用要素的描述。

不同的组织采用的质量手册的形式不同。质量手册可以是质量体系程序文件的直接汇编，也可以是一组或一部分质量体系程序文件；可以是针对特定设施、职能、过程或合同要求所选择的一系列程序文件；也可以是多份文件或多层次的文件；可以是可独立应用的或是其他形式的文件，也可以是基于组织所需的其他多种可能的派生文件。

质量手册用于质量管理的目的时，可称为质量管理手册，质量管理手册仅为内部使用；质量手册用于质量保证的目的时，可称为质量保证手册，质量保证手册可用于外部目的。论述同一体系的质量管理手册和质量保证手册在内容上不应有矛盾。

(2) 质量手册的作用

质量手册的作用体现在以下三个方面：

① 阐述公司的质量方针，描述质量体系和程序的要求。

② 为质量体系审核提供依据。

③ 对外展示其质量体系，证明其质量体系符合某一种质量保证模式标准的要求。

14.2.2.2 物业管理公司质量手册的编写

由于物业管理公司的日常业务主要是提供各种物业管理服务，较一般的其他类型的企业的业务活动要简单得多，所以，物业管理公司的质量手册的结构与内容可以比一般的工业制造业企业的质量手册简单。物业管理公司的质量手册可以采用以下的简化结构形式。

（1）封面

封面包括文件编号、版次、拟制、审核、批准、受控状态、分发号、发布日期等内容。

（2）批准页

批准页中包括下列内容：公司的名称、质量手册标题、质量手册发行版次、生效日期、批准人签名、文件编号、质量手册发放控制编号。

（3）质量手册说明（适用范围）

要说明以下几点：适用的产品和服务、生产该产品和服务的组织领域或区域、质量手册依据的标准、适用的质量体系要素。

（4）质量手册目录

在质量手册目录中，列出质量手册所含各章节的题目。

（5）修订页

用修订记录表的形式说明质量手册中各部分的修改情况。

（6）发放页

用发放记录表的形式说明质量手册的发放情况与分布情况。

（7）定义部分（即术语）

这一部分在需要的情况下才设立。

应该优先考虑使用国家标准中的术语定义；对特有术语和概念进行定义。

（8）组织概况

组织概况内容包括：公司名称及其主要产品；公司的业务情况、主要背景、历史和规模等；公司的地点及通讯方法。

（9）组织的质量方针和质量目标

包括以下内容：组织的质量方针、组织的质量目标、最高领导签名。

（10）质量体系要素描述

质量体系要素描述的原则：符合所选定的标准的要求；符合实际运作的需要，职责落实；全面考虑各要素的相关要求、相关标准；满足法规要求、合同要求。

质量体系要素描述各章的结构和内容：

目的——阐明实施要素要求的目的；

适用范围——阐明实施要素要求适用的活动；

责任——阐明实施要素要求过程中所涉及的部门或人员的责任；

程序概要——阐明实施要素要求的全部活动的原则和要求；

相关文件——列出实施要素要求所需的各类文件；

术语——需要时才编入。

（11）质量手册阅读指南

需要时设立本章;设立本章的目的是便于查阅质量手册。

(12) 支持性文件附录

这一部分也是需要时才设立。附录可能列入的支持性文件资料有程序文件、作业程序、技术标准及管理标准、其他。

14.2.3 物业管理公司程序文件的编写

14.2.3.1 程序文件的含义和作用

(1) 程序与程序文件的含义

程序是为完成某项活动所规定的方法,是为进行某项活动或过程所规定的途径。质量管理由很多具体活动组成,每一项活动的具体开展办法,都是程序。

描述程序的文件就程序文件。程序文件是质量管理体系文件的重要组成部分。一个组织要确保提供的产品和服务能够满足顾客的要求,以及适用的法律法规的要求,建立健全质量管理体系,就必须系统地编制程序文件,并有效地付诸实施。

程序既可形成书面文件,也可以不形成文件。通常形成文件的程序被称为"书面程序"或"形成文件的程序",其所形成的文件被称为"程序文件"。

质量体系程序文件要对影响质量的活动作出规定;它是质量手册的支持性文件。质量体系程序文件应该包含质量体系中采用的全部要素的要求和规定;每一个质量体系程序文件,都应该针对质量体系中的一个逻辑独立的活动。

(2) 程序文件的作用

程序文件的作用体现在以下方面。

① 使质量活动受控:对影响质量的各项活动作出规定;规定各项活动的方法和评定的准则,使各项活动处于受控状态。

② 阐明与质量活动有关的人员的责任、职责、权限,以及它们的相互关系。

③ 作为执行、验证和评审质量活动的依据:程序中的规定要求在实际活动中得到执行;执行的情况应该留下证据;依据程序,审核实际运作是否符合要求。

14.2.3.2 程序文件格式及基本内容

程序文件的格式通常如下:

(1) 封面

可在单份或整套文件前加封面,这样便于控制文件。封面的内容(根据需要选用)包括:公司标志、名称;文件编号、文件名;拟制人、审核人、批准人及批准日期;颁布、生效日期;修改状态/版号;修改记录(可专设修改页);受控状态/保密等级;发文登记号等。

(2) 刊头

在每页文件的上部加刊头,以便于文件控制和管理。

内容包括:公司标志、名称;文件编号、文件名称;生效日期;修改状态/版号;受控状态;发文登记号;页码等。

(3) 刊尾

在需要时才采用。在每页文件或每份文件的末页底部,加刊尾。目的在于说明文件的起草、审批、会签情况。

包括:拟制人、批准人及批准日期;会签人及会签日期;其他说明性文字。

(4) 修改控制页

修改控制页可单独设立,也可以与其他附页合并,用来说明文件修改的历史情况。其内容有:修改单编号;修改标志;修改人/日期;审批人/日期;修改内容等。

(5) 正文部分描述

① 程序文件的基本内容:说明制定程序的目的、程序的适用范围、实施程序的责任者的职责和权限、程序内容、程序涉及或引用的其他文件。

② 程序文件的目的:说明程序所控制的活动及控制目的。

③ 程序文件的适用范围:说明程序所涉及的有关部门和活动;程序所涉及的相关人员、产品。

④ 职责。这一部分规定负责实施该项程序的部门或人员及其责任和权限;规定与实施该项程序相关的部门或人员及其责任和权限。

⑤ 描述工作程序。按活动的逻辑顺序,写出开展该活动的各个细节;规定应做的事情(what);明确每一活动的实施者(who);规定活动的时间(when);说明在何处实施(where);说明为什么要实施(why);规定具体实施办法(how);说明所采用的材料、设备、引用的文件等;说明如何进行控制,应保留哪些记录,对特殊情况采用什么样的处理方式等。

⑥ 引用文件及相关的记录:说明涉及的相关程序文件,引用的作业指导书、操作规程及其他技术文件,涉及的其他管理性文件,所使用的记录、表格等。

14.2.3.3 程序文件的结构设计及编写方法

(1) 程序文件的结构设计

每个程序文件在编写前应先进行结构设计,设计方法是:

① 列出每个程序中涉及的活动对应的要素要求。

② 按活动的逻辑顺序展开。

③ 对公司的具体活动方法进行分析,并写入相应的结构内容中。

④ 考虑运作程序时,应留下记录。

(2) 程序文件的编写方法

① 根据类似的程序文件结构的流程图展开。

② 流程图中的内容作为文件中主要考虑的构架(或条款)。

③ 根据上述的构架增加具体的内容细则即结构内容,将结构内容作为条款中的分条款。

④ 结构内容中应主要描述谁实施这些工作,如何实施的步骤及实施后应留下什么记录等。

14.2.4 物业管理公司的质量管理体系审核

14.2.4.1 质量体系审核的含义和分类

质量体系审核,指对企业为达到质量目标所进行的全部质量活动的有效性进行审核,它由管理者代表或质量保证部组织人员实施。

质量审核按实施审核的主体分类,可分为内部质量审核和外部质量审核两种:

(1) 内部质量审核是供方组织的自我审核,也称为第一方审核。

(2) 外部质量审核是供方组织以外的第二方和第三方进行的审核。其中,第二方审核是指顾客对供方的审核,第三方审核是指具有第三方性质的认证机构对申请认证组织进行的审核。

14.2.4.2 质量体系审核的目的

实施质量体系审核的目的,是通过对企业质量体系的运行进行质量审核,确保质量体系持续有效地运行,以满足标准的要求,保证服务质量,满足合同和顾客的要求。

通过对企业质量体系定期的评审,能够确保质量体系正常有效地运行,实现企业质量方针和质量目标,给顾客提供满意的服务。

案例 物业管理公司贯彻实施 ISO9001 国际质量体系标准

佳启物业管理有限责任公司经过一个时期的发展,已经逐步发展壮大起来,为了未来更加规范地发展,公司决定贯彻实施 ISO9001 国际质量体系标准,并在时机成熟的时候通过认证。

请你查阅相关资料,就贯彻实施标准与认证提出一些建议。

复习思考题

1. 简述 2000 版 ISO9000 族标准的构成。
2. 2000 版 ISO9000 族标准有哪些特点?
3. 物业管理企业如何建立质量管理体系?
4. 物业管理企业推行 ISO9000 质量体系有哪些主要步骤?
5. 简述质量手册的编写。
6. 简述程序文件的编写。
7. 简述质量管理体系审核。

附录　物业管理条例

（国务院令第 379 号）

第一章　总　　则

第一条　为了规范物业管理活动，维护业主和物业管理企业的合法权益，改善人民群众的生活和工作环境，制定本条例。

第二条　本条例所称物业管理，是指业主通过选聘物业管理企业，由业主和物业管理企业按照物业服务合同约定，对房屋及配套的设施设备和相关场地进行维修、养护、管理，维护相关区域内的环境卫生和秩序的活动。

第三条　国家提倡业主通过公开、公平、公正的市场竞争机制选择物业管理企业。

第四条　国家鼓励物业管理采用新技术、新方法，依靠科技进步提高管理和服务水平。

第五条　国务院建设行政主管部门负责全国物业管理活动的监督管理工作。

县级以上地方人民政府房地产行政主管部门负责本行政区域内物业管理活动的监督管理工作。

第二章　业主及业主大会

第六条　房屋的所有权人为业主。

业主在物业管理活动中，享有下列权利：

（一）按照物业服务合同的约定，接受物业管理企业提供的服务；

（二）提议召开业主大会会议，并就物业管理的有关事项提出建议；

（三）提出制定和修改业主公约、业主大会议事规则的建议；

（四）参加业主大会会议，行使投票权；

（五）选举业主委员会委员，并享有被选举权；

（六）监督业主委员会的工作；

（七）监督物业管理企业履行物业服务合同；

（八）对物业共用部位、共用设施设备和相关场地使用情况享有知情权和监督权；

（九）监督物业共用部位、共用设施设备专项维修资金（以下简称专项维修资金）的管理和使用；

（十）法律、法规规定的其他权利。

第七条　业主在物业管理活动中，履行下列义务：

（一）遵守业主公约、业主大会议事规则；

（二）遵守物业管理区域内物业共用部位和共用设施设备的使用、公共秩序和环境卫生的维

护等方面的规章制度;

（三）执行业主大会的决定和业主大会授权业主委员会作出的决定;

（四）按照国家有关规定交纳专项维修资金;

（五）按时交纳物业服务费用;

（六）法律、法规规定的其他义务。

第八条　物业管理区域内全体业主组成业主大会。

业主大会应当代表和维护物业管理区域内全体业主在物业管理活动中的合法权益。

第九条　一个物业管理区域成立一个业主大会。

物业管理区域的划分应当考虑物业的共用设施设备、建筑物规模、社区建设等因素。具体办法由省、自治区、直辖市制定。

第十条　同一个物业管理区域内的业主,应当在物业所在地的区、县人民政府房地产行政主管部门的指导下成立业主大会,并选举产生业主委员会。但是,只有一个业主的,或者业主人数较少且经全体业主一致同意,决定不成立业主大会的,由业主共同履行业主大会、业主委员会职责。

业主在首次业主大会会议上的投票权,根据业主拥有物业的建筑面积、住宅套数等因素确定。具体办法由省、自治区、直辖市制定。

第十一条　业主大会履行下列职责:

（一）制定、修改业主公约和业主大会议事规则;

（二）选举、更换业主委员会委员,监督业主委员会的工作;

（三）选聘、解聘物业管理企业;

（四）决定专项维修资金使用、续筹方案,并监督实施;

（五）制定、修改物业管理区域内物业共用部位和共用设施设备的使用、公共秩序和环境卫生的维护等方面的规章制度;

（六）法律、法规或者业主大会议事规则规定的其他有关物业管理的职责。

第十二条　业主大会会议可以采用集体讨论的形式,也可以采用书面征求意见的形式;但应当有物业管理区域内持有 1/2 以上投票权的业主参加。

业主可以委托代理人参加业主大会会议。

业主大会作出决定,必须经与会业主所持投票权 1/2 以上通过。业主大会作出制定和修改业主公约、业主大会议事规则,选聘和解聘物业管理企业,专项维修资金使用和续筹方案的决定,必须经物业管理区域内全体业主所持投票权 2/3 以上通过。

业主大会的决定对物业管理区域内的全体业主具有约束力。

第十三条　业主大会会议分为定期会议和临时会议。

业主大会定期会议应当按照业主大会议事规则的规定召开。经 20% 以上的业主提议,业主委员会应当组织召开业主大会临时会议。

第十四条　召开业主大会会议,应当于会议召开 15 日以前通知全体业主。

住宅小区的业主大会会议,应当同时告知相关的居民委员会。

业主委员会应当做好业主大会会议记录。

第十五条　业主委员会是业主大会的执行机构,履行下列职责:

（一）召集业主大会会议，报告物业管理的实施情况；

（二）代表业主与业主大会选聘的物业管理企业签订物业服务合同；

（三）及时了解业主、物业使用人的意见和建议，监督和协助物业管理企业履行物业服务合同；

（四）监督业主公约的实施；

（五）业主大会赋予的其他职责。

第十六条　业主委员会应当自选举产生之日起 30 日内，向物业所在地的区、县人民政府房地产行政主管部门备案。

业主委员会委员应当由热心公益事业、责任心强、具有一定组织能力的业主担任。

业主委员会主任、副主任在业主委员会委员中推选产生。

第十七条　业主公约应当对有关物业的使用、维护、管理，业主的共同利益，业主应当履行的义务，违反公约应当承担的责任等事项依法作出约定。

业主公约对全体业主具有约束力。

第十八条　业主大会议事规则应当就业主大会的议事方式、表决程序、业主投票权确定办法、业主委员会的组成和委员任期等事项作出约定。

第十九条　业主大会、业主委员会应当依法履行职责，不得作出与物业管理无关的决定，不得从事与物业管理无关的活动。

业主大会、业主委员会作出的决定违反法律、法规的，物业所在地的区、县人民政府房地产行政主管部门，应当责令限期改正或者撤销其决定，并通告全体业主。

第二十条　业主大会、业主委员会应当配合公安机关，与居民委员会相互协作，共同做好维护物业管理区域内的社会治安等相关工作。

在物业管理区域内，业主大会、业主委员会应当积极配合相关居民委员会依法履行自治管理职责，支持居民委员会开展工作，并接受其指导和监督。

住宅小区的业主大会、业主委员会作出的决定，应当告知相关的居民委员会，并认真听取居民委员会的建议。

第三章　前期物业管理

第二十一条　在业主、业主大会选聘物业管理企业之前，建设单位选聘物业管理企业的，应当签订书面的前期物业服务合同。

第二十二条　建设单位应当在销售物业之前，制定业主临时公约，对有关物业的使用、维护、管理，业主的共同利益，业主应当履行的义务，违反公约应当承担的责任等事项依法作出约定。

建设单位制定的业主临时公约，不得侵害物业买受人的合法权益。

第二十三条　建设单位应当在物业销售前将业主临时公约向物业买受人明示，并予以说明。

物业买受人在与建设单位签订物业买卖合同时，应当对遵守业主临时公约予以书面承诺。

第二十四条　国家提倡建设单位按照房地产开发与物业管理相分离的原则，通过招投标的方式选聘具有相应资质的物业管理企业。

住宅物业的建设单位，应当通过招投标的方式选聘具有相应资质的物业管理企业；投标人少于3个或者住宅规模较小的,经物业所在地的区、县人民政府房地产行政主管部门批准,可以采用协议方式选聘具有相应资质的物业管理企业。

第二十五条　建设单位与物业买受人签订的买卖合同应当包含前期物业服务合同约定的内容。

第二十六条　前期物业服务合同可以约定期限;但是,期限未满、业主委员会与物业管理企业签订的物业服务合同生效的,前期物业服务合同终止。

第二十七条　业主依法享有的物业共用部位、共用设施设备的所有权或者使用权,建设单位不得擅自处分。

第二十八条　物业管理企业承接物业时,应当对物业共用部位、共用设施设备进行查验。

第二十九条　在办理物业承接验收手续时,建设单位应当向物业管理企业移交下列资料:

(一)竣工总平面图,单体建筑、结构、设备竣工图,配套设施、地下管网工程竣工图等竣工验收资料;

(二)设施设备的安装、使用和维护保养等技术资料;

(三)物业质量保修文件和物业使用说明文件;

(四)物业管理所必需的其他资料。

物业管理企业应当在前期物业服务合同终止时将上述资料移交给业主委员会。

第三十条　建设单位应当按照规定在物业管理区域内配置必要的物业管理用房。

第三十一条　建设单位应当按照国家规定的保修期限和保修范围,承担物业的保修责任。

第四章　物业管理服务

第三十二条　从事物业管理活动的企业应当具有独立的法人资格。

国家对从事物业管理活动的企业实行资质管理制度。具体办法由国务院建设行政主管部门制定。

第三十三条　从事物业管理的人员应当按照国家有关规定,取得职业资格证书。

第三十四条　一个物业管理区域由一个物业管理企业实施物业管理。

第三十五条　业主委员会应当与业主大会选聘的物业管理企业订立书面的物业服务合同。

物业服务合同应当对物业管理事项、服务质量、服务费用、双方的权利义务、专项维修资金的管理与使用、物业管理用房、合同期限、违约责任等内容进行约定。

第三十六条　物业管理企业应当按照物业服务合同的约定,提供相应的服务。

物业管理企业未能履行物业服务合同的约定,导致业主人身、财产安全受到损害的,应当依法承担相应的法律责任。

第三十七条　物业管理企业承接物业时,应当与业主委员会办理物业验收手续。

业主委员会应当向物业管理企业移交本条例第二十九条第一款规定的资料。

第三十八条　物业管理用房的所有权依法属于业主。未经业主大会同意,物业管理企业不得改变物业管理用房的用途。

第三十九条 物业服务合同终止时,物业管理企业应当将物业管理用房和本条例第二十九条第一款规定的资料交还给业主委员会。

物业服务合同终止时,业主大会选聘了新的物业管理企业的,物业管理企业之间应当做好交接工作。

第四十条 物业管理企业可以将物业管理区域内的专项服务业务委托给专业性服务企业,但不得将该区域内的全部物业管理一并委托给他人。

第四十一条 物业服务收费应当遵循合理、公开以及费用与服务水平相适应的原则,区别不同物业的性质和特点,由业主和物业管理企业按照国务院价格主管部门会同国务院建设行政主管部门制定的物业服务收费办法,在物业服务合同中约定。

第四十二条 业主应当根据物业服务合同的约定交纳物业服务费用。业主与物业使用人约定由物业使用人交纳物业服务费用的,从其约定,业主负连带交纳责任。

已竣工但尚未出售或者尚未交给物业买受人的物业,物业服务费用由建设单位交纳。

第四十三条 县级以上人民政府价格主管部门会同同级房地产行政主管部门,应当加强对物业服务收费的监督。

第四十四条 物业管理企业可以根据业主的委托提供物业服务合同约定以外的服务项目,服务报酬由双方约定。

第四十五条 物业管理区域内,供水、供电、供气、供热、通讯、有线电视等单位应当向最终用户收取有关费用。

物业管理企业接受委托代收前款费用的,不得向业主收取手续费等额外费用。

第四十六条 对物业管理区域内违反有关治安、环保、物业装饰装修和使用等方面法律、法规规定的行为,物业管理企业应当制止,并及时向有关行政管理部门报告。

有关行政管理部门在接到物业管理企业的报告后,应当依法对违法行为予以制止或者依法处理。

第四十七条 物业管理企业应当协助做好物业管理区域内的安全防范工作。发生安全事故时,物业管理企业在采取应急措施的同时,应当及时向有关行政管理部门报告,协助做好救助工作。

物业管理企业雇请保安人员的,应当遵守国家有关规定。保安人员在维护物业管理区域内的公共秩序时,应当履行职责,不得侵害公民的合法权益。

第四十八条 物业使用人在物业管理活动中的权利义务由业主和物业使用人约定,但不得违反法律、法规和业主公约的有关规定。

物业使用人违反本条例和业主公约的规定,有关业主应当承担连带责任。

第四十九条 县级以上地方人民政府房地产行政主管部门应当及时处理业主、业主委员会、物业使用人和物业管理企业在物业管理活动中的投诉。

第五章 物业的使用与维护

第五十条 物业管理区域内按照规划建设的公共建筑和共用设施,不得改变用途。

业主依法确需改变公共建筑和共用设施用途的,应当在依法办理有关手续后告知物业管理企业；物业管理企业确需改变公共建筑和共用设施用途的，应当提请业主大会讨论决定同意后，由业主依法办理有关手续。

第五十一条 业主、物业管理企业不得擅自占用、挖掘物业管理区域内的道路、场地，损害业主的共同利益。

因维修物业或者公共利益，业主确需临时占用、挖掘道路、场地的，应当征得业主委员会和物业管理企业的同意；物业管理企业确需临时占用、挖掘道路、场地的，应当征得业主委员会的同意。

业主、物业管理企业应当将临时占用、挖掘的道路、场地，在约定期限内恢复原状。

第五十二条 供水、供电、供气、供热、通讯、有线电视等单位，应当依法承担物业管理区域内相关管线和设施设备维修、养护的责任。

前款规定的单位因维修、养护等需要，临时占用、挖掘道路、场地的，应当及时恢复原状。

第五十三条 业主需要装饰装修房屋的，应当事先告知物业管理企业。

物业管理企业应当将房屋装饰装修中的禁止行为和注意事项告知业主。

第五十四条 住宅物业、住宅小区内的非住宅物业或者与单幢住宅楼结构相连的非住宅物业的业主，应当按照国家有关规定交纳专项维修资金。

专项维修资金属业主所有，专项用于物业保修期满后物业共用部位、共用设施设备的维修和更新、改造，不得挪作他用。

专项维修资金收取、使用、管理的办法由国务院建设行政主管部门会同国务院财政部门制定。

第五十五条 利用物业共用部位、共用设施设备进行经营的，应当在征得相关业主、业主大会、物业管理企业的同意后，按照规定办理有关手续。业主所得收益应当主要用于补充专项维修资金，也可以按照业主大会的决定使用。

第五十六条 物业存在安全隐患，危及公共利益及他人合法权益时，责任人应当及时维修养护，有关业主应当给予配合。

责任人不履行维修养护义务的，经业主大会同意，可以由物业管理企业维修养护，费用由责任人承担。

第六章　法　律　责　任

第五十七条 违反本条例的规定，住宅物业的建设单位未通过招投标的方式选聘物业管理企业或者未经批准，擅自采用协议方式选聘物业管理企业的，由县级以上地方人民政府房地产行政主管部门责令限期改正，给予警告，可以并处10万元以下的罚款。

第五十八条 违反本条例的规定，建设单位擅自处分属于业主的物业共用部位、共用设施设备的所有权或者使用权的，由县级以上地方人民政府房地产行政主管部门处5万元以上20万元以下的罚款；给业主造成损失的，依法承担赔偿责任。

第五十九条 违反本条例的规定，不移交有关资料的，由县级以上地方人民政府房地产行政主管部门责令限期改正；逾期仍不移交有关资料的，对建设单位、物业管理企业予以通报，处1万元以上10万元以下的罚款。

第六十条　违反本条例的规定,未取得资质证书从事物业管理的,由县级以上地方人民政府房地产行政主管部门没收违法所得,并处5万元以上20万元以下的罚款;给业主造成损失的,依法承担赔偿责任。

以欺骗手段取得资质证书的,依照本条第一款规定处罚,并由颁发资质证书的部门吊销资质证书。

第六十一条　违反本条例的规定,物业管理企业聘用未取得物业管理职业资格证书的人员从事物业管理活动的,由县级以上地方人民政府房地产行政主管部门责令停止违法行为,处5万元以上20万元以下的罚款;给业主造成损失的,依法承担赔偿责任。

第六十二条　违反本条例的规定,物业管理企业将一个物业管理区域内的全部物业管理一并委托给他人的,由县级以上地方人民政府房地产行政主管部门责令限期改正,处委托合同价款30%以上50%以下的罚款;情节严重的,由颁发资质证书的部门吊销资质证书。委托所得收益,用于物业管理区域内物业共用部位、共用设施设备的维修、养护,剩余部分按照业主大会的决定使用;给业主造成损失的,依法承担赔偿责任。

第六十三条　违反本条例的规定,挪用专项维修资金的,由县级以上地方人民政府房地产行政主管部门追回挪用的专项维修资金,给予警告,没收违法所得,可以并处挪用数额2倍以下的罚款;物业管理企业挪用专项维修资金,情节严重的,并由颁发资质证书的部门吊销资质证书;构成犯罪的,依法追究直接负责的主管人员和其他直接责任人员的刑事责任。

第六十四条　违反本条例的规定,建设单位在物业管理区域内不按照规定配置必要的物业管理用房的,由县级以上地方人民政府房地产行政主管部门责令限期改正,给予警告,没收违法所得,并处10万元以上50万元以下的罚款。

第六十五条　违反本条例的规定,未经业主大会同意,物业管理企业擅自改变物业管理用房的用途的,由县级以上地方人民政府房地产行政主管部门责令限期改正,给予警告,并处1万元以上10万元以下的罚款;有收益的,所得收益用于物业管理区域内物业共用部位、共用设施设备的维修、养护,剩余部分按照业主大会的决定使用。

第六十六条　违反本条例的规定,有下列行为之一的,由县级以上地方人民政府房地产行政主管部门责令限期改正,给予警告,并按照本条第二款的规定处以罚款;所得收益,用于物业管理区域内物业共用部位、共用设施设备的维修、养护,剩余部分按照业主大会的决定使用:

(一)擅自改变物业管理区域内按照规划建设的公共建筑和共用设施用途的;

(二)擅自占用、挖掘物业管理区域内道路、场地,损害业主共同利益的;

(三)擅自利用物业共用部位、共用设施设备进行经营的。

个人有前款规定行为之一的,处1 000元以上1万元以下的罚款;单位有前款规定行为之一的,处5万元以上20万元以下的罚款。

第六十七条　违反物业服务合同约定,业主逾期不交纳物业服务费用的,业主委员会应当督促其限期交纳;逾期仍不交纳的,物业管理企业可以向人民法院起诉。

第六十八条　业主以业主大会或者业主委员会的名义,从事违反法律、法规的活动,构成犯罪的,依法追究刑事责任;尚不构成犯罪的,依法给予治安管理处罚。

第六十九条　违反本条例的规定,国务院建设行政主管部门、县级以上地方人民政府房地产行政主管部门或者其他有关行政管理部门的工作人员利用职务上的便利,收受他人财物或者其他好处,不依法履行监督管理职责,或者发现违法行为不予查处,构成犯罪的,依法追究刑事责任;尚不构成犯罪的,依法给予行政处分。

第七章 附 则

第七十条 本条例自2003年9月1日起施行。

参 考 文 献

1　齐坚.物业管理教程.上海:同济大学出版社,2004
2　方芳,吕萍.物业管理.北京:中国建材工业出版社,2005
3　欧黎明.物业管理项目全程操作方案.广州:广东经济出版社,2004
4　赵继新,刘晓春等.物业管理案例分析.北京:清华大学出版社,2005
5　刘昌民,贺伟强,梁淑娟.现代物业管理实务.北京:冶金工业出版社,2004
6　罗伯特·C·凯尔等.朱文奇译.物业管理——案例与分析.北京:中信出版社,2001
7　戴维·G·科茨著.张红等译.设施管理手册——超越物业管理.北京:中信出版社,2001
8　叶小莲.物业管理信息系统.上海:上海财经大学出版社,2001
9　陆爱勤.物业保险.上海:上海社会科学院出版社,2001
10　王佑辉.物业管理国际质量标准.武汉:华中科技大学出版社,2004
11　王林生.物业管理企业财务基础.重庆:重庆大学出版社,2005
12　姜保平,俞启元,张绍文.物业维修与管理.南京:东南大学出版社,2004
13　房春生,丁现宝.物业管理市场营销策略.北京:机械工业出版社,2006
14　陈瑞正.物业清洁管理.天津:天津大学出版社,2005
15　于连涛,陈光华.物业保安.北京:高等教育出版社,2004

郑 重 声 明

高等教育出版社依法对本书享有专有出版权。任何未经许可的复制、销售行为均违反《中华人民共和国著作权法》，其行为人将承担相应的民事责任和行政责任，构成犯罪的，将被依法追究刑事责任。为了维护市场秩序，保护读者的合法权益，避免读者误用盗版书造成不良后果，我社将配合行政执法部门和司法机关对违法犯罪的单位和个人给予严厉打击。社会各界人士如发现上述侵权行为，希望及时举报，本社将奖励举报有功人员。

反盗版举报电话：(010) 58581897/58581896/58581879
传　　真：(010) 82086060
E – mail：dd@hep.com.cn
通信地址：北京市西城区德外大街4号
　　　　　高等教育出版社打击盗版办公室
邮　　编：100120

购书请拨打电话：(010)58581118